부동산, 누구에게나
공평한 불행

부동산, 누구에게나
공평한 불행

우리는 왜 부동산 때문에 좌절하는가

마강래 지음

메디치

[일러두기]

- 국립국어원의 외래어표기법을 따르되, 관용적인 표기와 동떨어졌으면 절충하여 실용적 표기를 따랐다.

- 이 책의 내용 중 일부는 저자가 쓴 《머니투데이》 'MT시평'의 내용을 보완하여 작성했다(에필로그: 〈인구가 줄어들면 집값이 내려갈까〉, 2021년 6월 24일. 5장: 〈재건축 규제가 풀리면 집값이 잡힐까〉, 2021년 7월 23일. 6장: 〈투자자와 투기꾼은 어떻게 다를까〉, 2021년 8월 30일).

부동산, 대한민국 온갖 이슈를 집어삼키다

새소리 나는 집 vs 차 소리 나는 집

지난 2년간 강연을 많이 다녔다. 어떤 주에는 네 번의 강연을 하기도 했다. 학교 강의와 대학원생 지도, 위원회 일정까지 겹칠 때는 몸이 만신창이가 되기도 했다. 그래도 강연 요청이 오면, 가능한 한 받는 편이다. 특히 일반인 대상 강연은 뿌듯함이 더 커서 꼭 참석하려 한다. 강연에 오시는 분들은 대체로 적극적인 분들이다. 그래서 질문도 많다. 수많은 질문 중에 빠지지 않고 받는 질문도 있다.

교수님 강의 정말 잘 들었습니다. 지방의 위기가 이렇게 심각한지 몰랐고요, 우리가 지금 무언가를 하지 않으면 나라가 망할 수 있다는 생각도 들었어요. 그런데요, 교수님. 지금 집 사야 해요, 말아야 해요?

처음으로 이 질문을 받았을 때는 심히 당황했다. 아마 동공지진이 왔을 것이다. 아, 결국은 부동산이라는 말인가! 부동산이 모든 이슈를 집어삼키고 있다. 마치 깔때기처럼. 물론 이런 곤란한 질문을 피해 가는 방법도 알고 있다. 부동산 전문가들이 가장 많이 하는 말을 그대로 반복하면 된다.

부동산은 장기적으로 우상향(右上向)합니다. 실수요면 사시면 됩니다. 하지만 '영끌'하시면 안 됩니다. 금리가 오를 수도 있거든요.

물론 이 말은 아주 진지한 표정으로 해야 한다. 그래야 설득력이 높아진다.

실수요면 집 사도 된다는 말, 전문가에게는 이게 가장 안전한 말이다. 장기적으로 본다면 집값도 물가가 뛰는 만큼은 우상향하지 않겠는가. 집도 시장에서 거래되는 하나의 재화이니, 인플레이션을 피하지는 못한다('일본에서는 디플레이션으로 고통받고 있지 않은가'라며 반문하지 마시라. 일본은 아주 특수한 경우다. 그런 일본도 대도시 집값은 최근 꾸준히 올랐다). 하지만 그런 애매

모호한 답변은 되도록 하지 않으려 한다. 집값이 떨어질 때의 원망을 들을 자신이 없다. 무엇보다 질문자가 내 대답을 듣고 인생을 걸 수 있다는 것이 두렵다. 집값이 한두 푼이던가. 집은 평범한 사람들이 평생 한 번 살까 말까 한 최고로 비싼 재화다. 뼈와 살을 갈아 넣은 돈을 날리는 날에는 그분의 인생도 함께 날아갈 수 있다.

그 무엇보다도 나는 집값을 예측할 만큼 대단한 전문가도 아니다. 집값에 대한 조언을 주려면 거의 모든 분야에 대한 해박한 지식이 있어야 한다. 신산업의 성장, 그리고 이런 산업들의 공간적 이동 패턴을 이해해야 한다. 특히 산업구조의 변화에 맞물린 인구 이동 패턴을 아는 것도 집값을 이해하는 데 중요하다. 국제정치도 이해해야 한다. 지금처럼 미국과 중국이 서로 패권을 잡겠다고 다투는 과정에서 집값이 출렁일 수 있다. 인구구조 변동에 대한 이해도 필수다. 저출산과 고령화 추이가 집값에 미치는 영향도 알아야 한다. 불과 10년 전만 해도 노인 인구가 많아져서 집값이 떨어질 것으로 예상하는 전문가가 많았다. 생활비가 부족한 이들이 집을 팔 것으로 생각했기 때문이다. 하지만 현실은 그 반대였다. 집 없는 노인들은 주택을 갖기 위해, 집 1채 있는 노인들은 다주택자가 되기 위해 노력했다. "집만큼 든든하게 노후가 보장되는 것은 없다"라고 생각하는 듯하다.

사람들의 심리도 알아야 한다. 집값이 빠르게 오를 때와 폭락할 때 사람들은 어떤 감정을 느끼는지 알아야 한다. 부동산은 심리라고 하지 않았던가. 패닉 바잉(panic buying)이든 패닉 셀링(panic selling)이든 심리를 알아야 집값도 예측할 수 있다. 다주택자들의 속내를 이해하는 것도 중요하다. 거시경제는 필수다. 인플레이션이 집값에 미치는 영향도 생각보다 복잡하다. 지금보다 시중에 돈이 많이 풀리면, 돈값이 똥값이 될 것이라 한다. 그래서 어떤 이들은 집을 가능한 한 빨리 사야 한다고 말한다. 하지만 반대로 이야기하는 이들도 있다. 이들은 인플레이션이 발생하면 정부가 화폐를 거두어들이기 위해 금리를 올릴 것이라 강조한다. 앞으로 오를 일만 남았고, 오르는 과정에서 일본처럼 거품이 터질 수도 있다. 코로나19에 대응하는 과정에서 돈이 너무 풀렸다. 풀린 돈은 부동산과 주식으로만 향했다. 자산을 가진 부자들만 떼돈을 벌었다. 양극화가 역사상 최악으로 치닫고 있다. 이런 후유증으로 장기간 불황에 빠질 수도 있다. 럭비공이 어디로 튈지 모르는 것처럼 부동산 가격도 어떻게 될지 모른다.

"집값은 주야장천 상승한다"라는 말을 맹신하면 안 된다. 이렇게 상승을 주장하는 사람 중에는 사기꾼이 많다. 마찬가지로 하락론자의 말도 모두 믿으면 안 된다. 어떤 주장이든 계속 반복하면 언젠가 한 번은 맞히기 마련이다. 특정 시점을 언급하며 집값이 내려갔다가 다시 올라간다고 딱딱 집어가며 예언하는 사람들은 더욱 믿지 마시라. 무주택자들의 아픔을 보듬어준다며 언제쯤 어느 지역 아파트를 사라고 말하는 이들은 사기꾼일 가능성이 크다(사기꾼들은 본인이 사기꾼인지 모르는 경우가 대부분이다. 이 점, 정말 안타깝다).

그래서 나는 이렇게 말한다. "제가 속해 있는 학과 교수님들은 도시계획과 부동산에 꽤 많은 지식을 가진 분들이에요. 하지만 부동산 투자에 성공한 분은 한 분도 없습니다. 집값, 이거 잘 몰라요." 하지만 이 대답으로는 체면이 서지 않는다. 그래서 '실수요면 집 사라는 말'보다 나름 더 안전하고 확실해 보이는 답변을 한다. "집을 사려고 마음먹었다면, 새소리 나는 데 말고 차 소리 나는 데 사세요!"

40대 이상의 남성들이 꿈꾸는 집이 있다. 달달한 공기와 아침을 깨우는 새소리, 녹음이 우거진 풍경이 펼쳐진 곳에 조그만 텃밭이 딸린 집. 도시에서 이런 집 찾기 어렵다. 그래서 산 밑에 포근하게 자리 잡은 아파트나 빌라를 찾아보기도 한다. 나쁘지 않다고 생각한다. 상상만으로도 힐링이 절로 되니까. 하지만 이것만은 기억하자. 새소리와 집값은 반비례한다! 집으로 돈을 잃고 싶지 않다면, 대도시로, 그중에서도 역세권으로 가야 한다. 그래야 부동산으로 돈을 벌 수 있다. 아니, 최소한 돈을 까먹지는 않는다. 하지만 이 경우에는 도시의 번잡함과 소음을 감내해야 한다. 그것이 경제적 안전을 확보하는 데 따르는 대가다.

'차 소리' 나는 역세권 근처에 집을 사라고 권하는 것은 아니다. 이미 말했지만, 나는 부동산 투자를 독려하고 싶지도 않고, 어느 곳을 콕 집어줄 능력도 없다. 집값에 있어 차 소리 지역이 새소리 지역보다 상승 가능성이 크다고 말하는 것은 하나의 교육용 멘트다. 앞으로의 메가 트렌드를 설명하는 데 이보다 더 쉽고 간결한 답변이 없기 때문이다. 나중에 자세히 이야기하겠지만 이런 트렌드를 이해하지 못하면, 어떤 부동산 정책을 내놓아도 집값을 잡을 수 없다.

부동산 대책 스텝이 꼬인 이유

나는 2020년 8월 어느 라디오 방송에 출연해서 집값 폭등의 원인이 수도권 집중 때문이라고 말했다. 정치권에서 세종시로의 국회 이전 논의가 솔솔 올라오기 시작했다. 국회를 이전하면 집값을 잡을 수 있다는 생각 자체가 황당했다. 국회를 이전하는 정도로 서울 집값을 잡을 수 있다고 생각한다면, 이것은 서울을 과소평가하는 것이라고도 했다. 그리고 지방에도 서울과 '맞짱' 뜰 강력한 대도시를 키워야 한다고 말했다. 이 방송이 유튜브에도 떴다. 방송 출연 후에는 항상 후회한다. 차분히 설명하려 하다가 나중에는 감정이 격앙된다. 그런 나를 화면으로 다시 보는 것은 정말 어려운 일이다. 댓글창에는 여러 의견이 달라붙었다. 그중 내 눈길을 끈 댓글 몇 개를 그대로 옮겨 본다.

> [Re:] 역시 교수님들은 뜬구름만⋯.

> [Re:] 연관성 떨어지는 문제들로 사회문제를 하나로 엮지 마라.

[Re:] 쓸데없는 이야기로 서울 집값 잡는 데 도움 안 되는 이야기만 하시네요. 정확한 방법 제시가 필요합니다.

서울 집값을 잡는 방법은 무엇일까. 균형 발전이 왜 서울 집값을 잡는 데 도움이 안 된다는 것일까. 머리가 복잡했다.

그렇게 시간은 지나갔고, 대학원을 졸업한 제자들과 식사 자리가 있었다. 민간연구소, 국책연구소에 자리 잡은 제자들의 가장 큰 고민거리는 다름 아닌 '내 집 마련'이었다. 서울에 직장을 둔 제자들은 서울에서 집을 마련할 수 없었다. 자고 일어나면 오르는 집값에 우울증이 걸릴 정도라 했다. 다행히도 한 제자는 최근에 송도의 한 아파트에 신혼부부 특별공급 청약에 당첨되었다며 좋아했다. 하지만 이것도 잠시, 중도금을 어떻게 마련해야 할지 걱정하기 시작했다. 최근에 세종시의 한 연구원에 자리 잡은 제자도 마찬가지다. 세종시 아파트값은 2020년 한 해에만 30~40퍼센트 올랐다. 언론에서는 이제 세종시도 10억 클럽에 가입했다고 호들갑을 떨었다. 사회 초년생인 내 제자들은 불안하고 우울해했다. 아파서 청춘이 아니었다. 이들은 불안한 청춘을 보내야 하기에 아파했다.

현재 연구실에는 10명 내외의 석박사과정 학생들이 있다. 대부분 졸업하고 서울에 머물고 싶어 한다. 나중에 지방으로 내려가겠다고 말하는 학생은 딱 1명뿐이다. 넉넉한 경제력이라 해도, 자식에게 서울에서 집을 마련해줄 수 있는 부모는 그리 많지 않다. 이들이 박사학위를 받고 취업한다고 치자. 박사급 연구원 초임이 대략 5000만 원 정도 될 것이다. 몇 년을 모아야 집을 살 수 있을까. 서울 아파트 중위가격은 10억 원을 넘는다. 한 푼도 쓰지 않고 20년을 모아야 한다. 이들이 정말 20년을 모아서 10억 원을 만들었다고 치자. 10억 원짜리 아파트가 20년간 이들을 기다려줄까? 마치 신기루처럼 20억 원이 되어 더 멀리 달아나 있을 것이다. 학생들도 졸업 후 자신들의 삶이 녹록지 않을 것을 잘 알고 있다. 그래서 이들이 한 선택은? 연애를 포기하거나 결혼을 포기한다. 결혼하는 경우는 아이를 포기한다. 아이를 원하는 경우라도 늦게 낳는다. 이것이 우리나라 합계출산율(한 여성이 가임기간(15~49세)에 낳을 것으로 기대되는 평균 출생아 수)이 0.84명으로 전 세계에서 가장 낮은 이유다. 서울은 0.64명이다. 외국인 친구에게 우리나라 출산율을 이야기하니 "수치가 잘못된 것이 아니냐"라고 되물었다. 그래서 0.84가 그리도 이상하냐고 되물었다. 친구는 "숫자 자체가 비현실적으로 느껴진다"라고 말했다. 그렇게 느낄 만도 하다. 우리나라는 출산율 통계를 내는 200개 국가 중 합계출산율이 1.0 이하인 유일한 국가다. 통계로 치면 '이상점(outliner)'인 것이다.

　문재인 정부 들어 부동산 대책을 스물여섯 번이나 내놓았다고 한다. 이 정도면 정확한 횟수를 세는 것이 의미가 없다. 수정한 대책을 내놓고, 약발이 듣지 않으면 또 수정하고. 이제 정책은 말 그대로 누더기가 되었다. 부동산 전문가들도 어떤 대책이 있는지 세부적으로 알지 못한다. 세금 전문가들도 고개를 절레절레 흔든다. 부동산

세금 컨설팅은 거절할 때도 많다고 한다. 너무나 복잡해서 실수하기에 십상이다. 잘못된 조언을 해주다가는 소송에 휘말릴 가능성이 있다.

정부가 우왕좌왕하는 동안에도 집값은 계속 올랐다. 유주택자와 무주택자의 격차는 그 어느 때보다 벌어졌다. 이제 일반 시민들은 부동산에 한 발을 걸치고 있지 않으면 '벼락거지'가 될 수도 있다는 것을 깨달았다. 일반인들도 공부하기 시작했다. 로또가 되는 청약 기술을 익혔다. 분양권을 어떻게 사고팔 수 있는지를, 그리고 재건축에 어떻게 빠르게 도달할 수 있는지를 고민했다. 아파트 주민회는 집값을 올리기 위해 담합에 참여하고, 중개사는 신고가를 허위로 신고해 호가를 올렸다. 부동산은 대한민국의 온갖 이슈를 집어삼키는 블랙홀이 되었다. 대한민국 전 국토는 부동산으로 돈을 벌기 위한 작당 모의가 난무하는 '복마전(伏魔殿)'이 되어버렸다. 그리고 그 정점에는 서울이라는 공간이 있었다.

왜 이리 스텝이 꼬였을까? 정부는 다주택자를 잡는 '수요' 정책에 집중했다. 하지만 집값은 내려가지 않았다. 한 정치인이 말했다. "세금으로는 집값을 잠시 움찔하게 할 수 있을 뿐"이라고. 공급만이 수도권 집값을 잡을 수 있다는 이야기다. 하지만 나는 그렇게 생각하지 않는다. '공급 정책'은 더 큰 한계가 있다. 주택을 공급하면, 이보다 더 큰 수요를 부르는 경우가 많기 때문이다. 목마름을 해소하기 위해 바닷물을 마시면, 더 목이 타는 것과 같은 이치다(그렇다고 내가 주택 공급 자체를 반대하는 것은 아니다. 이 점에 대해서는 본문에 차분히 설명하겠다).

지금 시점에서 더욱 필요한 것은 제대로 된 수요 정책이다. 하지만 지금처럼 수요를 '억제'하는 것이 아니라 수요를 '분산'하는 쪽으로 정책을 설계해야 한다. 이 책은 인구 쏠림 현상이 집값을 밀어 올리고 있다는 점을 강조할 것이다. 사람들이 수도권으로 계속 모여드는 한 공급 정책 효과는 한시적일 뿐이다. 특히 수도권 쏠림 현상이 지속되는 한, 집값을 잡으려는 어떠한 정책도 효과가 없다. 물론 특정 공간에 인구가 집중되는 것이 나쁜 것은 아니다. 우리는 '집적의 효과'가 주는 이익에 대해 너무나 잘 알고 있다. 빽빽하게 공간을 사용해야 기업들이 서로 협업할 수 있는 환경을 만들 수 있다. 기업의 생산 단가도 낮아진다. 주민들도 마찬가지다. 빽빽하게 모여 있어야 주민센터, 도서관, 체육관, 병원 등에서 서비스를 쉽게 공급할 수 있다. 소위 공공에서 제공하는 주민 1인당 서비스의 효율이 향상하는 것이다. 밀도가 높아지고, 이에 따라 집값이 올라가는 것은 그 장소를 많은 이들이 선호하고 있다는 뜻이다. 높은 집값은 '장소의 번영'을 상징한다. 적당히 빽빽한 밀도는 '사람의 번영'도 이끌어낸다.

하지만 지금 우리나라 수도권 집중은 레드 라인(red line)을 넘었다. '집적의 불경제'를 넘어서 국가의 지속 가능성까지 위협하고 있다. 젊은이들의 좌절, 은퇴한 이들의 불안감, 아이가 없는 사회 등 이 모든 것들은 극심한 공간 쏠림 현상에 따른 것이다. 공간의 밀도가 높아질 때 가장 먼저 반응하는 것은 집값이다. 너무 많은 이들이 몰려들어 집값이 치솟고 낭비적 경쟁이 심화하면, 그 사회에 사는 이들에게 악영향을 끼치기 시작한다. 장소는 번영하지만, 그 안에 사는 사람들의 삶은 어려워진다.

***

이 책은 크게 1부와 2부로 구성되어 있다. 1부는 우리나라 부동산의 과거, 현재, 미래로 구성되어 있다. 1장 〈쏟아지는 부동산 대책, 전문가도 당황하다〉에서는 역대 정부의 부동산 정책이 얼마나 우왕좌왕했는지를 살핀다. 독자들은 정부의 실책이 '부동산은 가격변동폭이 매우 큰 재화'라는 특성을 간과한 데서 비롯한 것임을 이해하게 될 것이다. 2장 〈무엇이 집값을 끌어올리는가〉에서는 어떤 요인들이 집값을 올리는지에 대해 살핀다. 여기서는 낮은 금리, 넘쳐나는 돈, 주택 공급 부족, 전세를 이용한 갭 투자 등을 살핀다. 3장 〈집값은 오를까, 내릴까〉에서는 앞으로의 집값 전망에 대해 검토한다. 이 장에서는 집값의 거품 여부를 판단할 것이다. 독자들은 지금 부동산 시장에 어떤 일이 벌어지고 있는지 더 깊게 이해할 수 있을 것이다.

2부는 부동산 정책에 관한 내용을 담고 있다. 4장 〈다주택자를 쪼면 지방이 쪼그라든다〉에서는 정부의 부동산 대책이 국토 공간 쏠림을 촉진하고 있음을 지적한다. 그리고 이런 공간 집중 현상이 장기적으로 집값을 끌어올릴 것임을 논할 것이다. 5장 〈서울의 대항마를 만들어야 모두가 산다〉에서는 부동산 정책의 근본 방향을 크게 세 가지로 정리했다. 이 세 가지는, ① 핀셋 규제가 아닌 보편성을 갖춘 정책을 내놓아야 한다는 것, ② 공공성을 더욱 높이는 방향으로 정책이 설계되어야 한다는 것, ③ 균형 발전 정책을 부동산 정책으로 끌어안아야 한다는 것이다. 마지막 6장 〈부동산 정책, 기본으로 돌아가자〉에서는 이러한 정책이 가지는 사회적 함의를 정리하며 책을 마무리한다.

책이 마무리되기까지 많은 분의 도움을 받았다. 책을 집필할 때, 어떤 내용이 담길지 가장 궁금해하는 이들이 연구실 학생들이다. 이번에도 초고를 꼼꼼히 읽은 후 유익한 피드백을 준 강정구, 이경수, 김도연, 김지원, 임지현, 이기훈, 유나영 학생에게 고마운 마음을 전한다. 임홍상 한국토지주택공사(LH) 차장에게도 특별한 감사의 말을 전하고 싶다. 임홍상 차장은 서민들을 위한 주택정책을 자신이 어떻게 생각하고 있는지 정리해 나에게 두 차례에 걸쳐 전달했다. 그의 의견이 책 곳곳에 반영되어 있음을 밝힌다. 집필하는 내내 배동걸 한국도시부동산연구소 이사장은 남다른 관심을 보여주었다. 배동걸 이사장의 조언은 부동산 정책의 이론과 실제의 괴리를 메우는 데 큰 도움을 주었다. 이 책을 만드는 과정에서 남다른 정성을 쏟아준 임채혁 편집자에게도 감사의 인사를 전하고 싶다.

아무리 고맙다고 말해도 충분치 못한 이들이 있다. 언제 어디서나 한결같은 모습으로 나를 지지해준 가족들이다. 부모님은 쉰 살이 넘은 아들이 과로할까 봐 여전히 잔소리를 멈추지 않는다. 감사하지만, 자식으로 해야 할 도리를 다하지 못해 죄송한 마음이다. 마지막으로, 인생의 동반자가 되어준, 아내 정선과 딸 연우에게 고마움을 전한다. 두 사람 덕분에 나의 하루하루가 즐겁고, 따뜻하고, 풍요롭다. 진심으로 고맙고, 또 고맙다는 말을 전하고 싶다.

2021년 9월

마강래

1부

집값의 과거, 현재, 미래

1장

쏟아지는 부동산 대책, 전문가도 당황하다

좌파정권이라 집값이 올랐을까

> 좌파정권만 들어서면 부동산은 죽을 쑨다.

이 말을 너무나 많이 들었다. 이렇게 말하는 사람들은 문재인 정부에서 집값 못 잡는 것이, 노무현 정부 때와 똑 닮았다고 강조한다. 하지만 내 생각은 다르다. 집값에 관해서 좌파정부는 지지리도 운이 없다. 운이 없다는 말에 태클을 거는 사람도 있을 것이다. 그래서 부동산 가격에 대한 짧은 역사를 정리해본다. 부동산 정책 흐름을 다루는 것이 이 책의 핵심은 아니니, 1980년대 중반부터 현재까지만 짧게 훑도록 한다. 더 알고 싶은 독자들은 채상욱 애널리스트가 쓴 《대한민국 부동산 지난 10년 앞으로 10년》을 참고하기를 바란다. 과거 10년간의 부동산 흐름을 이해하는 데 큰 도움을 줄 것이다.

우리나라 경제사에서 가장 경기가 불탔던 시기는 1986년부터 1988년까지의 3년이다. 이 시기는 3저 호황 시기라 불린다. 금리는 낮았고, 달러도 쌌다. 기름값도 저렴했다. 단군 이래 최대의 호황기였다고 말하는 사람도 많다. 국내외 상황이 너무나 좋았다. 1980년대 초반 내내 적자였던 경상수지가 1986년부터 흑자가 되었다. 경제도 연간 10퍼센트 이상 성장했다. 저금리, 저달러, 저유가의 3저 시대를 겪은 사람들은 원래 경제는 그렇게 계속 좋아지는 것으로 생각했다.

수출이 잘되자 시중에는 돈이 넘쳐났다. 자연스레 부동산으로도 돈이 흘러들어갔다. 일자리는 대도시로 집중되었고, 일자리를 좇아 사람들도 이동했다. 대도시에는 돈과 일자리, 사람이 넘쳤다. 이런 과정에서 갑작스럽게 부족해진 것이 하나 있었다. 몰려드는 인구를 위한 '주택'이었다. 1987년 주택보급률은 70퍼센트 정도에 불과했다. 하지만 이것은 전국 평균치다. 서울의 주택보급률은 60퍼센트에도 미치지 못했다.[1] 인구가 많아지니 주택 수요가 증가했다. 집값도 높아졌다. 게다가 경제 호황으로 넘치는 돈 때문에 부동산 시장은 활활 타올랐다. 특히 아파트에 대한 선호는 하늘을 찔렀다. 가구의 소득이 상승하면서 질 좋은 주택에 대한 수요가 증가한 결과다.

아파트 가격은 폭등에 폭등을 거듭했다. 집값 상승이 사회적 문제로 대두되기 시작했다.

이때 정부가 신도시 정책을 발표한다. 노태우 대통령의 그 유명한 '주택 200만 호 건설 계획'(1988)이다. 수도권에 90만 호, 지방에 110만 호를 짓는 계획이다. 당시 주택 200만 호 공급이 얼마나 황당한 계획이었는지 감을 잡기 힘들 수도 있겠다. 1980년대 말 전국에 있는 모든 주택의 수는 700만 호 정도였다. 주택 200만 호 건설 계획은 전국 주택수를 5년 만에 30퍼센트 증가시키려는 계획이었다(당시 한 가구당 평균 가구원수가 3.7명 정도였다. 그러니 200만 호면 무려 740만 명 정도를 수용할 수 있었다. 우리나라 인구의 17퍼센트 정도(당시 전국 인구는 4,300만 명)를 수용할 수 있는 슈퍼 사이즈 계획이었다). 아무 말 대잔치에 가까울 정도였다.

주택 200만 호 건설은 1987년 대선 당시 민주정의당(이하 민정당) 대통령 후보였던 노태우의 선거 공약이었다. 선거 당시 김보근 건설부 주택국장이 민정당 전문위원이었다고 한다. 건설부 과장이었던 분의 회고를 들어보자.

전문위원으로 파견된 김보근 씨는 원래 150만 호를 주장했다. 그런데 당무위원회에서 "100만 호나 200만 호처럼 딱 떨어져야지 어중간하게 150만 호가 뭐냐"라면서 200만 호로 바꾸어버렸다. 김 전문위원은 당시 능력으로는 5년간 200만 호를 짓는 것이 불가능하다며 극구 반대했지만, 노태우 후보가 "선거공약이

라는 것이 다 그런 것"이라며 밀어붙이는 바람에 결국 200만 호
로 낙착되었다.[2]

분당, 일산, 평촌, 산본, 중동의 1기 신도시에 주택 30만 호를 공
급하겠다고 발표되었다(이것은 주택 200만 호 건설 계획에 포함된다). 그래도 집값
은 잡히지 않았다. 민심이 이탈하고 있었다. 노태우 정부는 집값 폭
등으로 민란이 일어날 수도 있다며 두려워했다. 전세가는 집값보다
더 크게 뛰었다. 1989년 겨울(12월 30일)에는 주택임대차기간을 1년에
서 2년으로 늘렸다. 또한 토지공개념을 담은 3개의 부동산 법안이
국회를 통과했다. 여전히 집값은 잡히지 않았다. 1990년 봄, 천호동
반지하 4평에 세 들어 살던 네 가족이 전셋돈을 마련하지 못해 동반
자살했다. 40대 가장은 "내 집 마련의 꿈은 고사하고 서민의 비애를
자식들에게 물려주고 싶지 않다"라는 유서를 남겼다. 이후에도 세입
자 17명의 자살이 이어졌다.[3]

1988년 5월: 200만 호 주택 건설 추진계획 발표

1989년 12월: 주택임대차기간을 1년에서 2년으로 늘리는 개정
안 국회 통과

1989년 12월: 토지공개념을 담은 3개 부동산 법안(토지초과이득세

법, 택지소유상한법, 개발이익환수법) 국회 통과(참고로 토지초과이득세법은 1994년

에 헌법불합치 판결을, 택지소유상한법은 1999년 위헌 판정을 받아 사장되었다)

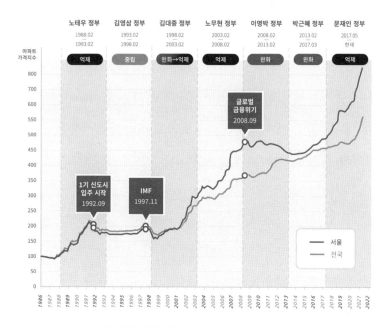

[표 1] 정부별 전국 아파트 매매가격지수(1986=100)

정부는 주택 공급에 총력전을 폈다. 집값이 잡히기 시작한 것은 1기 신도시 입주가 시작된 1991년부터다.[4] 표 1을 보자. 1991년에 집값이 고꾸라지는 것을 확인할 수 있다.

표 1[5]은 '정부정책'과 '집값'의 관계를 이해하는 데 매우 유익한 정보를 제공할 것이다. 이 책을 읽으면서 수십 번을 들여다볼 그림이다. 지금 당장은 1990년대 초반부터, 그러니까 대규모 입주가 시

작되는 시점부터 집값이 꺾였다는 것만 확인해보자.

1990년대 내내 인기가 없었던 부동산

1991년은 주택가격이 안정화된 역사적 분기점 중 하나다. 1990년대 내내 집값은 매우 안정된 추세를 보였다. 노태우 정부와 김영삼 정부를 거치면서 200만 호를 훌쩍 넘는 주택이 공급되었기 때문이다. 1988년 이후 5년간(1988년부터 1992년까지) 전국에 공급된 주택은 모두 270만 호 정도다. 그다음 5년간(1993년부터 1997년까지)에도 주택이 310만 호 정도 공급되었다. 1990년대는 '공격적인 주택 공급의 시대'였고, 단군 이래 가장 많은 주택이 보급된 시기였다. 이렇게 주택을 쏟아붓는데 주택가격이 안정화되지 않을 수 없었다. 이런 공급 폭탄에도 불구하고 가격이 뛰었다면, 아마 우리 역사에서 손에 꼽을 만한 불가사의로 남았을 것이다.

　주택가격이 출렁인 것은 1997년 말에 발생한 IMF 구제금융 사태를 맞이하면서다. 1998년 한 해에만 집값은 20퍼센트 정도 폭락했다. 이때 나라가 망한다고 생각한 사람이 많았다. 나라를 구하겠다고 금 모으기 운동이 벌어지는 상황이었는데 집값이 20퍼센트 정도만 내려갔다고? 지난 수년간 100퍼센트의 집값 폭등을 목도한 사람들은 20퍼센트를 '폭락'으로 부를 수 있겠냐고 반문할 수도 있겠다. 하지만 그 당시 20퍼센트 하락은 꽤 큰 충격이었다. 생각해보자. 1기 신도시 입주가 시작된 1991년에 집값이 큰 폭으로 하락했다. 이후 8년 동안의 집값은 제자리걸음이었다. 그러다 IMF 구제금융 사태를 맞아 다시 한 번 크게 떨어졌다. 물가는 계속 올랐는데 집값이 떨어지는 것은 엄청난 '마이너스'다.

이런 상상을 해보자. 내가 타임머신을 타고 IMF 시기로 돌아가, 사람들에게 "집값은 앞으로 20년간 쭉 오르기만 할 겁니다"라고 말한다면? 아마 사람들은 나를 사기꾼으로 취급할 것이다. 당시 집값이 오르리라 생각하는 사람은 거의 없었다. 살기 좋은 집을 골라 전세로 옮겨 다니는 게 이득이라고 말하는 이들도 많았다. 집을 팔고 전세로 옮겨, 목돈을 은행에 넣고 이자 받는 게 발 빠른 이들의 '슬기로운 재테크'였다.

당시의 상황이 어떠했는지에 대해 잠시 내 이야기를 해보고자 한다. IMF 사태의 충격이 온 나라를 뒤덮은 1998년 봄에 대학원 박사과정에 진학했다. 석사과정 때 너무 달렸는지 번아웃 증후군이 찾아왔다. 입학하자마자 극심한 학업 슬럼프를 겪었다. 온 나라가 우중충한 분위기였다. 내 주변도, 나도 어두웠다. 그래도 그 시기를 무사히 넘길 수 있었던 이유는 학업 외에 딴눈을 팔 수 있었기 때문일 것이다. 결혼 준비에 몰두했고, 1998년 겨울 결혼식을 올렸다. 사당동 이수역 태평백화점 뒤편에 전셋집을 얻었다. 전세가는 7000만 원. 전세와 매매의 갈림길에서 한참을 고민했다. 전세가와 매매가가

2000만 원밖에 차이 나지 않았기 때문이다. 주변 분들의 조언을 들었다. 지인들은 강력히 전세를 권했다. 당시 한 신문에 올라온 부동산 전문가의 상담 글을 보자. 그 당시 분위기가 어떠했는지 파악할 수 있을 것이다.

> 부동산 시장의 전망이 불가능해진 IMF 시대에는 집에다 모든 돈을 묻어두기보다는 '분산 투자'를 해야 할 필요성이 높아졌다. 가령 2억 원짜리 아파트를 구매하지 않고 1억 원 전세로 산다고 가정해보자. 1억 원은 묶여 있는 돈이지만 나머지 1억 원은 금융상품 등에 투자하면 1년에 1500~2000만 원의 소득이 발생한다. 반대로 집에만 전 재산을 묶어둔다면 지금과 같은 부동산 시세 하락기에는 금융 이자는 고사하고 본전까지 까먹게 된다.[6]

집값은 떨어지고 이자율은 올라가니 집을 가지고 있으면 손해였다. 1998년 2월에 집권한 김대중 정부는 IMF 위기를 극복하기 위해 총력전을 폈다. 집권 직후인 1998년 5월에는 주택 공급 관련 규제를 완화했고, 같은 해 12월에는 양도세와 취득세, 등록세를 감면했다. 그리고 얼마 지나지 않아 건설업 활성화대책(2000년 8월)을 연달아 내놓았다. 다시 표 1을 확인해보라. 대책을 내놓자마자 집값이 움직이기 시작했다. 김대중 정부의 첫 3년간 집값은 IMF 사태로 안정적이었지만, 나머지 2년 동안은 거의 폭등 수준으로 올랐다.

노무현 정부가 집권했을 때는 집값이 상승 탄력을 받고 있을 때였다. 노무현 정부 집권기(2003년 2월~2008년 2월) 내내 이어진 집값 상승에는 한계가 없는 듯 보였다. 2003년 5·23 대책, 9·5 대책, 10·29 대책, 2004년 2·17 대책, 2005년 5·4 대책, 8·31 대책, 2006년 3·30 대책, 11·15 대책을 통해 집값 잡는 정책들을 쏟아냈다. 하도 많은 정책을 내놓아서 여기서 다 설명하기 힘들 정도다.

부동산, 죄송합니다. 너무 미안합니다. 올라서 미안하고, 국민을 혼란스럽게 하고, 한 번에 잡지 못해서 미안합니다.

2005년 7월 "하늘이 두 쪽 나더라도 부동산만은 확실히 잡겠다!"라던 노무현 대통령은 집권 후반기로 들어선 2007년 신년 연설에서 이와 같이 국민들에게 사과했다.

정부에 따라 오락가락하는 부동산 대책

2008년 2월 이명박 정부가 들어섰다. 이명박 정부는 노무현 정부에서 집값 폭등으로 민심이 등을 돌리는 과정을 보아왔다. 주택 공급이 중요하다고 판단했다. 게다가 당시 국제 경기도 좋지 않았다. 글로벌 금융위기의 그림자가 드리우고 있었다. 당시 이명박 정부는

'747 공약'을 내세웠다. 마치 보잉747 비행기가 하늘을 날아오르는 것처럼, 경제성장률 7퍼센트, 국민소득 4만 달러, 세계 7위권의 선진국 진입을 목표로 내세웠다. 경제를 살리는 대통령으로의 이미지를 굳히기 위해서라도 침체된 주택 경기를 살려야 한다고 생각했다.

2008년 9월 15일에는 미국의 투자은행인 리먼 브라더스(Lehman Brothers Holdings, Inc.)가 파산신청을 했다. 글로벌 금융위기로 전 세계가 공포에 휩싸였다. 이 위기의 출발점은 미국 부동산이었다. 신용 등급(서브프라임, sub-prime)이 낮은 이들에게 마구잡이로 집 살 돈을 빌려주었기 때문이었다. 전 세계적으로 주가도 폭락하고 집값도 폭락했다. 그로부터 나흘 뒤인 9월 19일, 메가톤급 주택 공급 정책이 발표된다. 바로 150만 호의 보금자리주택 건설 계획이다. 경기를 띄우기 위해 건설업만큼 확실한 것은 없었다. 이런 역할을 해줄 주체가 필요했다. 대한주택공사와 한국토지공사를 합쳐 한국토지주택공사(LH)를 탄생시켰다. 30년간 현대건설에서 잔뼈가 굵은 이지송 씨가 LH 사장으로 취임했다.

150만 호의 주택 공급계획은 얼마나 담대한 계획인가? 당시 서울시 내 아파트가 150만 채 정도였으니 말이다. 하지만 이보다 사람들을 더 놀라게 한 것은 그 정도의 물량을 정부가 모두 짓겠다고 밝혔다는 점이다. 보금자리주택에는 공공임대 80만, 공공분양 70만을 계획했다.

그 많은 주택을 지을 곳은 어떻게 찾았을까. 바로 금단의 땅 그린벨트 해제를 통해서다. 서민 주거 안정화라는 명분도 갖추었다. 그러니 그린벨트 해제도 쉬웠다. 그린벨트 같은 싼 땅을 매입해 집을 짓는 데다, 공공이 분양하니 주택도시기금의 지원도 받는다('공공분양'이란 한국토지주택공사나 서울주택공사와 같은 공공(公共)이 집을 지어 분양하는 것이다). 가격이 쌀 수밖에 없다. 국민 모두가 집을 소유하는 그 날까지 공급을 멈추지 않겠다고 했다. 무주택 서민들은 환호했다. 실제로 서초지구 내곡동 아파트는 분양가가 평당 1000만 원 중반대였다. 4억 원을 조금 넘는 가격으로 강남에 아파트가 공급되자 사람들은 집 사는 것을 미루었다(서울시장 보궐선거 후보로 나섰던 오세훈의 내곡동 셀프 보상 의혹과 관련한 곳이기도 하다. 참고로 지금 서초지구 30평대 아파트 가격은 15~20억 원 정도다). 많은 이들이 전세로 눌러앉았다. 전세가가 폭등하기 시작했다.

이명박 정부의 보금자리주택에서 눈여겨보아야 할 것은, 공공이 분양하는 아파트의 수가 메가톤급이라는 점이다. 공공분양 70만 호를 지어댄다면, 민간 건설사는 당해낼 재간이 없었다(당시 민간에서는 분양하는 주택 물량이 매년 25만 호 정도였다. 보금자리주택 공공분양 계획은 매년 7만 호(10년간 70만 호)였는데, 이는 민간분양 주택의 30퍼센트를 차지할 정도로 컸다). 민간 건설사는 정부가 민간영역을 침입했다며 크게 반발했다. 당시 한 시행사 대표의 말이다.

건설사 출신 CEO가 대통령이 되어서 건설 경기를 살려줄 것으로 기대했지만 실상은 반대다. 정부가 손쉽게 그린벨트를 풀어서 싼값에 아파트를 내놓으니 건설사들은 당해낼 재간이 없다. 이러다 아파트 짓는 건설사가 아예 사라질까 걱정이다.[7]

2013년 2월 박근혜 정부가 들어섰다. 박근혜 정부는 이명박 정부의 보금자리주택이 마뜩잖았다. 민간 건설 시장을 크게 위축시키고 있다고 생각했다. 집권 후 부동산 정책과 관련해 가장 먼저 한 일은 '보금자리주택'이라는 명칭을 없애는 것이었다. '보금자리주택건설 특별법'을 '공공주택건설에 관한 특별법'으로 바꾸었다. 그리고 2013년 4·1 첫 부동산 정책을 발표한다. 이때 서승환 국토부장관은 '시장 정상화'라는 이름으로 공공분양 70만 호를 20만 호로 크게 축소한다. 보금자리주택 50만 호는 단숨에 날아가버렸고, 공급은 그렇게 축소되었다. 반면에 서민들이 더 쉽게 대출을 받을 수 있도록 수요를 띄웠다. 2014년 7월 24일에는 집값 대비 대출 비율인 LTV(주택담보대출비율, 집값 대비 어느 정도 대출을 받을 수 있는지에 대한 비율)를 70퍼센트로 올렸다. 소득에서 대출 상환액의 비율인 DTI(총부채상환비율)도 60퍼센트로 상향했다. 더 많은 대출을 받고 집을 살 수 있게 되었다.

얼마 지나지 않아 9·1 부동산 대책(2014년 9월 1일)이 발표된다. 박근혜 정부에서 내놓은 가장 강력한 대책이다. 물론 부동산 시장을 띄우는 쪽으로. 공급은 줄이고, 수요는 늘리는 투 트랙(two-track) 대책이었다. 일단 공급 정책부터 보자. 당시까지 신규 택지를 공급했던 주요한 법이었던 택지개발촉진법(택촉법)을 폐지할 것이라 발표했다.

그리고 2017년까지 LH가 신규로 택지를 지정하는 일은 없을 것이라고 못 박았다. 다음은 수요를 띄우는 정책. 재건축 연한을 40년에서 30년으로 낮추었다. 그리고 임대주택 의무건설 비율을 실질적으로 폐지했다. '공급을 축소하고 수요를 촉진하는 것', 이것이 박근혜 정부 부동산 정책의 전반적인 기조였다.

여기서 잠깐 생각해보자. 주택의 공급을 줄이고, 수요를 늘리는 쪽으로 부동산 대책을 쏟아낸다면 부동산 가격은 뛸 수밖에 없다.

박근혜 정부의 부동산 정책은 최경환 경제부총리가 이끌었다. 대출을 쉽게 하는 정책을 썼고, 이때 '갭 투자'라는 용어가 본격적으로 등장했다. '빚 권하는 정부'라는 비판도 쏟아졌다. 이에 대해 최경환 부총리가 말했다.

> LTV와 DTI 규제를 완화하면 상대적으로 제2금융권에 있는 가계 부채가 제1금융권으로 이동하는 좋은 효과가 있을 것으로 본다. (…) 실수요자들이 집을 장만할 수 있는 보완 대책도 같이 강구할 것. (…) 궁극적으로 가계의 가처분소득을 올려 신용을 보강하는 것이 결국 가계 부채에 대처하는 길이라고 본다.[8]

대출 규제를 완화하면 금리가 낮은 제1금융권으로 사람들이 이동하고, 이에 가계의 가처분소득(disposable income, 가구나 개인이 순수하게 쓸 수 있는 돈. 가계가 번 돈에서 각종 세금을 빼고, 정부지원금을 더한 것을 말한다)이 증가해 결국은 가계 부채가 악화하지 않을 것이라는 주장이다. 신박한 논리이지만, 어찌 되었든 대출 규제는 완화되었다. 표 1을 다시 보자. 집값은 2014년 9월부터 뛰기 시작했다. 박근혜 정부의 부동산 활성화 정책 약발이 확실히 오르던 때, 박근혜 대통령은 국정농단 사건으로 탄핵을 당한다. 박근혜 정부가 나머지 1년을 제대로 채웠더라면, 이 정부가 집값 폭등의 기반을 어떻게 마련했는지 선명하게 보여주었을 것이라는 생각이 들기도 한다.

투기의 꽃길을 깔아준 임대사업자 등록제

이즈음에서 눈치 빠른 독자들은 다음에 벌어질 일을 예상할 수 있을 것이다. 박근혜 정부에서 집값을 띄웠으니, 다음 정부에서는 집값을 잡을 차례라는 것을. 2017년 5월 촛불 정부를 자처한 문재인 정부가 들어섰다. 노무현 정부에서 부동산 정책을 담당했던 김수현 세종대 교수가 사회수석으로 임명되었다. 김수현 수석은 노무현 정부 때 종합부동산세(종부세)를 설계한 부동산 전문가다. 많은 이들이 그가 노무현 정부 때 부동산 정책의 실패를 복기하며 와신상담했을 것이라고 생각했다. 부동산 시장은 잔뜩 긴장했다.

　문재인 정부 출범 후 한 달 만에 첫 부동산 대책인 6·19 대책이 나왔다. 조정 대상지역에 한해서 LTV를 70퍼센트에서 60퍼센트로,

DTI를 60퍼센트에서 50퍼센트로, 각각 10퍼센트씩 강화했다. 박근혜 정부가 올려놓았던 LTV와 DTI 비율을 다시 원상복구시킨 것이다. 분양권의 전매(분양권 다시 팔기)를 제한하고, 재건축 조합원이 받을 수 있는 주택수를 1세대 1주택으로 한정했다. 시장에서는 '이게 뭐지?'라며 어리둥절해했다. 솜방망이보다 못한 정책이었기 때문이다. 노무현 정부 때 생긴 부동산 정책 실패 트라우마가 너무 커서 센 정책이 나오기 힘들 것이라는 이야기도 떠돌았다(노무현 정부 당시 종합부동산세를 잘못 건드려서 정권이 휘청거리기도 했다). 일부 언론에서는 정부가 아예 집값 잡을 의지가 없다고 판단했다. 대책이 나온 후 집값은 폭등했다. 하지만 정부는 당황하지 않았다. 6·19 대책이 나온 후 한 달이 조금 더 지난 7월 27일, 문재인 대통령은 기업인 간담회에 참석한 정부 관료들에게 "부동산 가격 잡아주면, 제가 피자 한 판씩 쏘겠다"라고 말했다. 간담회장에는 웃음꽃이 활짝 폈다.

첫 대책 이후 두 달이 안 된 시점에서 추가 대책이 나왔다. 2017년의 8·2 부동산 대책이다. 투기과열지구와 투기지역을 새롭게 지정했다.[9] 투기과열지구 LTV를 60퍼센트에서 40퍼센트로 강화했고, 대출을 건별이 아닌 세대당으로 바꾸었다. 다주택자가 집을 팔 때 내는 양도소득세도 중과했다. 이뿐만이 아니다. 재건축초과이익환수제를 부활했다. 예상을 뛰어넘은 센 정책이었다. 특히 다주택자에 대한 규제는 그 강도가 셌다. 시장은 주춤했다. 이 정도면 집값이 폭락하는 것이 아니냐는 우려의 목소리도 나왔다. 8·2 부동산 대책을 내놓은 지 한 달 정도가 지난 후 이주열 한국은행 총재가 말했다.

> 지금 시점에서 부동산 침체까지 걱정할 상황은 아니다. (…) 8·2 대책이 한 달가량 되었는데 그 영향을 점검해보면 투기과열지구 중심으로 주택가격 상승세가 꺾였다. 부동산 시장 침체에 따른 미국이나 일본과 같은 위기를 우려할 상황은 아니라고 생각한다.[10]

많은 이들이 이제야 집값이 잡히는구나 안도했다. 여기까지는 좋았다. 같은 해 12월에 부동산 정책의 역사상 가장 바보 같은 대책이 발표될 때까지는. 정부는 12·13 대책에 임대주택 등록 활성화 방안을 발표한다. 등록 임대주택을 늘려서 세입자 보호를 강화하는 것이 주된 목표라고 했다. 다주택자들에게 채찍(규제)만 쓰던 정부가, 이번에는 '당근(인센티브)'을 주기로 한 것이다. 임대사업을 위해 집을 추가로 살 때 취득세를 크게 감면해주었고, 보유 단계에서 내는 재산세도 감면해주었다. 8년으로 장기임대 할 경우 임대소득세를 줄여주었다. 정부의 보도 자료에서는 "임대소득 2000만 원에 대해서 부담하는 소득세는 매년 7만 원 수준"이라는 것을 강조했다. 이 대책이 나왔을 때 정부가 이렇게까지 친절할 수 있을지 내 눈을 의심할 정도였다. 심지어는 임대사업자의 건강보험료까지 깎아주었다. 여기서 끝이 아니다. 더 놀라운 것은, 임대주택을 종합부동산세 합산에서 배제했다는 점이다. 양도세의 감면 폭은 꽤 파격적이었다. 8년 이상 임대 시 장기보유특별공제 비율을 50퍼센트에서 70퍼센트로 올렸다(장기보유특별공제는, 집을 오래 가지고 있으면, 양도소득세를 보유기간에 따라 깎아주는 제도다. 8년 임대 시 공제 비율을 70퍼센트로 올렸다면, 양도차익을 환수하지 않겠다는 것이나 다름없었다). 다주택자들은 양도세 중과를 피하기 위해 임대주택사업자로 등록했다.

취득세, 재산세, 종부세, 양도세, 건강보험료를 감면했다! 다주택 임대사업자들에게는 최고의 종합선물세트였다. 시장에서는 이것을 집을 사라는 신호로 받아들였다. 1주택자도 임대사업자가 되기 위해 움직였다. 임대사업자는 2018년 33만 명에서 2020년 52만 명으로 크게 증가했다. 같은 기간 등록된 임대주택도 115만 가구에서 160만 가구로 증가했다. 게다가 8년 이상 장기보유 사업자가 늘면서 매매시장에 나오는 집이 사라지기 시작했다. 집값은 다시 폭등했다. 일부 언론에서는 박근혜 정부는 "빚내서 집 사라"고 하더니 문재인 정부는 "빚내서 집세 장사하라" 한다며 꼬집었다.

이준구 서울대 교수는 임대주택등록제가 투기의 꽃길을 깔아주었다고 자신의 홈페이지를 통해 비판했다.

나는 문재인 정부의 부동산 정책이 실패로 돌아간 핵심적 이유가 '(주택)임대사업자 등록제'의 위험성을 간과한 데 있었다고 봅니다. 주택임대사업자 등록제란 임대사업자로 등록된 사람에게 천문학적 규모의 세제상 특혜를 제공하는 정책을 말합니다. 임대사업자로 등록하기만 하면 수십, 수백 채의 주택을 사재기해 놓고 있어도 거의 아무런 세금을 내지 않아도 되게 만들어주었습니다. (…) 그리고 세금 부담은 앞에서 설명했듯 임대사업자로 등록하기만 하면 거의 0의 수준으로 떨어집니다. (…) 이런 상황에서는 투기하지 않는 사람이 바보 아닐까요? (…) 집값과의 전쟁에서 승리를 거둘 수 있는 유일한 방법은 암 덩어리와도 같은 임대사업자 등록제를 폐지하는 것밖에 없습니다.[11]

임대사업자에 대한 혜택이 도입된 후 반년이 조금 더 지난 2018년 7월 말, 김현미 국토교통부장관이 기자들에게 말했다.

등록된 임대주택에 주는 세제 혜택이 일부 과한 부분이 있다고 생각한다. (…) 혜택을 조금 줄여야겠다. (…) 최근 임대사업자 등록의 혜택을 집을 새로 사는 수단으로 역이용하는 경향이 일부 있는 것으로 판단된다. (…) 집을 많이 가진 국민이 (집을) 또 갖게 하는 정책은 (올바른 정책이) 아닌 것 같다.[12]

2018년 9·13 대책에서는 다주택자를 집값 상승의 주범으로 지목하며 이들에 대한 혜택을 줄여왔다. 이후에도 집값은 계속 올랐다. 천정이 뚫린 듯 보였다. 2018년 하반기에만 8·27, 9·13, 9·21,

12 · 19 대책 등 굵직한 대책들이 여러 번 나왔다. 특히 9 · 13 대책에서는 수도권에 30만 호를 공급하겠다고 밝혔다. 종부세도 강화했다. 하지만 집값은 잡히지 않았다. 2019년에는 1 · 9, 4 · 23, 5 · 7, 8 · 12, 10 · 1, 11 · 6, 12 · 16 대책을 쏟아냈다. 2020년에는 2 · 20, 5 · 6, 5 · 20, 6 · 17, 7 · 10, 8 · 4 대책을 내놓았다. 정부의 부동산 대책을 조롱하듯, 집값은 계속 올라갔다.

부동산에 관해서는 모두가 억울해졌다

2020년 11월 국회 예산결산특별위원회에서 설전이 벌어졌다. 김현미 국토교통부장관과 김형동 국민의힘 의원이 '디딤돌 대출'의 기준을 놓고 입씨름을 벌였다. 서울 아파트 평균 가격이 10억 원이나 되는데, 5억 원 이하 주택에만 적용되는 디딤돌 대출이 실효성이 있겠냐는 질문이 있었다. 김현미 장관이 답했다. "저희 집 정도는 디딤돌 대출로 살 수 있습니다."

서울 아파트 가격의 반도 안 되는 아파트에 거주하는 국토교통부장관을 보며 신기해하는 사람도 있었다. 하지만 그보다는 수도권에 이렇게 싼 아파트도 있구나 생각한 이들이 더 많았다. 해당 아파트 주민들은 "자기 집 시세도 모르냐"며 반발했다. 주민연합회는 성명을 내면서 김현미 장관의 사과를 요구했다.

본인 소유 아파트의 정확한 시세조차 확인하지 않은 채 부정확한 가격을 언급했다. (…) 수도권에서 가장 저렴한 아파트로 오인될 수 있다는 점에서 입주민들은 경악과 분노를 금치 못하고 있다. (…) 주민의 자산 가치를 조롱 내지 폄훼한 국토부장관의 부적절하고 개념 없는 발언을 엄정히 규탄한다.[13]

한 언론에서는 곧바로 팩트 체크에 들어갔다. 김현미 장관의 아파트가 디딤돌 대출로 구매할 수 있는지 여부였다. 그리고 기자는 대쪽 같은 판결을 한다.

한국감정원 홈페이지의 시세정보에 따르면 김 장관이 거주하는 아파트 단지의 주거전용면적 146.6제곱미터형 가격은 하한 평균 5억 1500만 원, 상한 평균 5억 6500만 원이다. (…) 가장 최근인 9월 25일에는 5억 7900만 원(12층)에 매매되었다. (…) 김 장관이 현재 사는 집을 디딤돌 대출로 살 수 있다는 주장은 현재 시세에 비추어 사실과 거리가 있는 셈이다.[14]

남들보다 싼 아파트에 사는 것이 자존감에 상처를 주는 시대가 왔다. 하지만 생각해보자. 6억 원짜리 집을 5억 원 이하라 이야기했다고 장관에게 사과를 요구할 정도면, 이보다 낮은 가격의 집에 사는 사람들의 마음은 어떨까. 이 해프닝이 있을 당시 경기도 전체 아파트의 중위가격이 4억 3000만 원 정도였다.[15] 지방에 집 가진 이들도 행복하지는 않다. 신축 아파트가 아닌 경우는 집값이 10년째 요지부동이거나 오히려 내려갔기 때문이다. 이들은 지난 5년간 서울 집값이 평균 5~6억 원 넘게 올랐다는 사실을 믿기 어렵다고 말한다. 강남에는 20억 원이 넘는 아파트가 널렸다는 말에, 본인에게는 현실감이 없는 이야기처럼 들린다며 씁쓸해한다. 경기도에 사는 사람들은 서울의 집값 상승을 보며 허탈해한다. 나도 원래 서울에 집을 살 수 있었다고 애써 강조한다. 서울에 사는 사람들은 10억 원이 넘게 뛴 강남의 아파트를 보며 승자독식이라 비판한다.

이런 상황에서 정작 경악하고 분노해야 하는 이들은, 남들보다 싼 아파트에 사는 이들이 아니다. 그들은 바로, 자신의 이름이 올라간 집문서조차 없는 '무주택자'들이다. 무주택자들은 이제 주거 사다리가 없어졌다고 느낀다. 무주택자들은 오른 집값으로 근로 의욕을 잃었다. 밤잠을 설치고, 우울증으로 힘들어하고, 그래서 건강을 잃는다. 심지어 전세를 고집한 자신의 선택에 대한 자책감에 괴로워한다.

수년간 이어진 집값 폭등으로 대한민국 국민 모두가 자존감에 상처를 입었다. 부동산에 대해서는 너무나 할 말이 많다. 버튼만 누르면 끊임없이 쏟아내는 팝콘 기계처럼, 부동산이라는 소재 하나에 얽힌 이야기는 끝없이 펼쳐진다. '그때 그 집을 팔지 말았어야 했다' '예전에 그 집을 주의 깊게 보고 있었는데 시기를 놓쳤다' '이제는 가격이 꼭지다' '영끌해서라도 사야 한다' '지금 집값이 가장 쌀 때다' '전세로 조금만 더 버텨볼 생각이다' '정권이 바뀌어야 집값도 잡힐 거다'라는 등 저마다 가지고 있는 소재는 천차만별이지만 이야기의 마지막은 비슷한 분위기로 끝난다. 슬프거나, 억울하거나, 허탈하거나, 아쉽거나.

정책 실패에 쏟아지는 화살들

아파트가 빵이라면 제가 밤을 새워서라도 만들겠다.

2020년 11월 말, 국토교통위에서 아파트 공급이 왜 부족한지를 묻는 질문에 대한 김현미 국토교통부장관의 대답이다. 빵 가격이 오르면 빠르게 찍어낼 수 있지만, 아파트를 짓는 데는 2~3년의 기간이 소요된다는 이야기였다. 야당에서는 "아파트는 빵이 아니니까, 제대로 된 대책을 내놓으라고 국토부가 있는 것" "누가 정부더러 아파트를 직접 만들라고 했나. 정부는 건설업자가 아니다. (…) 공산주의 국가가 아니라면 아파트는 시장에서 공급자가 만드는 것"이라 비판했다.[16] 김현미 장관의 빵 발언 후 여론이 더욱 나빠졌다. 며칠 후, 청와대는 후임 국토부장관 후보로 변창흠 LH 사장을 지명했다.

한 가지는 분명히 하자. 아파트를 굳이 먹는 것에 비유하자면 빵이 아닌 배추에 가깝다. 아파트와 배추 모두 가격 사이클이 존재하기 때문이다. 배추 한 포기가 똥값이 되어 3,000원 아래로 떨어질 때도 있고, 어떨 때는 금치가 되어 1만 2,000원을 넘어가기도 한다. 왜 이렇게 가격의 변동 폭이 클까? 공급이 '비탄력적'이기 때문이다. 빵이야 가격이 오르면 즉시 공급이 증가하는 탄력적인 상품이지만, 농산물은 그렇지 못하다. 올가을 배춧값이 폭등하면, 내년 가을에는 배추 재배 면적이 늘어나고 이는 가격을 폭락시킨다. 이처럼 농산물에는 가격의 등락이 순환적으로 일어난다. 단, 배춧값은 1~2년을 주기로 가격 등락이 반복되지만, 아파트의 경우는 그 주기가 4~5년이다. 아파트 건설하는 데 그 정도의 기간이 필요하기 때문이다.

수요공급 그래프에 이렇게 가격이 오르락내리락하는 현상을 표현하면 꼭 거미집처럼 보인다. 이런 현상을 설명하는 '거미집 이론(cobweb theory)'도 있다. 거미집 이론의 핵심은 수요와 공급에 시간 차이가 있다는 점이다. 이 부분은 좀 어려울 수 있으니 표 2의 그래프를 찬찬히 살펴보자.

주택 수요곡선도 다른 재화의 수요곡선과 비슷하다. 집값이 내리면 수요량이 증가하고, 집값이 오르면 수요량이 감소한다. 하지만 거품이 발생하는 상황에서는 이 둘의 관계가 비정상적으로 움직이는 일도 있다. 가격이 오를 때 수요량이 증가하는 현상이다. 공급 측면은 어떨까. 가격이 오르면 수많은 시공사들이 뛰어들어 아파트를 지으려고 준비한다. 특히 거품이 발생하는 시기에 건설사들의 움

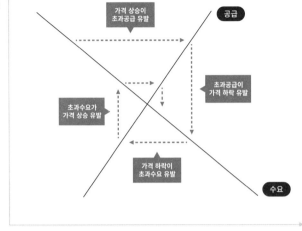

[표 2] 집값 등락과 거미집 이론

거미집 이론에서는 가격 급등락의 유형을 세 가지로 분류하고 있다. 가격 급등락의 패턴은 공급곡선과 수요곡선의 기울기에 따라 다르게 나타난다.

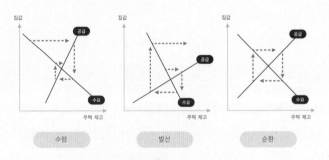

[표 3] 가격 급등락의 세 가지 패턴

표 3에서 왼쪽 그림은 공급곡선의 기울기가 수요곡선에 비해 가파르다. 가격변동에 따라 공급량의 변화가 둔감하다는 의미다. 이 경우, 가격의 등락폭은 점점 줄어들고, 마침내 균형가격에 수렴하는 성질이 있다. 반면에 가운데 그림은 수요곡선의 기울기가 공급곡선에 비해 가파르다. 가격변동에 수요량이 둔감하게 반응한다는 뜻이다. 이 경우, 시간이 지남에 따라 가격은 등락폭이 점점 더 커지는 경향이 있다. 오른쪽 그림은 수요곡선과 공급곡선의 기울기가 같다. 이런 경우는 시간에 따라 가격 등락을 반복한다.

그렇다면 주택시장은 어느 그림에 가까울까. 가격이 오른다고 아파트를 빨리 공급할 수는 없다. 일반적인 상황이라면 공급곡선이 비탄력적인 표 3의 왼쪽 그림에 가깝다. 그렇다고 주택가격이 장기적으로 특정 가격에 수렴하면서 안정화되는 것은 아니다. 주택 수요가 꽤 변덕스럽게 변하기 때문이다. 투기가 만연한 상황에서는 가격 상승이 주택 수요량의 증가로 이어질 때도 있다. 어찌 되었든 주택은 큰 폭의 순환적 가격변동을 가지는 재화임은 분명하다.

직임이 활발해진다. 하지만 아파트를 빵처럼 찍어내다가는 몇 년 후 큰 문제가 발생할 수 있다. 우리가 겪은 지난 일들을 다시 한 번 상기해보자.

이명박 정부(2008년 봄 집권): 이명박 정부는 글로벌 금융위기를 극복하기 위해 건설업에 기댔다. 4대강 사업도 그렇지만, 이명박 정부는 아파트 공급 확대를 통해 경기를 띄우려 했다. 경기 불황에 공급 확대가 겹치니 서울 집값은 안정을 넘어 집권기 내내 하락세를 보였다(당시 지방의 집값은 꾸준히 올랐다).

박근혜 정부(2013년 봄 집권): 이명박 정부에서의 집값 하락세는 박근혜 정부 초반기에도 이어졌다. 박근혜 정부에서는 집값 하락을 경기 침체의 징표로 받아들였다. 집권하자마자 주택 '공급을 축소'하고, '수요를 촉진'했다. 이 정책이 효과를 내기 시작했을 때는 집권 중반인 2015년 말부터다. 집값이 급등 조짐을 보인 2016년 11월 이후부터 수차례의 부동산 안정화 대책을 발표한다.

문재인 정부(2017년 봄 집권): 문재인 정부는 집값이 상승하는 시기에 집권했다. 집값은 약간의 상승을 거쳐 막 도약하려던 참이었다. 이후 스물여섯 번이 넘는 집값 안정화 대책을 발표했다. 하지만 정부가 내놓은 대책은 집값 상승을 더욱 부추기는 효과를 낳았다.

이명박 정부는 공급을 확대했고, 박근혜 정부는 공급을 축소했다. 문재인 정부는 다시 공급을 확대하고 있다. 그렇다면 다음 정부는? 안 보아도 비디오다. 부동산 시장은 침체를 겪을 가능성이 크다.

집값은 원래 오르고 내리고를 반복한다. 부동산 시장이 침체했다고 공급을 축소하면, 그다음 시기에는 폭등할 가능성이 크다. 이

것이 박근혜 정부에서 문재인 정부 교체기에 발생한 일이다. 집값이 오를 때 갑자기 대규모 공급을 하면, 4~5년 후에는 더 크게 내려간 다. 이것은 아마도 문재인 정부 이후에 발생할 가능성이 크다. 일종 의 정부 실패가 '자연스러운' 집값 변동 사이클을, '부자연스러운 거 대' 사이클로 뺑튀기하고 있는 것이다.

이즈음에서 조금 더 명확히 해야 할 것이 있다. 집값 변동이 거 미집 이론으로 설명될 수 있기는 하지만 배추와 똑같은 논리가 적용 되지는 않는다. 배추는 전국 어느 곳이나 골고루 공급될 수 있는 상 품이다. 공급이 충분할 때는 대한민국 어느 곳이나 배추가 넘쳐난 다. 반대로 공급이 달릴 때는 전국적으로 배추가 모자란다. 집은 조 금 다르다. 광주에 아파트가 넘쳐난다고 해서 아파트 잉여분을 대구 로 옮길 수 없다. 그래서 지역별로 집값이 다르게 움직인다.

표 1에서 알 수 있듯이, 월드컵을 개최한 2002년부터 서울 집값 은 폭등했다. 하지만 지방의 집값은 잠잠했다. 이 추세는 금융위기 까지 지속되었다. 글로벌 금융위기를 맞은 2008년부터 2016년까지 서울의 집값은 하락세에 있었지만, 지방의 집값은 빠르게 오르며 (집 값 상승률 측면에서) 서울과 키높이를 맞추었다. 요지인즉, 부동산 시장에 서는 가장 잘나가는 지역의 집값이 먼저 오르고 나머지 지역이 나 중에 따라가는 양상을 보인다는 점이다. 서울 내에서도 마찬가지다. 강남 집값이 가장 먼저 움직이고, 이후에 여의도, 목동, 용산 등의 다 른 핵심지역의 집값이 따라가는 양상을 보인다.

주변에서는, 강남은 그들만의 리그이니 정부가 신경 쓸 필요가 없다고 이야기하기도 한다. 빈대 잡다가 초가삼간 다 태우는 것처럼, 강남 집값 잡으려고 대책 내놓는 것이 전국 부동산 시장을 다 망칠 수 있다고 말한다. 큰일 날 소리다. 강남은 대한민국의 집값이 어느 정도까지 상승할 수 있는지를 보여주는 지표다. 마치 운동선수들이 세계기록을 지표로 삼고, 이를 깨기 위해 노력하는 것과 같은 이치다. 다른 지역도 강남의 집값을 따라가기 위해 전력 질주를 하고 있기 때문이다. 강남의 집값은 서울 집값의 기폭제다. 더 나아가, 서울의 집값은 전국 집값의 기폭제가 되고 있다.

2장

무엇이 집값을 끌어올리는가

낮은 금리가 끌어올리는 집값

부동산에 관한 한 문재인 정부는 운이 없었다. 없어도 너무나 없었다. 박근혜 정부에서는 주택 공급을 축소했고, 수요를 부양했다. 정책의 본격적인 효과는 박근혜 정부 4년차인 2016년부터 나타났고, 문재인 정부는 2017년 5월에 정권을 잡았다. 그렇다고 문재인 정부에 책임이 전혀 없는 것은 아니다. 준비된 정부라면, 집값의 상승이 본격화될 것이라는 점은 알아차렸어야 했다. 복잡한 통계도 필요하지 않았다. 공급이 부족하고 수요가 증가하면 집값은 올라갈 수밖에 없다. 그런데 문재인 정부는 이런 조건이 갖추어져 있는지 몰랐다.

주택이 부족한데도, "공급은 충분하다"라는 말만 되풀이했다. 저금리와 풍부한 유동성의 힘도 과소평가했다. 무엇보다도 대도시로 인구가 빠르게 집중되고 있는 현실을 파악하지 못했다.

이번 장에서는 '어떤 요인들이 집값을 움직였는지' 부동산 전문가들의 의견을 정리해볼 것이다. 각각의 의견에 대해 내 나름의 의견을 덧붙였다.

금리는 집값에 얼마나 영향을 미칠까? 금리는 돈을 빌릴 때 붙는 가격이다. 집을 사기 위해 6억 원의 대출을 받는다 치자. 6억 원을 6퍼센트 금리로 빌리면 매달 300만 원의 이자를 내야 한다. 하지만 금리가 3퍼센트로 줄어들면 매달 갚아야 하는 돈도 150만 원으로 줄어든다. 금리가 내려간다는 것은 대출의 문턱도 낮아진다는 뜻이다. 대출이 쉬워지면 집 사기도 쉬워진다. 너도나도 집을 사고자 하면, 집값이 올라간다. 낮은 금리가 높은 집값을 만들어낸다. 이것은 우리가 마치 공식처럼 알고 있는 금리와 집값의 반비례 관계다.

하지만 이 둘이 항상 반비례하는 것은 아니다. 과거로 돌아가서 이 둘의 관계를 확인해보자.

이명박 정부의 집권 초기인 2008년 8월에는 한국은행 기준 금리가 5.25퍼센트였다. 시중은행의 대출금리는 7~8퍼센트 정도였다. 이때 리먼 브라더스가 파산보호 신청에 들어갔고, 글로벌 금융위기가 본격화되었다. 미국은 기준 금리를 2008년 12월 0.25퍼센트까지 낮추었다. 우리나라도 금리를 빠르게 낮추었다. 2009년 2월에

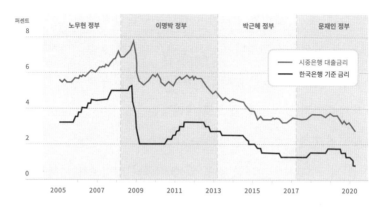

퍼센트
8

노무현 정부　　　　이명박 정부　　　　박근혜 정부　　　　문재인 정부

시중은행 대출금리
한국은행 기준 금리

6

4

2

0

2005　　2007　　2009　　2011　　2013　　2015　　2017　　2020

[표 4] 한국은행 기준 금리와 시중은행 대출금리 변화 추이

는 2퍼센트로 추락한다. 표 4에서 2009년 즈음 금리가 어느 정도 고
꾸라졌는지 확인해보자. 이때 집값이 올랐을까? 아니, 그 반대였다.
아파트 매매가격지수를 나타내는 표 1을 다시 보자. 집값은 2009년
부터 2014년까지 바닥을 기면서 서서히 내려가는 것을 확인할 수
있을 것이다.

　그러면 금리가 내려갔는데 왜 집값은 오르지 않았을까? 일단 경
기가 좋지 않았다. 무엇보다도 부동산에 대한 기대 심리가 좋지 않
았다. 많은 이들이 집값이 계속 내려갈 것이라 본 것이다. 또 다른 이
유도 있다. 앞서 설명했지만, 경기를 띄우려 대규모 공급 정책(150만
호 보금자리주택)을 편 것도 한몫했다. 이명박 정부는 그린벨트를 이용해
반값으로 아파트를 공급하겠다고 선언했다. 사람들은 집값이 내려
갈 것이라 믿었다. 많은 이들이 전세를 살면서 청약 때만을 기다렸

다. 중요한 점은, 금리와 집값과의 관계가 단순한 반비례 관계만은 아니라는 사실이다. 그렇다고 금리가 집값에 전혀 영향을 미치지 않는 것은 아니다. 2008년 글로벌 금융위기 당시 금리를 낮추지 않았다면 주택가격은 더욱 큰 폭으로 내려갔을 수도 있다. 금리를 낮추었기에 집값 폭락의 충격을 막을 수 있었다.

이제 코로나19 사태를 겪고 있는 작금의 현실로 돌아와보자. 2021년 여름 기준으로 한국은행 기준 금리는 0.5퍼센트다. 시중은행의 대출금리도 덩달아 2퍼센트대로 낮아졌다. 하지만 지금은 2008년 글로벌 금융위기 때와는 사뭇 다르다. 낮아진 금리로 인해 집을 사려는 사람들이 늘었고 집값은 폭등했다. 이상하지 않은가? 2008년 글로벌 금융위기 상황과 2020년 코로나19 위기 상황에서 금리는 대폭 낮아졌다. 하지만 집값은 반대로 움직였다. 집값의 향방에 금리도 중요하다. 하지만 더욱 중요한 것은, 사람들이 부동산의 미래를 어떻게 보는지다! 금리가 아무리 낮아져도, 많은 사람들이 집값이 내려갈 것으로 생각하면, 집값은 뛰지 않는다.

문제는 사람들의 기대 심리가 이성적이지 않다는 점이다. 집값이 올라가면 망설임이 생긴다. 집값이 상투가 아닌지 걱정한다. 하지만 이내 마음을 고쳐먹는다. 더 높은 가격에 사는 바보가 있을 것이라며 위로한다. 그때부터 '바보들의 전쟁'이 시작된다. 부동산 시장은 투기판이 되고, 집값이 오르는 만큼 이자 부담은 사소한 것으로 치부된다. 시중은행 이자가 2.5퍼센트라 치자. 4억 원을 빌리면,

이자 비용은 한 달에 83만 원 정도다. 이렇게 집 사는 데 드는 돈에 비해, 집을 사면 얻을 수 있는 수익은 막대하다. 서울 아파트의 중위 가격이 5년간 5억 원이 올랐다고 치자(실제 최근 5년간의 집값은 이것보다 더 올랐다!). 1년에 1억 원씩, 그러니까 평균적으로 한 달에 830만 원씩 오른 셈이다. 이자보다 10배나 많다. 집값이 이렇게 빠르게 오르는 상황에서 어찌 빚내서 집을 사지 않을 수 있겠는가.

집값 잡으려 금리를 올리면

집값을 잡기 위해 금리를 화끈하게 올려야 한다고 말하는 사람도 있다. 큰일 날 소리다. 지금 금리를 올렸다가는 영끌해 빚투(빚내서 투자하는 것)한 이들은 버틸 수가 없다. 가계가 파산하면, 은행도 파산한다. 소위 줄도산의 우려가 있다. 우리나라 가계 부채 현황을 보자. 가계 부채는 말 그대로 가구나 개인이 진 빚이다. 가계의 빚은 어느 정도일까? 이를 확인하는 가장 대표적인 지표는 우리나라 경제 규모에 대비해 가계 부채가 얼마나 많은지를 보는 것이다. '명목GDP' 대비 가계 부채비율이 흔히 사용된다.

$$경제\ 규모\ 대비\ 가계\ 부채비율 = \frac{가계\ 부채\ 총액}{명목GDP}$$

2020년 사상 처음으로 가계 부채(1700조 원 정도)가 명목GDP를 넘어섰다. 2020년 말 기준 104퍼센트로 나타나고 있다. 그러면 해외는 어떨까? 2020년 기준으로 G20 국가들 중 우리보다 높은 곳은 스위스(133퍼센트), 호주(124퍼센트), 노르웨이(115퍼센트), 덴마크(112퍼센트), 캐나다(112퍼센트), 네덜란드(105퍼센트)밖에 없다.[1] 우리나라의 뒤에 영국(90퍼센트), 미국(79.5퍼센트), 프랑스(68.7퍼센트), 일본(65.3퍼센트) 등이 잇고 있다.

하지만 이 지표는 그리 믿을 만하지 않다. 한국은행에서 작성하는 가계 부채 통계에 '전세 보증금'은 포함되지 않기 때문이다. 전세는 OECD 국가 중 우리나라에만 있는 유일한 제도다. 국제 통계 기준에 맞추다 보니 전세 보증금은 가계 부채에 포함하지 않은 듯하다. 하지만 전세를 끼고 집을 샀다면, 이것은 엄연한 빚이다. 생각해보자. 5억 원짜리 집을 4억 원의 전세를 끼고 1억 원의 자기 돈을 보태서 샀다면, 4억 원의 빚을 내 산 것과 다름 아니다. 더 정확히 말해 4억 원을 민간에서 무이자로 대출받은 것이다. 세입자가 만기가 되어 나갈 때, 새로운 세입자를 찾지 못해도 집주인은 전세금을 돌려줄 의무가 있다.

그렇다면 우리나라의 진짜 가계 부채는 얼마나 될까? 우리나라 주택 매매시장에서 이런 갭 투자의 비율은 보통 30~40퍼센트 정도다. 고가주택이 밀집한 강남, 서초, 용산구의 갭 투자 비중은 60~70퍼센트에 달한다.[2] 한 언론에서 분석한 바에 따르면 2020년 기준으로 숨어 있는 전세자금을 합친 부채는 2367조 원 수준이다.[3] 가계 대출에 전월세 보증금을 포함해서 명목GDP 대비 가계 부채비율을 다시 계산하면? 140퍼센트 정도로, 주요 선진국 가운데 경제 규모 대비 가계 부채가 가장 높다.

어떤 이들은 말한다. 경제 규모인 GDP 대비 가계 빚이 얼마나 많은지는 금리 상승에 따른 경제의 위험을 평가하는 데 그리 큰 도움이 되지 않는다, 라고. 이보다 더 좋은 지표는 가처분소득에 대비한 가계 빚의 수준을 보는 것이다.

$$가처분소득\ 대비\ 가계\ 부채비율 = \frac{가계\ 부채\ 총액}{가구\ 가처분소득\ 총액}$$

우리나라의 가처분소득 대비 가계 부채비율은 2008년 138.5퍼센트에서 2019년 190.6퍼센트까지 지속적으로 증가했다. 190퍼센트는 1년에 개인이 쓸 수 있는 돈의 2배 정도 빚을 지고 있다는 뜻이다. 다른 나라에 비해 이 수치가 얼마나 높은 것일까?[4] 2019년 기준으로 일본과 미국은 110퍼센트 정도다. 프랑스는 120퍼센트, 영국은 140퍼센트 정도다. 우리보다 높은 나라는 덴마크(256.7퍼센트), 네덜란드(235.7퍼센트), 호주(209.7퍼센트) 정도인데, 이들은 연금제도가 매우 높은 수준으로 발달해 있다. 또한 사회안전망이 매우 잘 갖추어진 국가들이다. 그래서 실제 상환 부담이 낮은 편이라고 할 수 있다. 방금 이야기했듯이, 우리나라의 가계 부채에는 전세 대출금이 포함되어야 한다. 전세 대출을 빚으로 간주해 계산해보면 260퍼센트가 넘는다. 이 또한 전 세계적으로 가장 높은 수치다.

어떤 지표로 보든 우리나라 가계 빚은 전 세계에서 가장 높은 수준이다. 이렇게 빚이 많은 상황에서 금리가 올라간다면? 갭 투자한 이들, 특히 '영끌해 빚투한' 이들은 견디기 힘들어진다. 이것이 금리를 마음대로 높일 수 없는 이유다. 금리를 약간만 올려도 개인 파산이 대폭 증가할 수 있다. 하지만 금리는 우리 마음대로 낮추거나 올릴 수 있는 성질의 것이 아니다. 해외 주요 국가들이 금리를 올리면 우리나라도 따라서 올려야 한다. 돈은 금리가 낮은 곳에서 높은 곳으로 흐르기 때문이다. 돈이 해외로 유출될 수밖에 없고, 우리는 큰 경제 위기를 겪을 수밖에 없다.

염두에 두어야 할 사실은, 코로나19 사태가 어느 정도 진정된다면 앞으로 기준 금리가 높아질 가능성이 크다는 점이다. 이에 따라 돈을 빌리는 비용인 이자도 높아질 것이다. 예상되는 결과는 불 보듯 뻔하다. 이렇게 가계 부채가 많은 상황에서 집값은 하방 압력을 받을 수밖에 없다.

───◆─────── 점점 강화되는 정부의 신용대출 규제 ───────

정부가 주택담보대출 요건을 강화했다. 주택담보대출이 어렵게 되자, 사람들은 신용대출로 눈을 돌렸다. 신용대출이 폭증했고 증가세도 꺾이지 않았다. 이에 정부는 2020년 11월, 연소득이 8000만 원을 넘는 고소득자가 1억 원이 넘게 신용대출을 받으면, DSR(총부채원리금상환비율) 규제 40퍼센트를 적용한다고 발표했다. 소득에 대비해 주택담보대출, 마이너스통장 등의 원리금 대출 상환액을 모두 포함한 금액이 40퍼센트를 넘으면 안 된다는 것이다. 예를 들어 연봉이 1억 원인 사람은, 원리금 대출 상환액이 한 해 4000만 원을 초과할 수 없다. 예전에는 주택담보대출과 신용대출은 별도로 계산했는데, 이제는 이 둘을 함께 계산한다. 중복 대출을 허용하지 못하게 한 것이다.

최근 정부는 DSR을 단계적으로 확대하겠다고 밝혔다. 2021년 7월부터는 신용대출이 1억 원을 초과하면 DSR 40퍼센트가 적용된다. 2022년 7월부터는 총 대출액이 2억 원을 초과하면, 2023년 7월부터는 1억 원을 초과하면 DSR 40퍼센트가 적용된다. 대출받기가 점점 어려워지고 있다. 하지만 집값이 급등하니 집을 사기 위해서는 더 많은 대출이 필요한 상황이다. 무주택자들은 현금 부자만 집을 살 수 있다며 불만을 터뜨리고 있다.

전 세계가 경쟁적으로 돈을 풀고 있다

집값이 올라간 원인으로 전문가들 사이에 이견이 없는 사실 하나가 있다. 시중에 돈이 너무 많이 풀렸다는 점이다. 경제 위기가 발생할 때마다 각국 정부의 중앙은행은 경쟁하듯 기준 금리를 낮춘다. 중앙은행이 기준 금리를 낮추면, 시중은행의 시장금리도 따라서 낮아진다. 이렇게 돈값이 싸지면 개인이나 기업은 쉽게 돈을 빌릴 수 있게 된다. 그러면 소비도 늘어나고 투자도 늘어난다. 경제가 어려워지면 경기를 띄우기 위해 금리를 낮춘다. 하지만 지금은 금리가 너무나 낮은 상황이다. 미국 기준 금리는 0퍼센트(2021년 여름 기준)에 가깝다. 이때 등장하는 구원투수가 양적완화(Quantitative Easing, QE)다. QE라고도 불리는 양적완화는 시장에 돈을 푸는 것이다. 양적완화는 우물 펌프에 마중물을 붓는 것에 비유되곤 한다. 우물 펌프에 마중물을 넣으면 펌프 아래 고여 있던 물을 끌어올릴 수 있다. 시장에서 돈을 돌리기 위해 마중돈을 붓는 것이 양적완화다. 대표적인 방법은 중앙은행이 시장에 풀려 있는 국가 발행 채권(국채)을 돈을 주고 사는 것이다(여기서 국채는 국가가 돈을 빌리고 발행하는 차용증과 같은 것이다). 민간에서 발행한 채권도 사들인다. 그러면 돈이 미국 정부나 시중은행으로 흘러들어간다. 일본도 마찬가지다. 중앙은행인 일본은행(BOJ)이 시중의 채권을 사들이면서 돈을 시장에 푸는 식이다. 그러면 채권을 살 돈은 어디서 나나? 그냥 은행에서 화폐를 찍어내면 된다. 중앙은행이 화폐를 찍어내고, 그 돈으로 시중의 채권을 사들인다.

이렇게 마구잡이로 돈을 푸는 데 부작용은 없을까? 우려의 목소리도 크다. 인플레이션 때문이다. 시중에 돈을 마구 살포하면, 돈의 가치가 내려간다.

사실 돈을 막 찍어내는 것에 대해 두려워하는 경제학자도 많다. 독일의 경험 때문이다. 제1차 세계대전의 패전국인 독일은 엄청난 배상금을 물어야 했다. 전쟁에서 패한 독일이 무슨 돈이 있었겠는가. 배상금을 마련하기 위해 독일 정부는 대규모 국채를 발행했다. 그리고 외국에 헐값에 팔았다. 이에 더해 국채를 독일 중앙은행(당시는 독일제국은행)이 사게 했다. 중앙은행은 마르크를 찍어내면서 국채를 인수했다. 지금의 양적완화 방식과 매우 유사하다. 하지만 생각지도 못했던 일이 벌어지기 시작했다. 돈이 넘쳐나니 화폐의 가치가 떨어지기 시작했다. 자고 일어나면 물가가 뛰었다. 수중의 돈은 시간이 지날수록 가치가 떨어졌다. 미리 물건을 사두는 것이 손해를 덜보는 상황이 되었다. 시간과의 싸움이 시작되었다. 너도나도 상품을 먼저 구입하려 했다. 그러니 물가가 또 뛰었다. 설상가상으로 임금은 좀처럼 오르지 않았다(생각해보자. 임금이 그대로인데 물가가 5배 오르면, 실질 임금은 5배 쪼그라든 것이다). 먹고살기 힘들어진 노동자들은 임금 인상을 강하게 요구했다. 이들의 요구가 관철되었다. 임금 인상은 또다시 물가를 상승시켰다. 어느 정도나 물가가 뛰었을까? 1922년 7월부터 1923년 7월의 1년간 상승한 독일의 물가는 7,500배다. 이후에는 상승 속도가 더 빨라졌다. 1923년 10월에는 24만 배, 이듬해 1월에는 75억 배로 뛰었다. 독일 마르크는 말 그대로 쓰레기가 되었다.

현금 살포에 대한 우려에도 불구하고, 2008년 글로벌 금융위기 때 전 세계적으로 양적완화가 유행한 바 있다. 당시에도 미국, 일본, 유럽 주요 국가들의 기준 금리는 0퍼센트에 가까웠다. 이때 미국 중앙은행의 수장인 벤 버냉키는 과감히 양적완화를 단행했다(버냉키는 양적 완화를 '헬리콥터로 돈을 살포하는 일'에 비유하기도 했다). 2008년 경제 위기 때(2008년 11월 부터 2014년 10월까지) 미국이 푼 돈은 3.5조 달러(우리 돈으로 4000조 원) 정도다.

코로나19 사태로 경기가 침체하자 주요 선진국이 돈을 풀고 있

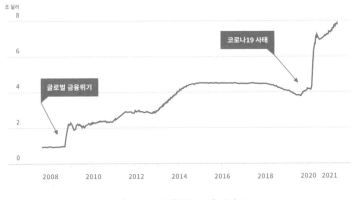

[표 5] 미국 중앙은행의 보유자산 규모

다. 중앙은행이 돈을 찍어 국채나 회사채를 매입하면 자산이 늘어난다. 미국 중앙은행의 자산을 나타내는 표 5를 보자. 금융위기가 발생했던 2008년부터 2014년까지 양적완화로 중앙은행의 자산이 크게 증가했다. 2020년 봄 코로나19 사태 이후 시중에 풀린 돈은 2008년 글로벌 금융위기와는 비교가 안 되는 규모다.

그렇다면 우리나라는 어떨까? 우리나라의 코로나19 위기 대응은 주로 기준 금리를 인하하는 방식이었다(코로나19가 본격화된 2020년 3월 기준 금리를 1.25퍼센트에서 0.75로 크게 낮추었고, 두 달 뒤인 5월에는 0.75퍼센트에서 0.5퍼센트로 다시 한 번 인하했다). 하지만 미국, 일본, 유럽과 같이 중앙은행이 채권을 대량 매입해 돈을 푸는 양적완화는 하지 않았다.

혹자는 우리나라도 주요 선진국처럼 적극적인 양적완화를 해야 한다고 말한다. 정부가 빚을 내서라도 경기를 살리자는 것이다. 이들은, 우리나라의 부채비율이 미국, 일본 등의 선진국에 비해 현저히 낮다는 점을 강조한다. 위기상황에서 정부가 국채를 발행해 적자 재정을 해야 좋다는 것이 주요 이유다. 실제로 우리나라의 국가 부채는 2018년 현재 GDP 대비 38.2퍼센트로 나타나고 있다. 반면에 미국의 국가 부채는 GDP 대비 136.3퍼센트, 일본은 238.7퍼센트, 영국은 116.6퍼센트로 매우 높다. 주요 선진국들에 비하면 매우 건전한 수준이다.

하지만 우리나라의 국가 부채 통계가 엉터리라고 말하는 이들도 있다. 우리나라의 경우 '공기업의 적자'나 '공적연금 충당금'은 부채로 포함하지 않는다. 하지만 IMF가 2014년에 개정한 기준(정부재정통계(GFS) 기준 참고)에서는 이들도 국가 부채에 포함해야 한다. 이 경우, 우리나라의 국가 부채는 GDP 대비 106.5퍼센트에 이른다.[5] 그렇다 하더라도 미국, 일본, 영국 등의 선진국에 비해 낮은 수준이 아닌가 하고 반문할 수도 있겠다.

우리나라가 양적완화에 소극적인 이유는 인플레이션에 대한 우려 때문이다. 그러면 왜 미국, 일본, 영국은 되고 우리는 안 되는가? 이유는 '원화'가 기축통화(key currency)가 아니기 때문이다. 미국 달러는 기축통화이기 때문에 달러를 찍어내도 인플레이션 충격이 크지 않다. 또한 유럽연합 국가의 경우 유로화가 국제통화로 인정받고 있기에 어느 정도의 국가 빚은 괜찮다. 일본도 미국과 무제한 통화 스와프 계약을 맺고 있고, 엔화의 국제적 위상도 높아서 문제되지 않는다. 하지만 우리나라는 다르다. 양적완화를 통해 돈을 너무 많이 풀

경우, 초인플레이션을 겪을 가능성이 크다.

우리나라에는 얼마나 많은 돈이 시중에 풀렸을까

우리나라가 양적완화에 조심스러운 입장을 보인다고 해서 시중에 돈이 풀리지 않는 것은 아니다. 코로나19로 인한 경기 침체에 대응하기 위해 수차례에 걸쳐 재난지원금이 지급되었다. 시중에 돈이 얼마나 풀렸는지는 통화지표를 보면 된다. 통화지표에는 여러 종류가 있지만, 여기서는 시장에 돈이 어느 정도 풀렸는지를 가늠하는 M1과 M2만을 보도록 하자. M1, M2에서 M은 돈(Money)을 뜻한다. M1이라는 '협의의 통화'와 M2라는 '광의의 통화'다.

> M1: 민간이 보유하고 있는 현금+요구불 예금

> M2: 민간이 보유하고 있는 현금+요구불 예금+정기예금+정기
> 적금

M1은 좁은 의미의 통화다. 그냥 민간에서 보유하고 있는 현금에다가 은행의 '요구불예금(demand deposit)' 등을 포함한다. 요구불예금은 필요하면 바로 빼서 쓸 수 있는 돈이다. 통장에 들어 있는 돈을 생

각하면 된다. 언제라도 현금화할 수 있는 돈이라는 뜻이다. 반면에 M2는 조금 더 넓은 의미의 통화다. M1에다가 만기 2년 미만의 정기예금과 정기적금을 포함한다. 물론 정기예금과 정기적금은 중도에 해지하면 불이익이 있다. 하지만 돈이 급히 필요하면 이자를 포기하고 바로 현금화할 수 있는 돈이기도 하다. 이런 의미에서 M2를 '총통화'라고도 부른다.

시중에 유동성이 넘쳐난다고 말할 때는 일반적으로 M2[6]를 말한다. 박근혜 정부 집권기인 2014년에 처음으로 2000조 원을 넘었던 M2가 2020년 12월 기준으로 3200조 원 정도로 불어났다. 최근 통화량이 증가한 원인은 크게 두 가지로 볼 수 있다. 하나는 기준 금리 인하로 인한 대출 수요의 증가 때문이다. 기준 금리는 2012년부터 지속해서 낮아졌다. 가계의 경우는 이자 부담이 줄어들게 되면서 주택 구입 및 전세자금 대출을 늘렸다. 현금이나 은행예금 형태로 남게 된 대출금은 M2를 증가시키는 역할을 했다. 기업도 마찬가지다. 경기가 나빠지자 중소기업들의 대출이 늘어났다. 자금 여건이 좋았던 기업들조차 금리 인상을 대비해 회사채 발행을 통해 자금을 미리 확보했다. 통화량 증가의 두 번째 원인은, 코로나19 사태로 인한 정부의 각종 지원정책 때문이다. 소상공인 자영업자뿐만 아니라 중소기업, 중견기업은 정부의 대출, 보증, 신용회복, 만기연장, 회사채 발행 지원 등 다양한 혜택을 받을 수 있었다. 이 또한 M2를 큰 폭으로 증가시키는 역할을 했다.

얼마나 빠르게 돈이 불어났을까? 이는 우리나라 경제 규모의 변화 추이와 비교해보면 된다. 2014년 명목GDP[7]는 1560조 원 정도에서 2020년에는 1920조 원 정도 증가했다. 분명히, 경제가 커지는 속도보다 화폐가 늘어나는 속도가 더 빠르다.

이렇게 풀린 돈이 가계나 기업으로 흘러들어가서 소비와 투자를 촉진하면 얼마나 좋겠는가. 돈이 돌고 돌아야 경제가 활성화된

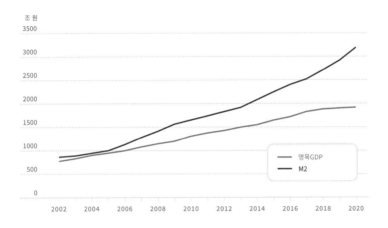

[표 6] 경제 규모(명목GDP)에 비해 많아지는 통화량(M2)

다. 몸에 피가 골고루 잘 돌아야 건강해지는 것과 마찬가지다. 하지만 돈이 도는 속도는 점점 더 느려지고 있다. 심박수가 떨어져 피가 제대로 돌지 않는 것처럼 말이다.

돈이 얼마나 빨리 도는지를 나타내는 대표적인 지표는 '통화유통속도(velocity of money)'다. 이 지표는 명목 국내총생산(명목GDP)을 광의

의 통화량(M2)으로 나누어 계산한다. 쉽게 말하면, 통화 1단위(우리나라 돈 1원)가 상품과 서비스를 생산하는 데 몇 번이나 쓰였는지를 보여주는 지표다. 예를 들어 통화유통속도가 1이라는 것은, 화폐 1억 원을 풀면 이 1억 원이 부가가치 1억 원을 만들어내는 데 쓰였다는 뜻이다.

$$통화유통속도 = \frac{명목GDP}{통화량(M2)}$$

경기가 한창 좋았던 1990년대에는 통화유통속도가 1을 상회했다. 하지만 2020년의 통화유통속도는 0.6 정도로 떨어졌다. 가계가 소비하지 않고, 기업이 투자하지 않아 돈이 돌지 않고 있기 때문이다. 어디선가 잠자고 있는 돈이 많다는 뜻이기도 하다. 또 다른 이유도 있다. 풀린 돈이 대부분 자산시장으로만 흘러들어가고 있기 때문이다. 코로나19 공포가 전 세계를 뒤덮을 때 코스피 지수는 1,440포인트까지 내려갔다. 실물경제가 최악인 상황에서도 코스피 지수는 1년도 채 안 돼 3,000포인트를 돌파하며 수직 상승했다. 시중에 돈은 많아졌는데, 경기가 나쁘니 이 돈이 갈 곳을 잃었다. 부동산도 마찬가지였다. 실물경제는 얼음처럼 차가워졌는데, 부동산 시장은 오히려 뜨거워졌다.

하지만 얼어붙은 실물경제에도 봄날은 오는 법. 조만간 경제는 바닥을 찍고 회복할 것이다. 화폐의 유통속도도 빨라질 것이다. 경기가 되살아날 때, 각국 정부는 풀린 돈을 회수할 수밖에 없다. 그렇게 하지 않으면 인플레이션이 올 수 있다. 그러면 유동성을 회수하기 위해 금리를 올릴 것이다. 유동성이 회수되면 부동산 가격도 내려갈 가능성이 크다. 최근 수년간 저금리와 돈의 힘으로 밀어 올린 집값이기 때문이다.

주택 부족이 집값을 끌어올리고 있다

> 부동산 정책은 투기를 조장하는 사람들이 아니라 정부가 결정해야 한다는 점을 반드시 기억하기를 바란다. (…) 아직도 이번 과열 양상의 원인을 공급 부족에서 찾는 분들이 계신 것 같다. (…) 실제 속내를 들여다보면 현실은 다르다.[8]

김현미 의원이 2017년 6월 국토부장관으로 취임하면서 한 말이다. 김현미 장관이 말한 속내는 무엇일까? 집값 상승의 주범은 투기꾼인 다주택자라는 것이다. 증거를 보여주기 위해 통계도 언급했다. 무주택자와 1주택자의 비중은 줄어든 반면, 다주택자들의 주택 구매가 늘고 있는 통계 수치였다. 김현미 장관 재임 시절 내내 내놓은 부동산 대책은 다주택자를 향해 있다. 2017년 8·2 대책에서는 다주택자들의 양도세를 중과했다. 2018년 9·13 대책에서는 다주택자의 주택담보대출을 꽁꽁 묶었다. 다주택자들에게 전세자금 대출의 공적보증도 금지해서 전세자금 대출도 어렵게 했다. '다주택자 전세자금 대출 → 주택매입 → 임대주택사업자 다주택자'의 고리를 끊겠다는 것이다. '다주택자=투기꾼'이라는 프레임은 계속되었다. 주택 공급이 필요하다는 전문가들의 의견에 김현미 장관은 "공급은 충분하다"라고 맞섰다. "집값 상승의 원인은 다주택자들에게 있다"라는 입장을 고수했다.

정말 공급이 충분했을까? 주택 공급이 충분한지 평가할 때 흔히 등장하는 지표가 있다. 하나는 '인구 1,000명당 주택수'다. 이것은 '인구' 대비 주택이 충분한지를 평가하는 지표다. 다른 하나는 '주택보급률'이다. 이것은 '가구' 대비 주택이 충분한지를 보는 지표다.

$$인구\ 1{,}000명당\ 주택수 = \frac{총\ 주택수}{총\ 인구} \times 100$$

$$주택보급률 = \frac{총\ 주택수}{총\ 가구수} \times 100$$

먼저, '인구 1,000명당 주택수'를 보자.[9] 우리나라 인구 1,000명당 주택수는 1995년에는 214.4호였지만, 2019년에는 411.6호로 2배 정도 증가했다.[10] 400호 정도가 얼마나 많은 건지 가늠이 되지 않을 수도 있다. 그러니 다른 OECD 주요 국가들과 비교해보자. 인구 1,000명당 주택수는 스페인이 551호, 핀란드가 545호, 프랑스가

540호, 독일이 508호, 일본이 494호, 영국이 433호, 미국이 421호로 나타나고 있다.[11] 인구 1,000명당 기준으로 계산된 우리나라의 주택수는 일본에 비해서도 100호 정도 적다. 하지만 '인구 1,000명당 주택수' 지표는 결혼이나 이혼 등으로 인한 가구의 분화를 제대로 반영하지 못한다는 단점이 있다. 집이 어느 정도 필요한지를 알기 위해서는 '인구수'보다 '가구수'가 더 중요하지 않겠는가. 최근에 1인 가구도 빠르게 증가했다. 이런 추세 속에서는 가구수 대비 주택수를 보는 것이 좋다.

그러니 이제 '주택보급률'을 보자.[12,13] 2019년 기준 우리나라의 총 주택수는 2131만 호이고, 가구수는 2034만 호다. 주택수가 가구수보다 많다. 주택보급률은 105퍼센트 정도로 가구수를 넘어섰다(사실 주택보급률이 100퍼센트를 넘은 지 10년도 넘었다). 물론 지역별로 약간의 편차가 있기는 하다. 주택보급률이 가장 낮은 곳은 어디일까? 우리나라에서 주택보급률이 100퍼센트에 미치지 못하는 곳은 딱 한 군데 있다. 주택보급률이 96퍼센트인 서울이다. 두 번째로 낮은 곳은 100.2퍼센트인 인천이다. 세 번째로 낮은 곳은 101.5퍼센트인 경기도다. 수도권의 집값은 다른 지역에 비해 상대적으로 더 큰 상승 압력을 받을 수밖에 없다.

이 두 지표를 통해 주택이 충분한지 아닌지를 판단할 수 있을까? 단칼에 무 자르듯 단언할 수는 없지만, 그래도 충분하다고 말하기는 힘들다. 대도시의 경우 주택보급률은 110퍼센트 정도로 넉넉해야 한다고 전문가들은 말한다.[14] 어떤 도시의 가구수가 100만이라고 치면, 주택이 110만 정도는 되어야 한다는 뜻이다. 서울의 경우를 생각해보면, 이 주장은 꽤 설득력이 있다. 우선 서울을 찾는 외국인들이 매년 1000만 명이 넘는다. 이들 중 상당수가 장기간 머물 집을 찾기도 한다. 해외 유학생도 무시할 수 없다. 서울의 대학에 재학 중인 외국인 학생들도 5만 5,000명 정도나 된다.[15] 둘째로, 대도시는 취업, 직장 이동, 교육, 결혼 등의 이유로 이사가 잦다. 이사하는 과정에서 잠시 집을 비워둘 필요도 있다. 빈집은 이사를 원활하게 하는 버퍼(buffer) 역할을 하기 때문이다.

이런 기준으로 보면, 서울시에는 어느 정도의 주택이 부족할까? 2019년 기준으로 서울시 가구수는 389만 6,400호 정도다. 주택보급률 110퍼센트 정도로 넉넉하게 주택을 공급하려면, 428만 6,040호 정도는 있어야 한다.[16] 하지만 서울의 총 주택수는 373만 8,600호에 불과하다. 54만 7,440호 정도가 모자란 것이다. 이것이 서울발 집값 상승이 문제일 수밖에 없었던 이유이기도 하다.

상황이 이러한데도, 서울시는 주택 공급을 꺼렸다. 2019년 11월 서울시의회 시정 질문에서 한 시의원이 박원순 서울시장에게 "부동산은 시장에 맡겨야 하는 것이 아니냐"고 물었다. 박원순 시장은 "서울시 주택보급률은 이미 100퍼센트를 넘었고 공급이 능사는 아니다. 자가 보급률을 올려야 한다"라고 답했다(서울시의 경우 주택보급률이 100퍼센트를 넘긴 적은 없다).

110퍼센트의 주택보급률에 도달한다고 해도, 주택 공급이 충분하지 못한 경우도 있다. '질 좋은 주택'이 부족한 경우가 그렇다. 소득계층별로 거주하고 있는 주택의 질에는 큰 차이가 나타나고 있다. 2019년 기준으로 소득계층별 주택 유형에서도 극명히 드러난다.[17] 2019년 기준으로 고소득층의 경우는 아파트(76.6퍼센트), 단독주택(13.1퍼센트), 다세대주택(6.2퍼센트) 순으로, 반면에 저소득층의 경우는 단독주택(50.4퍼센트), 아파트(29.1퍼센트), 다세대주택(8.9퍼센트) 순으로 거주하고 있다. 주거점유 형태와 주거 만족도와의 관계에 관한 연구[18]에서는 자신이 사는 곳에 '매우 만족'하고 있다는 응답의 73.45퍼센트가 아파트 거주민들이었다. 단독주택과 다세대주택 거주민들은 각각 15.93퍼센트, 10.62퍼센트로 나타났다. 아파트의 만족도가 단독주택이나 다세대에 비해 압도적으로 높게 나타났다. 저소득층이 거주하고 있는 단독주택의 주거 환경이 좋지 않을 것임을 미루어 짐작해볼 수 있다.

주택은 '양'도 중요하지만 '질'도 무시할 수 없다. 가난한 시절에는 주택의 양이 중요했다. 하지만 소득이 증가할수록 더 좋은 집을 찾게 된다. 국민소득 3만 달러 시대에는 더욱더 그렇다. 상대적으로 교통이 좋은 곳에 있는 주택의 수요가 증가한다. 또한 상대적으로 최근에 지은 아파트에 대한 수요가 증가한다. 우리는 지금까지 주택의 질에 대해 그리 크게 고민하지 않았다. 우리나라에는 약 2100만호 정도의 주택이 있다.[19] 집이 어느 정도 좋은지를 점수로 매길 수 있다고 하자. 그리고 1등부터 꼴찌까지 줄을 세웠다고 치자. 영화 〈기생충〉에서 글로벌 IT 기업의 CEO 박동익(이선균 분)의 집은 상위 1퍼센트에 들어갈 것이다. 반면에 백수 김기택(송강호 분)이 사는 반지하 주택은 하위 1퍼센트에 들어갈 것이다.

주택보급률을 100퍼센트로 맞추어야 한다는 것은 일종의 근거 없는 강박증이다. 주택을 넉넉하게 공급해야 저소득층의 주거 질도 높아질 여지가 있기 때문이다. 왜 그럴까? 국민의 전반적인 소득수준이 높아지는 상황에서 신규 주택이 공급된다고 치자. 새롭게 공급된 집으로 이주하는 가구는 기존에 살던 주택을 공가로 남겨둔다. 그리고 그 공가에 다른 이들이 이주한다. 또한 이들이 살던 집은 공가로 남게 되고, 이 공가를 또 다른 이들이 들어와 살게 된다. 핵심은, 양질의 주택을 공급하게 되면 경제적 여유가 있는 고소득층이나 중산층이 그리로 이동하게 되고, 이들이 살던 집에는 이들보다 소득이 낮은 계층이 이동하게 된다는 점이다. 더 좋은 주택으로 이동이 촉진되니 국민들이 느끼는 주거 만족도도 높아진다. 이것을 주택여과과정(housing filtering process)이라고 부른다.[20] 이론적으로, 주택여과과정에서 최후에 공가로 남게 되는 주택은 가장 질이 낮은 주택이다. 이런 집들은 새롭게 건축을 하거나 멸실되어 자연으로 돌아가게 된다.

최근 부동산 시장의 흐름을 보면 질 좋은 집에 대한 수요가 커지고 있다. 신축 아파트의 가격이 폭등하고 있는 것만 보아도 알 수 있다. 신축 아파트의 경우, 주차장이 엘리베이터와 연결되어 있어 추울 때든 더울 때든 쾌적하게 이동할 수 있다. 외부인 출입에 대해 보안이 더 좋다. 수납공간도 넉넉하다. 하지만 좋은 집의 기준은 주택 그 자체에만 국한하지는 않는다. 주거 환경이 좋은 곳에 있는 집도 좋은 집이다. 지하철 가깝고, 학군 좋고, 백화점과 병원이 가까운 곳에 있는 집이 좋은 집이다. 하지만 이런 좋은 집은 유일한 단점이 있다. 그것은 바로 가격이 비싸다는 점이다. 소득수준이 높아짐에 따라 좋은 집은 절대적 개념이 아닌 상대적 개념으로 변화한다. 더 좋은 주택에 살고자 하는 욕망이 집값을 끌어올리고 있는 것이다.

전세금을 이용한 갭 투자가 끌어올리는 집값

할리우드 스타 안젤리나 졸리의 아들이 연세대학교에 입학해서 화제가 된 적이 있다. 2018년 8월, 모자는 한국에 들어와 서울 광화문 근처 주상복합 아파트에 전셋집을 얻었다. 전세가만 6억 원이 넘었다. '6억 원을 집주인이 잠시 보관하고 있다가 2년 뒤에 다시 돌려주는 제도가 있다고?' 졸리는 전세라는 제도에 대해 매우 놀랐다고 한다. 전세는 미국에는 없는 제도다. 보증금만으로 서울 한복판에서 집을 빌려 쓸 수 있다는 것이 신기했던 모양이다.

전세 제도는 해외에서 찾아보기 힘든, 우리나라만의 독특한 제도다.[21] 미국, 영국, 일본에서는 한두 달 치의 보증금을 맡기고 월세로 거주하는 형태가 일반적이다. 월세가 100만 원이라면, 100~200만 원 정도 보증금을 집주인에게 맡기는 식이다. 이 보증금은 계약이 끝난 후 세입자에게 돌려준다. 하지만 집에 이상이 생기면 집주인 이 보증금에서 수리비만큼 가져간다. 집주인 입장에서 보증금은 손해에 대응하는 보험적 성격이 있다. 그래서 미국에서는 보증금 앞에 security(안전)라는 단어를 붙여, 안전보증금(security deposit)이라 부르기도 한다.

다른 나라에는 없는 제도가 왜 우리나라만 있을까. 과거를 거슬러 올라가보자. 1910년에 나온 조선총독부의 《관습조사보고서》에는 "전세(傳貰)는 조선에서 가장 보통으로 행하여지는 가옥임대차의 방법으로, 대차시에 차주(借主)가 일정한 금액을 가주에게 위탁하고 별도로 차임을 지불하지 않고, 가옥 반환시에 그 금액을 반환받는 것"[22]으로 명기되어 있다. 조선시대에도 전세가 있던 것이다. 하지만 전세는 1970년대 산업화 과정에서 더 큰 싹을 틔웠다. 농촌 인구가 대도시로 몰렸고, 도시의 집값은 폭등했다. 경제가 빠르게 발전하니 이곳저곳에서 돈이 필요했다. 금리가 높을 수밖에 없었다. 이런 상황에서 전세는 큰 인기를 얻었다.

전세 제도는 세입자와 집주인 모두에게 환영받았다. 세입자들은 월세 사는 것보다 돈을 아낄 수 있었다. 다달이 돈을 내는 번거로움을 피할 수 있어 좋았다. 전세로 목돈을 묶어두고 조금 더 벌면 내 집을 마련할 수 있는 기회가 생기기도 했다. 집주인은 보증금을 이용해 다른 곳에 투자하거나, 은행에 넣어두고 이자소득을 얻을 수 있었다. 임대료를 못 받을 가능성이 있는 월세보다 전세가 안전하기도 했다. 전세는 집주인과 세입자 모두에게 이득이었다.

> 물론 뭐 금리가 쪼까 떨어져가꼬 한 15퍼센트밖엔 안 되지만,
> 그래도 따박따박 이자 나오고, 은행만큼 안전한 곳이 없재.

드라마 〈응답하라 1988〉 중 덕선 아빠(성동일 분)의 대사다. 당시에는 보증금만 은행에 넣어두어도 이자 수입이 상당했다. 15퍼센트 금리를 무시하지 마시라. 1억 원을 은행에 넣고 10년을 기다리면 4억 원이 넘는 돈을 받을 수 있다. 복리의 힘이다. 그러니 집주인 입장에서는 월세에 비해 전세를 통한 수익이 나쁘지 않았다. 하지만 이제 시대가 변했다. 은행 금리가 1퍼센트도 안 된다. 1억 원을 은행에 두고 4억 원을 받으려면 140년이 넘는 시간을 기다려야 한다. '복리의 마법'이라는 말도 예전만큼 잘 사용하지 않는다.

금리가 낮아지니 전세는 소멸할 것이라는 이야기가 이곳저곳에서 들린다. 하지만 이것은 하나만 알고 둘은 모르는 이야기다. 저금리가 전세의 소멸을 부추기는 것은 맞다. 하지만 저금리 상황은 마치 동전의 양면처럼 전세를 살리기도 한다. 왜 그럴까? 금리가 낮으면 은행 대출이 쉬워진다. 그래서 집값이 오르기 쉽다. 이렇게 집값이 상승할 때, 투자자들은 전세 제도를 잘 이용한다. 일명 '갭 투자'

를 이용해서다(갭 투자는 매매가와 전세가의 차이가 적은 주택을 사서 집값이 오르면 차익을 얻는 투자다). 이때 전세금은 집주인에게 '무이자 대출' 역할을 한다. 갭 투자자들에게 전세 제도는 더할 나위 없이 고마운 존재다.

다주택 갭 투자자들이 전세를 활용해 얼마나 많은 이득을 챙길 수 있는지 보자. 설명의 편의를 위해, 세금 등의 부수적 절차는 모두 생략한다. 현금을 많이 가진 A 씨가 2017~2020년의 3년 동안 매년 집 1채씩 갭 투자를 하는 상황을 가정해보자. 전세가율(매매가 대비 전세가의 비율)은 60퍼센트 정도라고 치자. 집값은 매년 10퍼센트씩 오르는 것으로 가정했다. 이것은 3년간 집값이 33.1퍼센트 상승하는 가정이다(여러분도 잘 알겠지만, 서울 집값은 이것보다 훨씬 더 올랐다!).

A 씨는 2017년에 강남구에 20억 원짜리 아파트를 샀다. 그리고 이 아파트를 12억 원에 전세를 놓았다. 자기 돈은 8억 원만 썼다. 1년이 지났다. 집값이 10퍼센트 올랐다. (미실현 소득이기는 하지만) 한 해에 2억 원이나 벌었다. 부자가 된 느낌이 들기에 충분하다. 2018년에 영등포구에 15억 원짜리 아파트를 하나 더 샀다. 이 아파트를 9억 원에 전세를 놓았다. 자기 돈은 6억 원만 썼다. 집값이 10퍼센트 올랐다. 이 정도면 갭 투자에 자신감이 붙을 만하다. 그래서 노원구에 10억 원짜리 아파트를 또 매입한다. 이 아파트를 6억 원에 전세를 놓았다. 자기 돈은 4억 원만 썼다. 이 집도 10퍼센트 가격이 올랐다.

이제 정산해보자. A 씨는 자기 돈 18억 원(=8억+6억+4억 원)으로 아파트 세 채를 샀다. 2020년 시가를 모두 합치면 55억 8000만 원 정

첫 번째 갭 투자

2017년

20억 구매

12억 전세 + 갭 8억

두 번째 갭 투자

2018년 (1년 후)

22억 시세

12억 전세

15억 구매

9억 전세 + 갭 6억

세 번째 갭 투자

2019년 (2년 후)

24.2억 시세

12억 전세

16.5억 시세

9억 전세

10억 구매

6억 전세 + 갭 4억

2020년 (3년 후)

26.62억 시세

12억 전세

18.15억 시세

9억 전세

11억 시세

6억 전세

3년간 투입된 자기 자본 **18억** vs 3년 후 총 자산 **55.77억**

[표 7] 갭 투자가 갭 투기가 되는 과정

도나 된다. 갭 투자는 자기 돈 18억 원으로 55억 원 자산가가 되는 마법을 가능하게 한다. A 씨가 순수하게 번 돈은? 전세금을 모두 돌려주어도 10억 원 이상의 차익을 손에 쥘 수 있다.[23] 너도나도 갭 투자를 하니, 매매시장에 수요가 증가했다. 집값이 오를 수밖에 없다. 금리가 낮으면 전세 제도가 없어진다고? 그렇지 않다. 금리가 아무리 낮아도 '집값 상승기'에는 전세를 이용해 돈을 벌고자 하는 사람이 많아진다. 이게 전세가 계속 생존할 수 있는 이유다.

앞으로 전세는 어떻게 될까

하지만 집값이 하락하는 시기를 가정해보자. 갭 투자가 기승을 부릴 수 있을까? 집값 하락기에는 상황이 많이 다르다. 2008년 글로벌 금융위기 때로 돌아가보자. 사람들은 "부동산은 끝났다"라고 이야기하기 시작했다. 가격이 내려갔다. 당시 거품이 많이 꼈던 버블세븐 지역[24]의 집값은 더욱 크게 내려갔다. 사람들은 집을 사지 않았다. 폭락장이 시작되었다는 괴담이 나돌았다. 다주택자들이 집을 내놓았다. 하지만 팔리지 않았다. 이때 여력이 있는 집주인들은 전세를 월세로 전환했다. 실제로 전체 세입자 중 전세비율은 2008년 55퍼센트에서 2010년 50퍼센트로 5퍼센트 포인트나 감소했다. 전세 물량이 줄어드니 전세가가 빠르게 상승했다. 이때부터 사람들은 말하기 시작했다. "전세는 곧 없어질 제도다."

　10억 원 하던 집이 6억 원으로 폭락했다고 치자. 7억 원 보증금을 낸 세입자는 보증금 일부를 돌려받지 못할 가능성이 있다. 집값 하락기에는 이런 깡통전세(전세가가 집값보다 높은 전셋집)가 속출한다. 집주인의 경우 빌린 돈(전세금)으로 투자했는데, 수익률이 마이너스다. 전세를 꺼릴 수밖에 없다. 세입자도 전세를 꺼린다. 보증금을 돌려받지 못할 가능성이 있기 때문이다. 둘 다 전세를 피하는 상황이다. 이 경우에는 전세가 살아남기 힘들다.

　주택의 점유 형태[25]가 어떻게 변해왔는지 보자. 2006년 이후 전세가 차지하는 비율은 22.3퍼센트(2008년), 21.5퍼센트(2012년), 15.5퍼센트(2016년), 15.1퍼센트(2019년)로 줄어왔다. 반면에 보증금 있는 월세는 14.8퍼센트(2008년), 18.6퍼센트(2012년), 20.3퍼센트(2016년), 19.7퍼센트(2019년)로 증가 추세에 있다. 이제 임대차시장에서 '전세 대 월세'의 비중만을 살펴보자. 어떻게 변해왔을까. 2006년에는 전세 54.2퍼센트, 월세 48.5퍼센트였다. 2019년에는 전세 39.7퍼센트, 월세 60.3퍼센트로 나타나고 있다. 전세는 55퍼센트 정도에서 40퍼센트 수준으로 줄어들었다.[26]

2020년 7월에 도입된 임대차 3법이 전세를 더 빨리 소멸시킬 것이라는 우려의 목소리도 있다. 2020년 7월 30일, "저는 임차인입니다" 발언으로 화제가 되었던 윤희숙 국민의힘 의원의 국회연설 중 일부를 살펴보자.

저에게 든 생각은 4년 있다가 꼼짝없이 월세로 들어가게 되는구나, 하는 것이었습니다. 이제 더 이상 전세는 없겠구나. 그것이 저의 고민입니다. (…) 우리나라의 전세 제도는 여러분이 모두 다 아시겠지만 전 세계에 없는 특이한 제도입니다. 고성장 시대에 금리를 이용해서 임대인은 목돈 활용과 이자를 활용했고, 임차인은 저축과 내집 마련으로 활용했습니다. 그 균형이 지금까지 오고 있지만, 저금리 시대가 된 이상 이 전세 제도는 소멸의 길로 이미 들어섰습니다. 그런데도 많은 사람들은 전세를 선호합니다. 그런데 이 법 때문에 너무나 빠르게 소멸하는 길로 들어설 수밖에 없게 된 것입니다. 수많은 사람을 혼란에 빠트리게 된 것입니다. 벌써 전세 대란이 시작하고 있습니다.

서민들은 혼란스러웠다. 서민을 위한 정책이 서민들에게 해가 된다고? 윤희숙 의원의 이야기도 일리는 있다. 그도 그럴 것이 집주인 입장에서는 4년간 돈이 묶이고, 계약을 갱신할 때는 임대료도 마음대로 올리지 못하기 때문이다. 이에 윤준병 민주당 의원이 SNS를 통해 반박 글을 올렸다.

전세가 월세로 전환되는 것이 나쁜 현상이 아닙니다. (…) 전세가 우리나라에서 운영되는 독특한 제도이기는 하지만 전세 제도는 소득수준이 증가함에 따라 자연스럽게 소멸하는 운명을 지닌 제도입니다. (…) 국민 누구나 월세 사는 세상이 다가오며, 나쁜 현상이 아닙니다. 전세 제도가 소멸되는 것을 아쉬워하는 분들이 계십니다. 이분들의 의식 수준이 과거 개발 시대에 머물러 있는 것 같습니다.

이 글을 본 시민들은 화가 났고, "월세 예찬론자" "공감 능력 제로" "혹시 월세는 살아보셨는지"라는 등의 비난의 댓글을 이어갔다. 이에 윤준병 의원은 "전세는 선이고 월세는 악이라는 표현은 적절치 않다는 취지였다"라며 해명했다. 사실, 앞으로 전세가 없어질 것이고, 이에 대비해야 한다고 공공연하게 이야기한 정치인은 윤준병 의원이 처음은 아니다. 최경환 새누리당(현 국민의힘) 원내대표가 2013년 8월 국회 기자간담회에서 한 말이다.

> 전세라는 우리의 독특한 제도는 과거 집값이 한창 오를 때 빚을 내서라도 집을 사두면 (전세보증금을 은행에 맡기고 나오는 수익으로) 이자를 갚고, (집값이 올라) 이익을 취할 수 있어 만들어졌다. 또 금리가 높은 시기와 잘 맞아 형성된 것이다. 최근 집값 상승과 높은 이자율, 이 두 가지가 바뀌고 있다. 집주인 입장에서는 (무리해서 집을 사서) 전세를 놓을 일이 없다. 공급이 줄고 집값이 안정되니까 생기는 구조적 문제다.[27]

최경환 원내대표가 전세 감소의 트렌드를 정확히 읽었다. 전세 소멸의 주된 원인은 윤희숙 의원이 말한 '금리' 때문만은 아니다. 윤준병 의원이 말한 '소득수준'이 향상했기 때문만도 아니다. 집주인이 전세를 끼고 집을 소유하고 있다는 것은, 집값이 앞으로 상승할 것이라는 전망 때문이다. 전세금 받아서 은행에 두어도, 받을 수 있는 이자는 푼돈에 불과하다. 앞으로 집값이 낮아질 것이라 예상한다면, 이런 사람들은 집을 빨리 내놓는 것이 합리적 선택이다. 그러니 집값이 안정화하거나 하락하는 상황에서는 금리까지 낮다면 전세

제도는 버틸 수 없다.

앞으로는 어떨까? 낮은 금리에도 불구하고 지금까지 전세가 살아남을 수 있었던 이유는 갭 투자로 이익을 볼 수 있었기 때문이다. 하지만 지금부터는 전세가 생존하기 힘든 여러 불리한 조건들이 펼쳐질 수 있다. 우선, 다주택자들에 대한 세금이 높아져 갭 투자가 힘든 환경이 조성되었기 때문이다. 다주택 갭 투자가 줄어드니 전세도 줄어들 가능성이 크다. 둘째로, 3기 신도시 입주가 본격화되면 집값이 안정되어 갭 투자가 시들해질 가능성이 크다. 집값 안정(혹은 집값 하락) → 갭 투자 감소 → 전세 감소로 진행될 수 있다. 셋째로, 다주택자의 일부는, 높은 세금(특히 보유세)에 놀라 집을 처분할 가능성도 크다. 그러면 매매시장에서의 매물이 늘어난다. 매물이 늘어나는 만큼 전세 물량은 줄어든다. 현금 여력이 있는 다주택자들은 전세를 월세로 전환할 가능성[28]이 크다. 전세에 비해 월세가 수익률이 더 높기 때문이다. 이것이 전세의 운명이고, 이러한 운명으로 인해 전세가는 더욱 높아질 가능성이 크다.

임대차 3법이 전세가를 올리고 있는가

전문가들은 최근의 전세가 상승은 2020년 7월 말에 도입한 임대차 3법의 영향이 크다고 말한다. 이 법이 도입된 직후에는 전셋집이 게

눈 감추듯 사라졌다. 2020년 10월에는 웃지 못할 진풍경도 벌어졌다. 강서구 한 부동산 중개업소에서는 제비뽑기로 세입자를 선택하는 사건도 있었다. 현 세입자가 정해진 시간에만 집을 둘러볼 수 있다고 하니 예비 세입자 아홉 가구가 해당 시간에 몰렸다. 줄을 서서 순서대로 집을 둘러보았다. 그리고 중개업소로 돌아가 제비뽑기를 했다. 뽑힌 사람이 그 자리에서 계약을 체결했다고 한다.

임대차 3법이 무엇이기에 이렇게 임대차시장에 혼란을 주었을까? 임대차 3법은 '전월세 신고제' '전월세 상한제' '계약갱신청구권제'를 주요 내용으로 한다. 이 중에서 전세가를 올리는 데 기여하는 것은 전월세 상한제와 계약갱신청구권이다.

계약갱신청구권은 말 그대로 전세 계약의 '갱신'을 청구할 수 있게 하는 권리다. 전월세의 기본계약은 2년이다. 하지만 이 제도로 인해 세입자가 원하면 2년을 더 거주할 수 있게 되었다. 2+2년이 되었으니 세입자는 총 4년을 거주할 수 있다. 많은 이들이 이 청구권을 써서 계약을 갱신하고 있다. 예전 같으면, 전세시장에 나왔을 상당수의 전세 물량이 잠겨버렸다.

전월세 상한제는 임대료를 기존 대비 5퍼센트 이상 올리지 못하게 하는 제도다. 5억 원에 전세를 놓았다면, 계약 연장 때 올릴 수 있는 전세가의 최대치는 5억 원의 5퍼센트인 2500만 원이다. 전월세 상한제는 새롭게 체결하는 계약에는 적용되지 않는다. 집값이 빠르게 오르는 상황이니 집주인들은 앞으로 4년치 인상분을 고려해서 전세가를 올렸다.

독일의 베를린에서도 2020년 2월 '월세 상한제'를 시행했다(독일에는 전세가 없으니 여기서는 전월세 상한제가 아닌 월세 상한제로 부르기로 한다).[29] 베를린은 인구가 지속적으로 증가하는 지역이다. 집값이 폭등하자 급한 불을 끄기 위해 도입한 5년 한시법으로 월세의 상한선을 정했다. 2014년 이전에 지은 집의 월세는 5년간 최대 1.3퍼센트까지만 올릴 수 있도록 했다. 베를린은 표준임대료를 제시하며 20퍼센트 이상 비싼 월세의 경우는 강제로 인하했다. 월세 상한제의 효과는 확실했다. 상한제가 적용된 주택의 월세는 7~11퍼센트 하락했다. 하지만 바로 부작용이 나타났다. 베를린 시내 월셋집이 절반 이상 급감했다. 독일은 한번 세입자를 받으면 내보내기 어려운 곳이다. 월세 수입이 줄어들자, 공실로 비워둔 채 버티는 집주인도 많아졌다. 그러니 베를린 세입자들은 상한제 적용을 받지 않는 도시 외곽으로 이동했다. 이곳의 월세는 크게 올랐다. 베를린 주변부 교외 도시에서 월세가 12퍼센트 상승했다. 김경민 서울대 교수가 어느 TV 토론회에서 한 말을 들어보자.

저는 임대차 3법은 강력히 찬성합니다. 다만 문제가 되는 것은 시기가 잘못되었다는 것입니다. 지금같이 시장이 불안정한 상황에서는 시장에 쇼크를 주는 정책을 쓰면 안 됩니다.[30]

김경민 교수는 지금처럼 부동산 시장이 불타오를 때 임대차 3법을 도입하면, 전월세가가 높아질 수밖에 없다고 보았다. 전월세를 연장하는 사람이 많을수록 전월세 물량이 잠겼고, 신규 전월세 계약을 하는 집주인들은 가능한 한 높은 임대료를 받으려 하기 때문이다. 임재만 세종대 교수가 임대차 3법 시행 이후 거래된 전세를 살펴본 결과, 신규계약과 갱신계약 비중이 약 3대 7로 나왔다.[31] 10집 중 7집이 계약 갱신을 했다는 이야기다. 문제는 집주인이 새롭게 전월세 계약을 맺을 때다. 이때는 전월세가를 올릴 가능성이 크다. 1989년에도 임차 기간을 1년에서 2년으로 늘린 적이 있었다. 그때도 전세가가 급등한 바 있다. 혹자는 1년에서 2년으로 변경하는 것보다 2년에서 4년으로 변경하는 것이 쇼크가 더 클 것이라 말하기도 한다.

임대차 3법의 영향력은 매매가와 전세가의 상관관계 속에서 잘 드러나고 있다. 이 둘의 상관성에 대해 사람들에게 물어보면 이렇게 답한다. "전세가가 올라가면 집값도 올라가고, 전세가가 떨어지면 집값도 떨어지는 것 아니야?" 이게 일반인들의 인식이다. 장기적으로 보면 맞는 말이다. 집값도 물가만큼 오르고, 전세가도 물가만큼은 오를 가능성이 크기 때문이다. 하지만 일반적으로는 매매가와 전세가는 같이 움직이지 않는다. 표 8을 보자.

2011년부터 2015년 말까지는 매매가가 매우 안정적이었던 반면에 전세가는 서서히 올라갔다. 반대로, 2016년부터 2020년 7월까지는 전세가가 매우 안정적이었던 반면에 매매가는 계속 올라갔다.

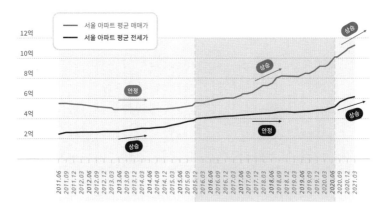

[표 8] 매매가와 전세가의 관계(서울 아파트)

결론부터 말하면, 매매가와 전세가는 시차를 두고 '앞에서 끌어주고 뒤에서 밀어주는' 관계다. 이것은 당연한 결과다. 주택시장은 '매매시장'과 '임대차시장'이 있는데, '전세수요 → 매매수요'면 매매시장이 불시장이 되고, '매매수요 → 전세수요'면 전세시장이 불시장이 되기 때문이다. 하지만 임대차 3법이 도입된 2020년 7월부터 매매가와 전세가가 동시에 오르고 있다. 임대차 3법은 이렇게 매매가와 전세가의 예외적 관계를 만들고 있다.

전 세계 부동산 시장이 뜨겁게 끓고 있다

낮은 금리, 풍부한 유동성, 부족한 주택, 전세를 통한 갭 투자는 주택

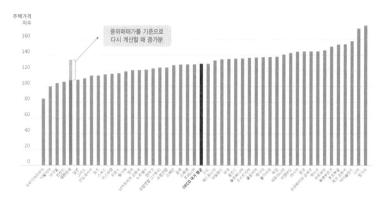

[표 9] OECD 국가 주택가격지수의 변화(2015~2020) (2015=100)

가격을 올리는 요건이다. 그러면 이 중에서 가장 중요한 요인은 무엇일까? 이에 대한 힌트는 다른 나라들의 집값 변화를 보면 쉽게 얻을 수 있다. 최근 집값 폭등 현상은 우리나라만의 문제는 아니다. 전세계적으로 나타나고 있는 현상이다.

표 9는 2015년 주택가격을 100으로 보았을 때, 2020년의 집값 수준을 나타낸 막대그래프다. 2020년 OECD 국가들 지수는 129로 나타나고 있다. 5년간 평균적으로 29퍼센트 정도 뛰었다는 뜻이다. 이에 반해 2020년 우리나라 집값 지수는 107이다. OECD 평균 집값 상승률보다 크게 낮다. 이 수치가 사실이라면 우리나라는 매우 선방한 것이다.

우리나라 집값이 5년 동안 7퍼센트밖에 뛰지 않았다고? 많은 이들이 집값 상승을 온몸으로 체감하는 상황에서, OECD 통계라고 무조건 믿어야 하느냐고 반문할 수도 있을 것이다. OECD 자료는 각국의 공신력 있는 기관에서 제출한 통계를 기반으로 작성한다.

OECD 자료가 믿을 만한 것인지 미국 자료부터 직접 체크해보기로 했다. OECD 통계에서 미국 집값은 2015~2020년 동안 13.3퍼센트 뛴 것으로 보고되고 있다. 미국 세인트루이스 연방준비은행 (Federal Reserve Bank of St. Louise) 리서치센터(Federal Reserve Economic Data, FRED)[32]에서 제공하는 미국의 집값 자료는 꽤 믿을 만하다. FRED는 한국은행이 제공하는 경제통계시스템과 비슷하다고 보면 된다. 이 통계를 OECD 통계와 비교해보았다. FRED 통계에서 나타난 집값은 2015년 7월 34만 7,400달러에서 2020년 7월 39만 7,800달러로 14.5퍼센트 상승했다. OECD 통계와 1퍼센트 포인트 정도의 오차가 있기는 하지만, 그래도 비슷한 수치로 볼 수 있다.

우리나라에서 제출한 자료는 믿을 만할까? 한국부동산원(https://www.r-one.co.kr/)의 '전국 주택가격 동향조사'의 매매가격지수를 확인한 결과, 2015년 7월~2020년 7월 사이 우리나라의 주택가격은 7.1퍼센트 상승했다. 아마도 이 자료를 제출한 듯하다. 하지만 이것은 국민들이 체감하는 주택시장과는 매우 다르다. 그래서 같은 기관에서 제공하는 '중위매매가' 자료로 다시 계산해보았다. 전국 중위주택가격은 해당 기간에 2억 2300만 원에서 3억 원으로 뛰었다. 약 35퍼센트 높아진 것이다. 이는 OECD 평균인 29퍼센트보다 높은 수치다. 그렇다 하더라도 다른 OECD 국가들에 압도적으로 높은 수치는 아니다.

최근 5~7년간 전 세계 집값이 크게 뛰었다. 부인할 수 없는 사실이다. 왜 그럴까? 많은 이들이 말한다. 코로나19로 인해 많은 돈이 풀려서 최근에 집값이 폭등했다고. 하지만 코로나19가 유일한 원인은 아니다. 코로나19 발생 한참 전인 2004~2020년을 대상으로 OECD 국가들의 집값 추이를 보자. 2012년부터 집값이 오르기 시작했다. 이 시기는 2009년 글로벌 금융위기 이후 전 세계적으로 꾸준하게 금리가 낮아진 환경과 맞물린다. '저금리 환경'과 '시중에 넘쳐나는 돈', 더 정확히 말해 '부동산과 주식 말고는 갈 곳 없는 돈'이 집값을 끌어올린 가장 주요한 이유다.

아직도 우리나라 집값이 이렇게 오른 것이 모두 정부 탓이라고 생각하는 분들이 있다면, 지그시 눈을 반만 감고 표 10을 1분만 보라. 그리고 다음의 질문을 해보면 좋겠다. 모든 나라들이 부동산 정책에 실패했기 때문일까? 아니면, 주택 공급이 부족했기 때문일까? 물론 나라에 따라 이런 요인들이 영향을 크게 준 곳도 있을 것이다. 하지만 대부분의 나라에서 주택정책에 실패했고, 주택이 부족했다고 해석하기에는 무리가 있다. 문제는 저금리 환경이었다.

이제 곧, 집값을 올렸던 이런 호조건들이 다른 양상으로 변화할 가능성이 크다. 코로나19 사태가 진정되어가면 서서히 실물경제가 살아날 수밖에 없다. 가장 걱정스러운 것은 인플레이션이다. 인플레이션을 잡기 위해 금리는 높아질 수밖에 없고, 풀린 돈은 회수될 수밖에 없다.

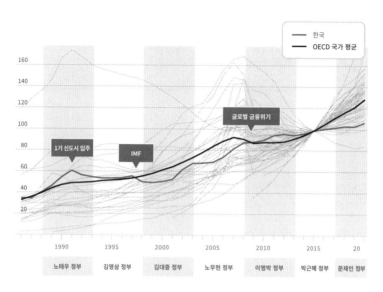

그래프 범례: 한국, OECD 국가 평균

[표 10] OECD 국가 주택가격지수의 변화 (2004~2020) (2015=100)

금리가 올라가면 앞으로 집값도 내려갈 것 아닌가? 그럴 수도 있다. 하지만 장기적으로 집값은 또다시 반등할 것이다. 우리나라는 특히 '수도권 쏠림 현상', 즉 '공간의 부익부빈익빈' 현상이 집값을 밀어 올리고 있기 때문이다.

3장

집값은 오를까, 내릴까

집값 전망에 대한 상반된 전문가 의견

정말 중요한 예고를 하나 해드리고 싶습니다. 앞으로 부동산 투기로 돈 버는 것은 포기하십시오.

2003년 2월 노무현 대통령이 취임하고, 그해 11월 대전·충청 지역 언론 합동기자회견에서 한 말이다.

노무현 정부 집권기에 서울 집값은 56.6퍼센트 상승했다. 강남의 가격만 보자. 30평을 기준으로 5.9억 원 정도였던 아파트가 12. 2억 원으로 뛰었다. 사람들은 이것을 꼭지라고 생각했다. 당시 많은 이들이 "이렇게 집값이 올라가도 되는 것일까?"라며 갸우뚱했고, "거품이 터질 수도 있다"라며 무서워했다. 이명박 정부에서의 강남 집값은 12.2억 원에서 10.2억 원으로 내려갔다. 사람들은 버블은 언젠가 꺼지게 되어 있는 것이고, 지금이 그때라고 생각했다. 하지만 박근혜 정부에서는 10.2억 원에서 13.4억 원으로 올랐다. 거품 논란이 한창이었던 노무현 정부 때의 강남 집값은 12억 원 정도였다. 2020년 말 기준으로 강남 30평대 집값은 20억 원을 훌쩍 넘는다.[1]

집값 거품론은 주택가격이 오를 때마다 등장한다. 강남 집값이 10억 원이라는 말을 듣고 입이 딱 벌어지던 때가 엊그제 같은데, 이제 20억 원이 되었다. 신고가를 돌파한 서울 아파트는 흔들림 없이 다음 도약을 준비하고 있는 듯하다. 자산을 가진 사람과 그렇지 않은 사람들의 격차가 너무나 벌어졌다. 과히 '초격차'라고 부를 수도 있겠다.

집 없는 이들은 지금 집을 사지 않으면 평생 무주택자로 남을 것 같은 불안감에 사로잡혔다. 막차라도 오르기 위한 몸부림은 2030 청년세대에게도 나타났다. 이상우 인베이드투자자문 대표는 "2030세대는 월급은 '생활비'에 불과하다는 것을 깨달은 최초의 세대"라고 말한다. 집이 있는 사람과 없는 사람이 어떻게 다른지 목격했기에 앞으로도 이들의 빚투 포지션이 크게 바뀌지 않을 것이라 강조한다.[2]

내 주변의 한 부동산 전문가는 이렇게 말했다.

주식의 꼭지는 주변에서 너도나도 주식 사야 돈 번다는 이야기가 나오고 있을 때예요. 월스트리트의 유명한 투자자였던 조 케네디(Joe Kennedy)라는 사람이 있었어요. 1929년 대공황이 발생하기 바로 직전의 일이었대요. 구두를 닦으러 갔는데, 구두를 닦던 소년이 케네디에게 주식투자에 대해 조언을 해주었다고 하네요. 케네디는 지금은 모든 국민이 주식에 뛰어든 상황이라고 판단했지요. 더 이상 올라갈 여력이 없다고 판단한 것입니다. 그래서 주식을 모두 처분했다고 하네요. 그해 10월에 주식이 대폭락했지요. 이후 구두닦이 소년 시그널(shoeshine boy signal)이라는 말도 생겨났고요. 부동산도 같은 이치예요. 부동산에 관심이 없었던 2030 젊은 세대가 부동산 시장에 들어오면 꼭지라는 말이 있어요. 앞으로 부동산 시장은 폭락할 가능성이 큽니다.

이런 이야기를 하는 집값 폭락론자들은 또 다른 이유도 덧붙인다.

취득세, 보유세, 양도세가 세계 최고 수준이다. 다주택자와 법인이 견딜 수 없는 수준이다.

앞으로 경기가 좋아지면서 금리가 올라갈 것이다. 큰 빚을 내 집을 산 사람들이 견디지 못할 것이다.

집값이 곧 떨어질 것이라 생각하는 이들은 세상에 가격이 계속 오르기만 하는 재화는 없다는 확신에 차 있다. 또한 청년들이 거품 낀 주택을 빚투하는 것을 안타까워하고 있다. 정말 집값은 폭락할 가능성이 클까? 이제 반대의 이야기도 들어보자. 집값 상승론자들은 다음과 같은 논거를 들며 집값이 꼭지가 아니라고 주장한다.

우리나라 주택시장은 대출을 남발하는 시장은 아니다. 우리나라 LTV 규제는 전 세계적으로 가장 세다. 대부분 빚을 갚을 능력이 된다는 뜻이다.

다주택자, 임대사업자, 법인물량이 한 번에 나오지는 않는다. 정권이 바뀌고 부동산 시장 분위기가 바뀌면, 부동산 정책도 바뀔 것이다.

높은 전세가가 집 구매를 자극하고 있다. 현재 서울 아파트 평균 전세가가 6억 원을 넘었다. 이 돈이면 조금 더 보태서 저가 아파트를 살 수 있는 수준이다.

집값이 오를 것이라고 생각하는 이들은 아직도 수요가 매우 높은 상태라고 말한다. 얼마나 수요가 큰지를 몇 가지 숫자로 가늠해보자. 수도권에서만 450만 가구가 무주택이다. 이 중에서 10퍼센트가 당장 집을 사고 싶어 한다고 치자. 그러면 어림잡아도 45만이 대기 중인 가구다. 실수요를 확인하는 가장 쉬운 방법이 있다. 분양시장 상황을 보면 된다. 2020년 11월의 한 예를 보자. 과천 지식정보타운 내 3개 단지에 57만 명에 이르는 청약 인파가 몰렸다. 분양가는 인근 아파트 시세의 50~60퍼센트 정도다. 당첨만 되면 10억 원 정도의 시세차익이 기대되는 단지라고 소문이 자자했다. 단지 간 중복청약이 가능했으니, 한 가구가 여러 곳에 청약을 넣었을 가능성이 크다.

가장 핫한 곳이었던 과천 푸르지오 어울림 라비엔오(458가구)만 보자. 이 단지에 모두 19만 409개의 청약통장이 접수되었다. 평균 경쟁률은 415.7대1을 기록했다. 하나의 단지에만 19만 정도가 몰렸다. 이것은, 이 정도의 대기수요가 주택을 마련하려고 애쓰고 있다는 증거다. 2021년 6월에 분양한 동탄역 디에트르 퍼스티지 아파트는 302가구 모집에 24만 4,343명이 청약을 했다. 1순위 접수에서 809대1의 경쟁률을 보였다. 이렇게 과열된 청약시장을 보면 집값이 내려갈 수 있기나 한 것인지 의심스럽기까지 하다.

집값은 오를까, 내릴까? 2021년 6월 기준으로, 전문가들의 의견은 "당분간 오른다"가 우세한 듯하다. 하지만 일부 전문가들은 "지금 집값은 비정상적인 거품"이라고 힘주어 말한다. 중요한 것은, 집값이 올라갈 때는 오를 수밖에 없었던 다양한 이유들이, 반대의 경우는 그럴 만한 다양한 이유가 쏟아져 나온다는 점이다. 집값이 조금이라도 떨어지면 전문가들은 집값이 내려갈 수밖에 없었던 이유에 대해 스무 가지도 넘게 말할 것이다. 이런 후견지명(後見之明)도 쓸모 없는 것은 아니다. 사후 원인 분석도 체계적으로만 하면, 미래를 대비하는 데 큰 도움을 줄 수 있기 때문이다.

여러분은 어떻게 생각하는가? 지금 집값은 거품일까? 앞으로 부동산 시장은 어떻게 변할까? 지금부터 이어지는 글을 읽으며 전망에 대해 함께 생각해보자.

집값이 거품인지 판별하는 방법

지금 집값은 거품일까? 거품이 형성되는 단계가 있다. 표 11은 장 폴 로드리그(Jean-Paul Rodrigue) 교수가 설명한 거품의 단계다. 처음에는 서서히 부풀다가 갑자기 덩치가 빠르게 커진 후, 이후 펑 하고 터져버린다. 로드리그 교수의 거품 4단계론은 주식투자뿐만 아니라 부동산 투기 열풍을 설명하는 데 유용하게 쓰이고 있다.

먼저 잠복 단계(stealth phase)부터 보자. 이때 집값 상승을 위한 여러 조건이 서서히 만들어진다. 금리가 내려가거나, 돈이 풀리거나, 가구의 구매력이 증가하는 것은 수많은 조건 중의 일부다. 정부의 실책도 집값 상승의 판을 까는 데 한몫한다. 여러 요인이 기막히게 결합하면 퍼펙트 스톰(perfect storm, 몇 가지 자잘한 일들이 겹쳐져서 대형 사태를 만들 때 쓰이

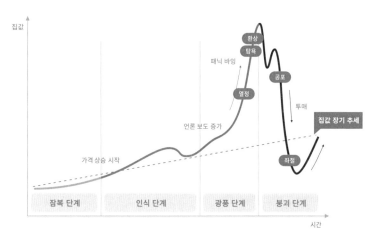

내부 이미지 텍스트:
집값
환상
탐욕
패닉 바잉
공포
열정
투매
집값 장기 추세
언론 보도 증가
가격 상승 시작
좌절
잠복 단계　　인식 단계　　광풍 단계　　붕괴 단계
시간

[표 11] 로드리그 교수의 거품 4단계론

는 말)으로 발전할 수 있다. 하지만 이 단계에서 일반인들은 집값이 상 승하는 것을 전혀 눈치채지 못한다.

두 번째는 인식 단계(awareness phase)다. 부동산 시장의 폭풍 전야 단 계로 보면 된다. 부동산에 촉이 밝은 투자자들은 집값이 움직이고 있다는 것을 눈치챘다. 선수들이 움직이기 시작하고, 집값은 꾸물꾸 물 용틀임한다. 하지만 일반인들은 앞으로 벌어질 일에 대해 아직 모르고 있다. 부동산은 아직 일반인들의 관심 밖에 있다.

세 번째 단계는 광풍 단계(mania phase)다. 언론에서는 집값이 오르 고 있다며 연일 떠들어댄다. 부동산 전문가들이 집값이 왜 오르는 지, 그리고 어떻게 잡아야 하는지 설명하기 시작한다. 하지만 이 단 계에서는 전문가들의 의견이 도움이 되지 않는다. 일반인들은 불안과 희망이 뒤범벅된 상태로 부동산 시장에 뛰어든다. 집값 상승에 대한 기대 심리가 고조된다. 더 많은 투자자가 붙는다. 이쯤 되면 집값 상승은 논리로 설명될 수 있는 것이 아니다. 부동산 가격이 오르니 뒤늦게 뛰어든 이들은 더 많은 돈이 필요하다. 빚도 커진다. 거품이 터지기 직전까지는 거품을 경고하는 사람들의 목소리는 무시된다. 이제 높은 집값은 뉴 노멀(new normal)이 되어가는 듯 느껴진다.

네 번째는 붕괴 단계(blow-off phase)다. 집값이 주춤하기 시작한다. 믿고 싶지는 않지만, 그런 주춤거림이 좀 길어지는 듯하면서 집값이 약간 빠지기 시작한다. 일반인들은 "아닐 거야, 이게 아닐 거야"라는 현실 부정 단계에 빠진다. 하지만 상황은 바뀌었고 선수들은 매물을 내놓기 시작한다. 뒤이어 일반인들도 집을 내놓지만, 팔리지 않는다. 시장에서는 '영끌'과 '가계 부채'가 위험하다는 경고를 내놓기 시작한다. 집값이 계속 내려가자 시장은 공포에 휩싸인다. '투매'가 일어난다. 시중에는 매물이 쌓인다. 영끌한 이들이 파산하기 시작한다.

지금 우리는 어느 단계에 있는 것일까? 아마도 지금의 부동산 시장을 광풍 단계로 보는 분들이 적지 않을 것이다. 정말 부동산 거품이 이토록 커지고 있는가?

그러면 지금부터 우리나라 집값에 거품이 껴 있는지 아닌지 함께 팩트 체크해보자. 거품이 껴 있다는 것은 정확히 어떤 상태를 말하는 것일까? 거품은 앞으로 집값이 계속 오를 것이라는 기대 심리로 인해, '정상적인 시장가격(normal market value)' 수준을 넘어서는 가격을 의미한다. 예를 들어, 정상가격이 5억 원인데, 지금 집값이 7억 원이면 2억 원은 거품인 것이다. 부동산 거품 여부를 분별하기가 너무나 쉽지 않은가? 하지만 여기에는 크나큰 문제가 있다. 정상가격을 알아내기가 어렵다는 점이다.

그렇다고 집값에 거품이 꼈는지를 판단하는 잣대가 없는 것은 아니다. 셀 수 없을 정도로 많다. 여기서는 전문가들로부터 가장 많이 언급되는 거품 판별법에 대해 논의할 것이다. 전문가들이 흔히 사용하는 방법은 모두 여섯 가지다.

① '물가'에 비해 집값이 많이 뛰면 거품이다.
② '총통화량'에 비해 집값이 너무 높으면 거품이다.
③ '경제 규모' 대비 집값 총액이 너무 높으면 거품이다.
④ '소득'에 비해 집값이 너무 높으면 거품이다.
⑤ '대출 상환 능력'에 비해 대출이 많아 부담이 커지면 거품이다.
⑥ '전세가'에 비해 집값이 너무 높으면 거품이다.

이 여섯 가지 방법을 자세히 보자. 거품 여부를 판단하는 방법은 'A에 대비해 B하면'이라는 조건문 형태를 띠고 있다. 앞의 세 가지 방법은 거시경제 지표로 자주 쓰이는 변수인 '물가' '총통화량' '경제 규모'와 집값을 비교하는 식이다. 나머지 세 가지 방법은 가구의 소득, 대출 상환 능력, 실수요 임대 차원에서 집값 거품 여부를 판단하고 있다. 여기서 'A'가 하나의 기준점을 제공하고 있다는 점을 우리는 눈여겨보아야 한다. 그 기준점은 일종의 펀더멘털(기초 여건)로 간주할 수 있다. 펀더멘털에 비해 크게 벗어나면 거품이 있다고 판단하는 것이다. 이런 방법은 다른 분야에서도 흔히 사용되고 있다. 대표적인 분야가 주식이다. 사람들은 주가가 높고 낮음을 어떻게 판단할까? 바로 펀더멘털이다. 성장 가능성, 영업이익, 매출, 재무 상태, 실적 등을 기준으로 기업의 가치를 판단한다. 기업의 가치가 곧 펀더멘털이다. 주식 투자자들은 주가가 단기적으로 오르고 내리고를 반복한다는 것을 잘 알고 있다. 하지만 장기적으로는 기업의 가치로 회귀한다고 믿는다. 집값 거품 여부를 판단하는 데도 비슷한 논리가 적용될 수 있다. 다만 기준점이 되는 기초 여건으로 '물가' '총통화량' '경제 규모' '소득' '대출 상환 능력' '전세가'를 사용하는 것이다. 집값이 한 시점에서 기초 여건에 비해 어느 정도 이탈하고 있는가도 중요하다. 하지만 몇 퍼센트를 이탈해야 거품으로 볼 수 있는지에 대한 정확한 기준을 잡기 어렵다. 그래서 여기서는 시계열적으로 '이탈의 정도'가 어떻게 변화하는지를 살펴보았다. 이탈의 정도도 중요하지만, 이탈의 '방향'도 그에 못지않게 중요하기 때문이다.

물가와 총통화량에 비해 집값이 많이 올랐을까

먼저, 물가에 비해 집값이 너무 많이 뛰면 거품이라 판단한다. 집도 시장에서 거래되는 하나의 상품인데, 다른 상품에 비해 집값만 독주한다면 무언가 문제가 있는 것이다. 집값의 독주 여부를 판단하는 가장 쉬운 방법은 '주택가격지수'와 '소비자물가지수'를 비교하는 것이다.[3] 둘 다 가격지수라 비교하기가 쉽다. 지수(指數)는 어느 시점의 가격을 100으로 놓고(예를 들어 2005년의 가격을 100으로 설정), 비교되는 다른 시점의 물가를 지수로 표현한 것이다. 거품을 판단하는 방법은 단순하다. '주택가격지수 〉 소비자물가지수'인 상황에서, 이 둘의 차이가 과도하게 크면 거품이라 판단한다. 직관적으로도 설득력 있는 방법이다. 부동산도 상품인지라, 물가만큼은 오르거나 내리지만 정상적인 물가로 회귀하지 않겠는가.[4]

하지만 이 방법에는 맹점이 있다. 두 지수를 비교하기 위해서는 특정 연도를 100으로 잡아 비교한다. 그런데 기준시점에 따라 결과가 매우 달라진다. 예를 들어, 2000년의 가격을 100으로 잡고, 주택가격지수와 물가지수의 변화 추이를 비교할 경우와 2010년의 가격을 100으로 잡고 비교하면 완전히 다른 결론을 낼 수도 있다. 소위 '기저 효과(base effect)' 때문이다. 기준으로 잡은 연도의 가격이 너무 낮은 상태였다면, 이후의 변화폭이 크게 나타나고, 그 반대의 경우에는 변화폭이 작게 나타나기 때문이다.

[표 12] 소비자물가지수와 주택가격지수의 비교

그런 단점에도 불구하고 두 물가지수를 비교하는 것도 의미가
있다. 물가와 집값이 함께 움직였는지 직관적으로 이해하는 데 도움
을 주기 때문이다. 표 12는 2003년 9월부터 2021년 3월까지 두 지
수를 비교한 것이다. 서울, 지방 5대 광역시, 기타 지방(비수도권에서 광역
시를 제외한 지역)의 2013년 9월 집값을 100으로 잡았다. 추세는 뚜렷했
다. 서울 집값은 노무현 정부 중반인 2005년 6월부터 오르기 시작한
다. 무섭게 뛰던 집값 상승세가 꺾인 시기는 리먼 브라더스가 파산
신청을 했던 2008년 9월 정도부터다. 서울 집값이 뛰는 동안 지방의
집값은 상대적으로 안정적인 모습을 보였다. 서울 집값이 안정되자
2009년 말부터는 지방 광역시는 서울과 키높이를 맞춘다. 2014년

정도에 전국의 집값 상승률은 물가 상승률과 보조를 맞추었다. 이후, 전국 모든 곳에서 소비자물가 상승률을 훨씬 상회하는 수준으로 집값이 폭등했다. 표 12가 보여주는 분명한 사실은, 집값 상승률이 물가 상승률을 훨씬 상회해 달아나고 있다는 점이다. 특히 서울 집값의 경우, 물가 수준과 보조를 맞추고자 한다면 25퍼센트 이상 폭락해야 할 정도다.

두 번째로, 총통화에서 부동산 시가총액의 비중(=부동산 시가총액/총통화)을 계산하는 방법이다. 이 비율이 높다는 것은, 시중의 돈이 부동산으로 너무 쏠려 있다는 것을 의미한다. 2000년 주택시가총액은 1000조 원이 조금 넘었다. 2007년에는 2500조 원을 넘었고, 2019년에는 5000조 원도 돌파했다. 표 13의 오른쪽 그림을 보자. 총통화에서 부동산 시가총액이 차지하는 비중은 2000년에는 1.5배 수준이었다가 2007년 2.1배로 고점을 찍었다. 글로벌 금융위기를 전후로 해

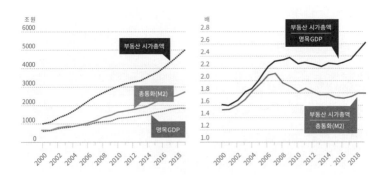

[표 13] 부동산 시가총액, 총통화, 명목GDP 변화 추이

서 총통화가 빠르게 증가했고, 이에 따라 1.7~2.0 수준을 유지하고 있다.

　세 번째로 '부동산 시장 시가총액/명목GDP'를 계산하는 방식이다. 사실 이 지표는 주식시장에 거품이 꼈는지를 판단할 때 사용하는 '버핏 지수(Buffett Indicator)'를 응용한 것이다. 버핏지수는 '주식시장 시가총액/명목GDP'로 나누어 계산한다. 명목GDP는 한 해 동안 새롭게 생산된 모든 재화와 서비스의 시장가격을 모두 합한 것이며, 한 국가의 경제 규모를 나타낸다. 경제 규모에 비해 이 지수가 크다면 주식시장이 과열이라 판단하고, 낮으면 주가가 더 올라갈 여력이 있다고 판단한다. 주택시장도 마찬가지다. 한 국가의 경제 규모에 비해서 부동산 시장 시가총액이 너무나 크면 거품이 낀 것이다. 다시 한 번 표 13의 오른쪽 그림을 보자. 명목GDP 대비 부동산 시가총액의 비율은 2000년에는 1.6배 수준이었는데, 이 값은 꾸준히 올라 2007년에는 2.3배까지 치솟았다. 2019년에는 더욱 올라서 2.6을 기록하고 있다. 명목GDP 대비 주택의 시가총액이 2.6배면 거품이라고 단정할 수 있을까? 결론은, 그렇다고 말하기는 힘들다는 점이다. 하지만 한 가지 확실한 것이 있다. 이 지표가 지난 10년간 꾸준히 상승했다는 점이고, 지금은 최고점에 있다는 것이다. 거품의 정점이 어디인지는 모르지만, 그 정점을 향해 달려가고 있다는 사실은 부인할 수 없다.

소득 및 실수요에 비해 집값이 많이 올랐을까

여기서는 '소득에 대비한 집값'과 '대출 상환 능력에 대비한 집값'을 살펴보고자 한다. '전세가에 대비한 집값'도 살펴도록 한다(전세가는 실수요를 반영하고 있다는 점에서 유용한 지표다).

네 번째 지표인 '소득에 대비한 집값' 지표를 보자. 이와 관련한 가장 대표적 지표는 '연소득 대비 주택가격비율(Price to Income Ratio, PIR)'을 보는 것이다. 이 지표는 중산층이 한 푼도 안 쓰고 번 돈을 모두 모아서 집 사는 데 걸리는 시간을 의미한다. 어떤 지역의 PIR이 10이라는 것은, 그 지역 중산층이 10년간 받은 소득을 모두 모아야 그 지역의 평균적인 주택을 살 수 있다는 뜻이다. 이 지표를 해석하면서 주의해야 할 점이 있다. PIR이 10이라고 해서 주택 사는 데 10년 정도 걸리는 것이 아니라는 점이다. 소득의 절반을 주택을 위해 저축한다고 해도, 집을 사는 데 걸리는 시간은 20년이 걸리는 셈이다.

표 14는 지역별 PIR을 보여주고 있다. PIR은 해당 지역 '가구 연소득 5분위' 자료와 '평균 주택가격 5분위' 자료 중에서, 가운데의 '3분위' 평균값을 활용해 계산한 것이다.[5] 어느 정도가 적정 수준의 PIR인지에 대해서 합의된 결론이 있는 것은 아니다. 하지만 학계의 많은 전문가들은 적정 수준을 5 정도로 보고 있다. 이 경우, 연 5000만 원 소득이 있는 가구에게 2억 5000만 원 정도의 주택이 적당한 수준이다. 이 기준으로 보면 전국의 집값은 그리 심각한 수준은 아니라

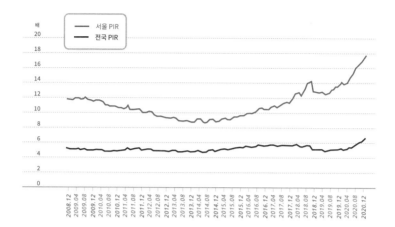

서울 PIR
전국 PIR

[표 14] PIR 변화 추이(서울과 전국)

고 판단된다. 하지만 서울 PIR의 경우는 2016년 4월에 10을 넘긴 이후, 2019년 말 기준으로 15에 육박하고 있다. 평범한 가구가 소득의 반을 30년간 꼬박 모아야 집을 살 수 있는 상황이 된 것이다.

다섯 번째로, 거품을 판단하는 또 다른 지표로 주택구입부담지수(Housing Affordability Index, HAI)가 있다. PIR은 주택가격과 가구소득만을 비교하는 데 반해, 주택구입부담지수는 '금리'도 포함한 개념이다. 이 지수는 기본적으로 100을 기준으로 한다. 이 지수가 100이라는 말은, 적정부담액(가구소득의 약 25퍼센트)만큼을 주택담보대출 원리금 상환으로 부담한다는 뜻이다. 예를 들어 가구의 평균 연소득이 5000만원인 지역은 1250만 원이 적정부담액인 것이다. 지수가 50이면 적정부담액의 50퍼센트를, 지수가 150이면 적정부담액의 150퍼센트를 부담하고 있다는 뜻이다. 그러니 지수가 높을수록 가구가 느끼는

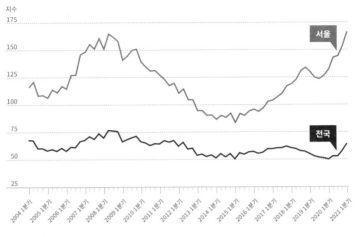

[표 15] 주택구입부담지수 변화 추이(서울과 전국)

상환의 부담감은 높아질 수밖에 없다. 이 지수가 가장 높았을 때는 글로벌 금융위기를 겪었던 2008년 2/4분기였다.[6] 이때 서울의 주택구입부담지수는 자그마치 164.8이었다. 소득의 41퍼센트를 원리금 상환에 사용했다는 뜻이다(전국평균 지수는 76.2로 소득의 19퍼센트 정도를 원리금 상환에 사용했다). 이렇게 부담이 높았던 이유는 당시 시장금리가 8퍼센트에 육박할 정도로 높았기 때문이다. 2021년 1/4분기 서울의 부담지수는 166.2다. 금리가 매우 낮은 상황인데도 전 고점을 넘어선 상태다.

여섯 번째 거품 지표는, 전세가에서 집값이 어느 정도 벗어났는지를 판단하는 것이다. 매매가 대비 전세가의 비율인 '전세가율(=전세가/매매가)'을 사용한다. 전세가는 실수요(actual demand)에 의해 형성된다. 그래서 전세가는 주택의 '사용가치(use value)'만을 반영하고 있다고도 알려져 있다. 전세가 6억 원이라고 한다면, 이 6억 원은 현재의 사용가치만을 반영한다. 반면에 매매가는 시장에서 나타난 교환가치(exchange value)다. 사용가치뿐만 아니라 투자가치까지 반영하고 있다. 차익을 목적으로 하는 가수요(가짜 수요)가 매매가를 좌지우지할 수도 있다는 뜻이다.

집의 교환가치(집값)=사용가치+투자가치

전세가 6억 원인 집의 매매가 10억 원이라고 한다면, 4억 원은 투자가치가 된다. 이 투자가치는 미래가치를 반영하고 있다. 미래가치가 크면 전세가에 비해 집값이 크게 높아진다. 재건축 아파트가 대표적인 예다. 재건축 기대가 큰 아파트는 사용가치에 비해 투자가치가 높게 평가되는 경향이 있다. 임대차 3법 도입 직전, 대치동 은마아파트 30평형의 매매가는 20억 원을 웃돌았지만 전세가는 6억 원에도 미치지 못했다. 전세가율이 30퍼센트를 하회하는 수준이다.

재건축을 앞둔 주택은 사용가치와 투자가치의 괴리가 큰 특별한 경우다. 일반적으로, 매매가와 전세가의 차이가 크면 클수록 거품이 꼈다고 평가한다. 이제 표 16[7]을 보자. 우선 '기타 지방'의 전세가율은 2013년 70퍼센트 수준에서 꾸준히 상승하고 있다. 투자가치가 점점 감소하기 때문에 나타나는 현상이다. 지방 5대 광역시의 경우는 2016년을 기점으로 전세가율이 서서히 증가했다가 감소하는 추세를 보인다. 서울도 마찬가지다. 하지만 변동 폭이 롤러코스터 수준이다. 서울의 전세가율은 2013년부터 2016년 중순까지 꾸준하게 올랐다. 이 지표에 의하면 2013~2016년 사이에 서울의 집값 거품이 꺼졌다는 이야기다. 하지만 2016년부터 전세가율은 큰 폭으로 낮아진다. 전세가에 비해 집값이 빠르게 올랐던 탓이다. 이 지표를 보고 거품의 크기를 가늠하기 어렵다. 하지만 서울의 미래가치를 더 높게 보고 투자수요가 몰리는 추세라는 것은 부인할 수 없다.

여섯 가지 거품 판별 지표들을 차례대로 살펴보았다. 여러분은 어떻게 생각하는가? 우리나라 집값에 거품이 꼈다고 말할 수 있을까? 칼로 무 자르듯 거품 여부를 판별하기는 힘들다. 하지만 여러 지표를 통해 누구도 부정할 수 없는 사실 하나는 발견할 수 있었다. 최

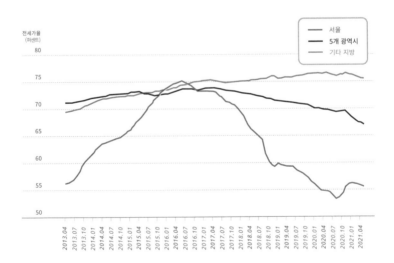

[표 16] 아파트 전세가율 변화 추이(2012~2021)

근 몇 년간 거품 국면을 향해 달려가고 있다는 점이다. 그리고 대부분의 지표에서 예전에는 경험해보지 못한 고점 국면에 있다는 점이다. 아직 어디가 상투인지는 모른다. 다만 상투를 향해 달려가고 있다는 것은 부인할 수 없는 사실로 보인다.

거품 붕괴를 늦추는 기술

자, 이제 우리의 관심사는 언제 붕괴 단계로 접어들 것인지다. 답은 의외로 간단하다. 더 이상 새로운 투자자가 나올 수 없을 때 거품은 터져버린다. 이것은 마치 폰지 사기(Ponzi scheme)의 원리와 같다. 불법 다단계와 유사한 폰지 사기 수법은 많은 이들에게 잘 알려져 있다.

폰지 사기는 1920년 즈음에 찰스 폰지(Charles Ponzi)라는 사기꾼이 저지른 수법을 말한다. 이탈리아에서 태어난 폰지는 술집과 카페를 전전하던 빈털터리 한량이었다. 당시 수많은 이탈리아인들이 그러했듯, 그도 20대 초반인 1903년에 아메리칸드림을 좇아 미국으로 향했다. 폰지가 보스턴에 도착했을 때는 수중에 2달러 50센트밖에 없었다고 한다. 미국으로 가는 배에서까지 도박하다가 돈을 모조리 잃을 정도로 한량의 끝판왕이었다. 하지만 폰지는 머리가 팽팽 돌아가는 사람이었다. 어느 날 그는 국제우편에 사용되던 쿠폰(International Reply Coupon, IRC)의 허점을 발견한다. 이 쿠폰은 송신자 A가 수신자 B

에게 편지를 보낼 때, 편지 속에 쿠폰을 넣으면 B는 A에게 공짜로 답신할 수 있게 하는 것이다. 쿠폰 가격은 나라마다 큰 차이가 있었다. 폰지는 가격이 저렴한 나라에서 쿠폰을 구매해 비싼 곳에 팔았다. 그리고 큰 차익을 챙겼다.

이어 1919년 보스턴에 회사를 차리고 투자자를 모집한다. 투자자들에게 45일 후에는 원금의 50퍼센트, 90일 후에는 100퍼센트의 수익을 주겠다고 약속한다. 5000만 원을 투자해 3개월 후에 1억 원을 받는다고 생각해보자. 당시 한 해 금리가 5퍼센트 정도였으니 엄청난 수익률이었다. 하지만 어떤 사업이 3개월에 100퍼센트의 수익률을 보장할 수 있겠는가. 폰지의 사기 수법은 새로운 투자자들의 돈을 받아서 기존 투자자들에게 수익을 배분하는 방식이었다. 높은 수익률에 긴가민가했던 사람들이 폰지를 믿기 시작했다. 투자자들이 몰렸다. 폰지는 갑자기 백만장자가 되었다. 폰지가 사용한 수법은 뒷 투자자의 돈으로 앞 투자자의 수익을 메꾸는 식이다. 이런 사기는 영원히 지속될 수 없다. 언젠가는 더 이상 신규 투자자를 찾지 못하는 상황이 발생하기 때문이다. 폰지 사기는 더 이상의 호구 투자자를 찾지 못할 때 사라진다. '다단계 금융사기'와 그 본질이 같다.

폰지 사기는 부동산 거품을 설명하는 데 유용하다. 부동산 광풍에는 사기꾼이라는 주인공만 없을 뿐이다. 부동산 시장에는 폰지 게임이 한창이다. 더 이상의 투자자가 나서지 않을 때 이 게임은 최후를 맞이해야 한다.

하지만 지금의 상황은 어떠한가? 시장이 붕괴 단계에 다가가자 많은 국가들은 소위 '양적완화'라는 이름으로 돈을 마구잡이로 발행하고 있다. 서민들은 이렇게 풀린 돈을 낮은 금리로 대출받아 집을 사고 있다. 정부가 국민에게 투기의 판돈을 깔아주고 있는 모양새다. 실물경제로 흘러들어가야 할 돈이 부동산 시장으로 쏠리기에, 집값은 계속 올라간다. 거품 붕괴는 이렇게 늦추어지고 있고, 상투의 높이는 더 높아져만 간다.

표 12부터 표 16까지 다시 한 번 찬찬히 살펴보자. 이런 비정상적인 그림이 나올 수 있는 것은, 부동산에 들어가는 판돈이 점점 더 커지고 있기 때문이다. 계속 강조했지만, 백신의 접종률이 높아짐에 따라 코로나19 사태가 진정될 가능성이 크다. 그리고 실물경제가 회복하고, 금리는 올라갈 가능성이 크다. '적정가격'은 금리에 따라 달라진다. 금리가 지금처럼 제로에 가까운 상황에서는 적정가격이 높게 형성되지만, 금리가 높아지면 적정가격은 내려간다. 앞서 강조했듯이 지금의 집값은 저금리와 높은 유동성으로 올려진 것이다. 앞으로 금리가 올라가고, 유동성도 회수된다면 집값은 내려갈 수밖에 없다. 금리가 올라가고 유동성이 회수될 가능성은 어떠할까? 금리 인상이 눈앞에 다가오고 있다고 이야기하는 전문가가 많다. 한국은행은 2021년 하반기에 기준 금리 인상이 있을 것이라 여러 차례 예고했다. 이제 금리는 오르는 일만 남았다. 금리 인상은 영끌해 빚투한 이들에게 큰 부담이 될 수밖에 없다.

2부

균형 발전은 부동산 대책이다

4장

다주택자를 쪼면 지방이 쪼그라든다

공급하면 뭐하나, 다주택자가 또 사는데…

견과류에 알레르기 반응을 보이는 사람이 생각보다 많다. 실수로나마 땅콩이나 호두를 먹으면 온몸이 부어오른다. 가장 큰 문제는 기도도 함께 부어서 호흡이 곤란해지는 것이다. 알레르기를 진단하는 방법은 거의 비슷하다. 기본은 피 검사다. 추가적으로 알레르기 피부 반응 검사를 하기도 한다. 알레르기를 유발하는 물질('알레르겐'으로 불린다)을 피부에 묻힌 후 반응을 살피기도 한다. 이렇게 진단법은 단순하고 통일되어 있는 데 반해, 치료법은 그렇지 않다. 한쪽에서는 알레르겐을 점진적으로 투입하는 방법을 권하기도 한다. 일명 알레르겐 면역 요법이다. 원인 물질에 지속적으로 노출해 맷집을 키우는 방식이다. 하지만 어떤 의사들은 이 방법이 효과가 없다고 주장한다. 아니, 효과가 없는 수준이 아니라 알레르기 반응을 더 키운다고 경고하는 의사도 있다. 이들의 처방은 알레르겐을 최대한 피하는 것이다. 그래야만 안전하게 생활할 수 있다고 말한다.

부동산 대책도 이와 비슷하다. 처방은 같은데 완전히 다른 효과를 이야기하고 있다. 혹자는 가구당 주택 하나만 소유하게 되면 집값이 안정될 것이라 말한다. 이렇게 믿는 이들은 정부가 '1가구 1주택 원칙'을 강하게 밀어붙여야 한다고 생각한다. 또 다른 이들은 1가구 1주택 원칙이 집값을 높일 것이라고 정반대 이야기를 한다. 같은 처방에 180도 다른 효과가 대립하고 있다. 이번 장에서는 집값 안정을 위한 현 정부의 정책 중, 다주택자에 대한 매물 유도 정책에 대해 구체적으로 살펴보고자 한다.

아무리 주택을 공급해도 소용없다. 다주택자들이 상당수를 흡수해버리기 때문이다. 다주택 투기꾼들을 잡아야 한다. 그렇지 않으면 영원히 집값은 잡을 수 없다.

다주택자들에게 반감을 드러내는 이들의 말이다. 정말로 다주택자들이 주택을 더 많이 사고 있을까? 통계를 보자. 주택을 공급하면, 주택 소유자(유주택자)가 늘어나는 것은 자연스러운 일이다. 주택수가 증가하는데, 유주택자가 늘지 않는다면? 다주택자가 집을 또 사고 있다는 증거다. 이를 확인하는 가장 쉬운 방법은, '총 주택수의 증가율'과 '유주택 가구수 증가율'을 비교해보는 것이다.

2015~2019년의 5년간만 살펴보자. 이 기간에 우리나라 총주택수는 1637만에서 1813만으로 10.8퍼센트 증가했다.[1] 하지만 주택을 소유하고 있는 가구수는 1070만에서 1146으로 7.1퍼센트 증가했다.[2] 유주택 가구 증가 속도가 주택수가 늘어나는 속도를 따라가지 못하고 있다. 집 가진 사람들이 또 집을 사기에 나타나는 현상이다. 서울의 경우는 더욱 심하다. 같은 기간 동안 총 주택수는 279만에서 295만으로 5.8퍼센트 증가했다.[3] 하지만 주택 소유가구수는 187.5만에서 189.5만으로 1퍼센트 정도 증가했을 뿐이다. 통계는 말한다. 유주택자가 또다시 주택을 사고 있다고.

다주택자들을 투기꾼으로 바라보는 시선의 정점에는 이재명 경기도지사의 '다주택자 승진불이익' 정책이 있다. 그는 2020년 12월 자신의 페이스북에 다음과 같이 밝히며 1가구 1주택 원칙을 천명했다.

주택정책에 영향을 주는 고위공직자들이 다주택을 보유하고 있다는 사실은 '주택가격 상승'에 대한 강력한 증거(시그널이 아님)이고 이는 정책 불신을 초래해 조그만 구멍에도 풍선효과처럼 정책 실패를 불러옵니다. 고위공직자들의 비주거용 주택 소유를 제한하는 것은 그래서 반드시 필요합니다. 국민의 권력을 대신 행사하며 부동산 가격에 영향을 주는 공직자가 주거용 등 필수 부동산 이외를 소유하는 것은 옳지 않으므로 고위공직자 주식 백지신탁처럼 고위공직자 부동산백지신탁제를 도입해야 하고 그 이전에도 고위공직자 임용이나 승진에서 투자투기용 부동산 소유자를 배제해야 합니다. (…) 경기도에서는 4급 이상 공직자(승진대상 5급 포함)에게 주거용 외 다주택의 처분을 권고하며 인사에 고려하겠음을 사전에 공지했고, 42퍼센트의 다주택 공직자들이 비주거용 주택을 처분했습니다. 이번 인사에서 다주택 소유를 반영한 결과 비주거용 다주택을 처분하지 않은 공직자들은 승진하지 못했습니다.[4]

비슷한 시기에 진성준 민주당 의원은 1가구 1주택 원칙을 담은 주거기본법 개정안을 발의했다. 진성준 의원은 헌법에 규정된 농사를 짓는 사람만이 농지를 소유할 수 있게 하는 '경자유전(耕者有田)' 원칙처럼, 실제 거주하는 사람만 주택을 소유할 수 있게 하는 '주자유택(住者有宅)' 개념도 필요하다고 말한 바 있다.[5] 주거기본법 개정안에는 1가구 1주택 보유 및 거주, 무주택자 및 실거주자 주택 우선 공급, 주택의 자산 증식 및 투기 목적 활용 금지 등의 '주거 정의 3원칙'을 넣었다.

다주택자가 사라지면 누가 임대주택을 공급하는가

우리 경제는 시장경제로, 재산권을 보장하는 헌법 질서에서 다주택자에게는 국가가 세금을 징수한다. 소유 자체를 제한하는 나라는 공산국가 말고는 없다. (…) 명백히 위헌이며 위헌 소송도 당연히 제기될 것이다.[6]

앞서 언급한 진성준 의원의 주거기본법 개정안 발의에 대해 헌법학자인 허영 경희대 교수가 발끈했다. 1가구 1주택 원칙에 대한 비난이 거세지자, 진성준 의원은 자신의 SNS에 다음과 같이 해명했다.

이 법은 1가구 다주택 소유를 인정하지 않겠다는 것이 전혀 아닙니다. 개인이 보유한 주택이 사유재산이라는 사실을 어떻게 부인할 수 있겠습니까? 1가구 1주택 원칙은 이미 제도화되어 있습니다. 무주택자가 청약할 때 가점을 부여하고, 실거주가 아닌 다주택 보유자에게는 과세도 중하게 부과하며, 1가구 1주택 실거주자에게는 세 부담을 낮추어주기도 합니다. 이 원칙을 주택정책의 큰 방향과 기준으로 삼도록 법률로써 명문화하려는 것입니다.[7]

1가구 1주택 시대가 되면 집값이 안정화될 수 있을까? 이것은 반쪽만 진실이다. 우리나라에서 가장 많은 집을 가진 집주인은 1,806채를 소유하고 있다고 한다. 다주택 상위 10명이 보유한 주택수를 모두 합하면 5,598채다. 한 사람이 평균적으로 560채를 가진 셈이다.[8] 하지만 중요한 사실 하나가 있다. 이들이 자신의 집을 모두 독차지하며 쓰고 있는 것은 아니라는 점이다. 아마도 한두 채만 자신이 거주하고 나머지는 전세나 반전세, 월세의 형태로 임대를 놓았을 것이다. 다주택자들이 집을 팔아도 시장에는 주택수가 증가하지 않는다. 이들이 집을 팔면, 전월세 거주자들의 일부가 자가 소유자가 된다. 그리고 주택시장에는 임대물량(전월세물량)이 줄어들게 된다. 여기서 잠시 손재영 건국대 교수의 말을 들어보자.

> 시장에는 집을 구매할 형편이 안 되는 사람도 있고, 돈이 있지만 집을 사기 싫은 사람도 많습니다. 현 정부는 다주택자에 대해 부정적으로 바라보는데, 다주택자가 없어지면 정부가 그 많은 임대주택을 다 공급해줄 수 있나요?[9]

1가구 1주택이 기본원칙이 되면, 주택을 2채, 3채 소유하는 것은 기본원칙에 어긋나는 것이 된다. 기본 원칙을 지키지 않는 것은 반칙이다. 그렇다면 이런 기본원칙을 넘어 1가구 1주택을 강제한 나라가 있을까?

동유럽의 사회주의 국가인 루마니아가 대표적인 경우다. 최성락 동양미래대 교수는 본인의 저서《규제의 역설》[10]을 통해 루마니아의 상황을 소개했다. OECD 통계[11]에서 2019년 기준 루마니아의 자가 주택 보유율은 96퍼센트다. 웬만한 사람들이 집을 가지고 있다고 보면 된다. OECD 국가 평균은 68퍼센트다. 우리나라는 59퍼센트로 OECD 평균보다 한참 낮다. 캐나다는 69퍼센트, 영국은 65퍼센트, 미국은 64퍼센트, 독일은 43.8퍼센트다. 루마니아의 자가 보유율은 이들 선진국에 비하면 매우 높은 수치다. 1가구 1주택 정책이 가져온 결과다. 하지만 이 정책이 밝은 측면만 있는 것은 아니다. 루마니아 경제의 발목을 잡고 있기 때문이다. 최성락 교수가 이야기한 루마니아 상황을 요약해본다.

다른 도시에서 직장을 구하려 하면 살 곳도 마련해야 한다. 하지만 시중에 나와 있는 집이 없다. 루마니아 국민 대다수가 집을 가지고 있고, 월세가 거의 없기 때문이다. 다른 도시에서 직장을 구하는 것이 불가능에 가깝다. 그러면 집을 새로 지으면 되지 않겠는가 생각할 수도 있겠다. 1가구 1주택 하에 모든 사람이 집을 소유하고 있는 상황에서 새집을 지을 필요가 있겠는가. 새집을 공급해도 '1가구 1주택' 원칙에 걸려 살 수 있는 사람이 많지 않다. 새 주택으로 이사하고 싶은 사람이 없는 것도 아니다. 하지만 살던 집을 내놓아도 집이 팔리지 않는다. 대부분이 자기 집을 갖고 있기 때문이다. 그래서 루마니아에서는 토목과 건설업이 매우 침체한 상태다. 신규로 집을 짓지 않으니 주택은 매우 낡았다.

또 다른 문제도 있다. 성인이 되어 부모에게서 독립해야 하는 이들이 직면한 문제다. 결혼해서 분가해야 하는 상황에서, 이들이 할 수 있는 일은 건축업자에게 의뢰해 새집을 짓는 것이다. 하지만 새로 집을 지어 신혼집을 마련하는 것은 아무나 할 수 있는 일이 아니다. 부모가 부자가 아니라면 이렇게 하기 힘들다. 그래서 결혼하고도 독립하지 않고 부모 집에 얹혀사는 경우가 많다고 한다. 루마니아에 대가족이 많은 것은 이것 때문이다.

싱가포르에서 배울 수 있을까

다주택을 허용하기는 하지만, 주택 보유율이 높고 1가구 1주택 가구의 비율 또한 높은 나라가 있다. 싱가포르가 대표적인 경우다. 싱가포르의 주택 보유율은 92퍼센트 정도다. 주택보급률이 113퍼센트 정도이니 대다수의 가구가 1주택을 소유하고 있다고 보면 된다.

싱가포르에서는 어떻게 90퍼센트 넘는 가구가 주택을 소유할 수 있었을까? 싱가포르 주민 대부분은 정부가 지은 공공주택에 거주한다. 싱가포르에는 공공주택이 85퍼센트를, 민간주택이 나머지 15퍼센트를 차지하고 있다. 어떻게 이렇게 공공주택의 비중이 높을까? 가장 큰 이유는 싱가포르 정부의 의지다. 싱가포르는 1965년 말레이시아에서 떨어져 나가며 하나의 독립 국가가 되었다. 당시 싱가포르 주민 대다수는 슬럼에서 살고 있었다. 10퍼센트만 주택을 소유하고 있었다. 정부는 "좁은 땅이지만 누구나 집은 있어야 한다"라고 천명했다. 그리고 정부의 역할 중 하나가 '저렴한 주택(affordable housing)'을 공급하는 것이라 규정했다. 주택 공급을 위해 가장 필요한 것은? 토지를 확보하는 것이다. 싱가포르가 독립할 당시 전 국토의 40퍼센트가 국유지였다. 1966년 '토지취득법(The Land Acquisition Act)'을 제정했고, 이를 통해 국유지 비율을 높게 끌어올렸다. 국유지 비율은 1985년에는 76퍼센트로, 2020년에는 90퍼센트 정도로 증가했다.

싱가포르의 공공주택은 정부의 지원을 받아 주택개발청(Housing and Development Board, HDB)이 공급하고 있다. 싱가포르의 공공주택은 임대가 아니라 대부분 '분양'이다. 분양이 95퍼센트 정도, 임대가 5퍼센트 정도를 차지한다. '누구나 집은 있어야 한다'라는 원칙에 기반한 결과다. 하지만 분양주택의 경우도, 땅은 공공이 소유한다. 토지는 주택개발청이 소유하고 건물만을 분양하는 방식이다. 5년간 거주하면, 그 이후에는 자유롭게 매매할 수 있다. 물론 시세차익을 남기는 것도 가능하다. 거의 모든 국민이 원하면 주택을 소유할 수 있는 나라, 돈이 없어 살던 집에서 쫓겨날 걱정이 없는 나라가 싱가포르다. ① 대부분의 땅을 (민간이 아닌) 국가가 소유하고 있다. ② 그래서 (민간주택이 아닌) 공공주택 비중이 압도적으로 높다. ③ 공공주택의 대부분이 (임대주택이 아닌) 분양주택이다. 싱가포르의 주택에 대해 지금까지 이야기한 것들은 이 세 가지로 짧게 정리할 수 있다.

우리나라 학자들은 싱가포르 주택 제도에 큰 관심을 기울였다. 그리고 많은 이들이 우리도 의지만 있다면, 싱가포르처럼 할 수 있다는 의견을 피력했다. 하지만 90퍼센트가 넘는 국민이 주택을 소유하고, 1가구 1주택 가구가 대다수이기에 발생하는 부작용도 있다. 이사가 무척 까다롭고 힘들다는 점이다. 이것은 루마니아와 똑같은 것 아닌가? 하지만 루마니아처럼 부작용이 크지는 않다. 그 이유는 무엇일까?

싱가포르의 면적은 서울시(605제곱킬로미터)보다 약간 더 큰 728제곱킬로미터 정도다. 대중교통 시스템도 매우 잘 발달해 있다. 싱가포르 전역에 거미줄처럼 퍼져 있는 대중교통이 이사의 어려움을 상쇄해준다. 2013년 지하철 총연장은 182킬로미터였다. 2017년에는 229킬로미터로 크게 늘었다. 육상교통청(Land Transport Authority, LTA)이 세운 '국토교통 마스터플랜 2040'[12]에 의하면, 2030년까지는 360킬로미터로 확장할 계획이다. 이렇게 되면, 싱가포르 국민의 80퍼센트 정도가 집에서 지하철까지 걸어서 10분이 채 걸리지 않는다. 국민 대다수가 역세권에 살게 되는 셈이다. 싱가포르가 1가구 1주택이 대세여도 큰 문제가 되지 않는 이유는, 이 나라가 서울만 한 면적에 인구 580만 명 정도가 사는 '도시국가'이기 때문이다. 하지만 우리나라는 다르다. 국토 면적은 싱가포르의 140배 정도다. 1가구 1주택 원칙을 강하게 고수하게 되면, '원하는 곳에 살 수 있는 권리'가 침해당할 수 있다.

하지만 이보다 더 큰 문제는 1가구 1주택 원칙이 저소득층에 더 큰 피해를 준다는 점이다. '주택가격 하락 시기'와 '주택가격 상승 시기'를 나누어서 살펴보자.

집값 상승기: 먼저 집값 상승기를 보자. 다주택자들이 매물을 내놓는다. 매매시장에 매물이 넘쳐난다. 집값은 안정된다. 전세에서 자가로의 전환이 발생한다. 하지만 집을 살 여력이 없는 가구도 많다. 이들이 참여했던 저가 임대차시장에도 전월세가 줄어든다. 전월세 수요는 그대로인데 공급이 줄어드는 꼴이다. 그래서 임대료가 올라간다. 이렇게 되면, 전월세 가구가 더 큰 비용을 내야 하는 상황이 발생한다. 그리고 전월세 가격이 상승하게 되면, 이는 장기적으로 집값을 밀어 올리는 역할도 한다. 결국 피해는 저소득층이 보게 된다.

집값 하락기: 더 큰 문제는 부동산 시장이 침체했을 때 발생한다. 앞서 강조했지만, 주택가격은 상승과 하락을 반복한다. 주택가격이 하락할 때 다주택자들의 매물이 쏟아지면, 사람들이 집 구매를 유보한다. 전세에서 자가로의 전환은 좀처럼 발생하지 않는다. 시장에 매물이 쌓이니 집값은 내려간다. 반면에 전세를 더욱 선호하게 되니 전세가는 올라간다. 이것이 금융위기 이후 7년간(2008년 말부터 2015년 말) 벌어졌던 서울의 주택시장 상황

이다(이에 대해서는 표 8을 확인해보기를 바란다). 당시 전세가가 높아지니 갭 투자하기 쉬운 조건이 만들어졌다. 박근혜 정부 중반 이후부터 집값이 폭발할 수 있는 에너지는 이 기간에 응축된 것이다. 2015년 말부터 전세가는 집값을 밀어내기 시작했다.

이제 본론으로 돌아가보자. 본격적인 논의에 앞서 먼저 밝혀야 할 것이 있다. 개인적으로 1가구 1주택 원칙을 무작정 반대하는 것은 아니다. 아니, 1가구 1주택 원칙에 기본적으로 찬성한다. 하지만 이 원칙을 고수할 때는 반드시 염두에 두어야 할 점이 있다. 임대차 시장에 충분한 물량이 없는 상황에서, 1가구 1주택 원칙을 밀어붙이다가는 주택을 살 여력이 없는 이들만 큰 피해를 볼 수 있다는 점이다. 전월세로 거주하는 임차가구 중 집을 살 능력이 없는 가구가 많다. 다주택자가 너도나도 집을 내놓으면 임대차시장 물량이 매매시장 물량으로 전환되어 전월세가를 높일 여지가 있다. 1가구 1주택 원칙은 저소득층을 위한 임대주택 물량이 충분한 상태에서 시행되어야 한다는 점은 분명하다.

또 다른 부작용도 있다. 공간적 약자인 지방이 더 큰 피해를 당한다. 지금까지 쏟아낸 부동산 대책은 다주택자들이 집을 팔도록 페널티를 주는 방향이었다. 다주택자들에 대한 규제가 국토 공간에 지대한 영향을 미치고 있다. 특히 세금이 강화되니, 이들은 투자가치가 적은 부동산을 먼저 처분하고 있다. 전방위적 규제 강화는 똘똘한 1채 선호 현상을 만들어 우리 국토의 부익부빈익빈 현상을 강화하고 있다. 그리고 똘똘한 집들이 쏠려 있는 곳의 집값을 폭등시키는 역할을 하고 있다.

다주택자 규제를 강화하기 위한 사전 조건은 다음과 같다. ① 저소득층을 위한 공공임대주택이 충분해야 하고, ② 수도권 일극화(혹은 서울 일극화)를 완화할 수 있는 공간 정책이 마련되어야 한다.

집값이 상승하자 다주택자들이 세금 부담을 느끼지 못할 수준이 아니냐는 목소리가 고개를 들었다. 일리가 있다. 부동산 세금을 높이면 부동산으로 쏠린 돈이 다른 곳으로 가지 않겠는가. 여기서는 다주택자들에 대한 전방위적 부동산 세금 강화가 어떻게 이루어지고 있는지를 살펴볼 것이다. 부동산에 관련한 세금은, 부동산을 살 때(취득 단계), 보유할 때(보유 단계), 처분할 때(매각 단계) 매겨진다. 집을 살 때는 취득세, 보유할 때는 재산세와 종합부동산세, 처분할 때는 양도소득세가 부과된다. 여기서는 '거래 시 세금' '보유 시 세금' '소득 발생 시 세금'으로 나누어 살펴볼 것이다.[13]

취득세 중과가 다주택 가구 감소에 영향을 줄까

취득세부터 살펴보자. 취득세는 부동산뿐만 아니라 자동차, 항공기, 선박, 골프 회원권, 승마 회원권 등을 취득할 때 낸다. 일반 서민들은 자동차를 살 때 내는 취득세가 가장 익숙할 것이다. 자동차를 살 때 내는 취득세는 7퍼센트다(경차의 경우는 4퍼센트). 차량 가격이 2000만 원이면, 140만 원을 취득세로 낸다. 부동산을 살 때도 취득세를 낸다. 1주택자의 경우, 기본적으로 6억 원 이하의 주택은 1퍼센트, 6~9억원의 주택은 1~3퍼센트, 9억 원을 넘는 주택은 3퍼센트가 적용된다. 5억 원의 주택에는 500만 원, 8억 원의 주택에는 1864만 원, 15억원의 주택에는 4500만 원의 취득세가 부과되는 식이다.

하지만 다주택자의 경우는 이야기가 다르다. 조정 대상지역에서는 2주택자 8퍼센트, 3주택 이상의 경우 12퍼센트가 세금이다. 무주택자가 10억 원의 집을 사면, 3000만 원의 취득세를 낸다. 1주택자가 같은 집을 추가로 사면 8000만 원을 내야 한다. 2주택자는 1억 2000만 원을 내야 한다. 아무리 부자라 해도 부담될 수밖에 없는 금액이다.

우리나라의 취득세는 높은 편일까? 다른 나라의 거래세와 비교해보자. 우선, 우리나라 취득세는 1주택자의 경우 1~3퍼센트라는 것을 기억해두자. 그리고 3주택 이상일 때는 취득세가 12퍼센트까지 올라간다. 이제 해외의 경우를 보자. 미국의 경우, 세금 규정이 주별로 모두 다르다. 대부분의 주에서는 취득세가 없다. 하지만 예외적인 경우도 있다. 뉴욕주의 경우는 100만 달러 이하(11억 원 이하) 부동산에 대해서는 0.4퍼센트를 부과한다. 일본의 경우는 4퍼센트의 취득세를 부과한다. 독일의 취득세도 지역별로 차이는 있지만 3.5~6.5퍼센트 정도다.[14] 다른 국가들과 비교해보면, 우리나라의 취득세는 그리 높지 않은 편이다. 하지만 해외 주요 국가들의 경우는, 1주택자와 다주택자 간 세율에 차이를 두지 않는다. 결론을 말하자면, 우리나라의 경우 1주택자 거래세는 높지 않지만, 다주택자의 거래세는 매우 높다고 볼 수 있다.

하지만 세율의 비교를 통해 우리나라의 취득세가 높다 낮다고 말하기는 힘들다. 우리나라 국민이 이사를 자주 해서 다른 국가들에 비해 주택거래량이 많기 때문이다. 이렇게 사회가 역동적이면 거래세도 많이 걷힌다. 주택 매매회전율을 보자. 이 지표는 1년 동안 현재 현존하는 주택수에 대비해 어느 정도 매매가 이루어지고 있는지를 나타내는 지표다.

$$주택\ 매매회전율 = \frac{주택\ 매매\ 거래건수}{주택\ 재고}$$

2017년 기준으로 한 회전율을 보자. 호주는 5.3퍼센트, 미국은 4.5퍼센트, 영국은 3.6퍼센트, 네덜란드는 2.8퍼센트, 프랑스는 2.7퍼센트, 스페인은 2.1퍼센트의 주택 매매회전율을 보인다. 일본은 0.6퍼센트로 매우 낮다. 이 수치는 일본의 침체한 주택시장을 그대로 반영하고 있다. 반면에 우리나라는 8.8퍼센트 정도다.[15] 역시 다이내믹 코리아(dynamic Korea)라 불릴 만하다! 다른 나라에 비해 이사가 잦고, 자주 사고팔고 한다는 뜻이다. 매매가 잦으니 거래세 총액이 클 수밖에 없다.

그래서 거래세는 세율로 높고 낮음을 판단하지 않는다. 가장 흔히 사용하는 지표는 경제 규모에 대비한 '거래세 비중'이다. 우리나라의 거래세 비중은 1.8퍼센트로, 다른 OECD 국가들에 비해 크게 높은 편이다.[16,17]

$$\text{GDP 대비 거래세 비중} = \frac{\text{거래세액}}{\text{명목GDP}}$$

GDP 대비 거래세 순위(단위: 퍼센트): 한국(1.8), 호주(1.1), 프랑스(0.8), 영국(0.7), 독일(0.5), 캐나다(0.3), 일본(0.3), 미국(0.1)[18]

그렇다면 결론은 무엇인가? 우리나라의 거래세 비중은 다른 나라들에 비해 월등히 높다. 상황이 이러한데, 2020년 7·10 대책에서는 다주택자에 대한 취득세를 더욱 높였다. 앞서 말했지만, 조정 대상지역 내 2주택자는 8퍼센트, 3주택자부터 12퍼센트의 취득세를 적용한다. 취득세가 높아지자, 다주택자들의 주택 구매는 확연하게 줄었다.

하지만 취득세 중과를 반대하는 목소리도 만만치 않다. 취득세 중과를 비판하는 논리는 크게 두 가지다. 먼저, 다주택자들에 대한 취득세 중과가 주택 공급을 축소할 것이라는 논리다. 취득세가 높아지면 거래가 줄어든다. 아무리 주택경기가 활황이라지만 8퍼센트나 12퍼센트의 취득세를 내고 주택을 추가로 사는 이들은 많지 않다. 수요가 줄어드니 공급도 따라 줄어들 수밖에 없다. 이보다 더 큰 문제도 있다. 지금껏 다주택자들이 집을 사서 전월세를 놓았는데, 이렇게 민간을 통해 공급되는 임대주택 물량이 줄어들게 된다는 점이다. 결국 취득세 인상은 전월세가의 상승을 일으킬 가능성이 크다. 둘째로, 취득세 중과가 장기적으로는 지방세를 감소시킬 것이라는 논리다. 취득세 인상은 부동산 공급의 감소와 이로 인한 지방세 감소를 일으킨다(취득세는 지방에서 걷는 지방세로 '도(광역지자체)'에서 걷는다. 예를 들어, 안동시의 아파트 취득세는 경상북도에서, 익산시의 아파트 취득세는 전라북도에서 걷는다). 취득세를 높이면 단기적으로는 광역지자체의 세수가 늘어난다. 하지만 장기적으로는 취득세의 총량도 감소할 가능성이 크다. 방금 이야기했지만, 높은 취득세가 장기적으로 지속되면 공급이 위축되기 때문이다.

다주택자들에 대한 취득세가 무거워지자, 다주택자들의 주택 추가 매입은 확연히 줄었다. 그 대신 다주택자들은 똘똘한 1채에 눈을 돌리기 시작했다. 공시가격 10억 원 정도의 서울 아파트를 소유하고 있는 1주택자를 상상해보자. 그에게는 5억 원의 여윳돈이 있다. 이 돈을 부동산에 묻어두고 싶어 한다. 5억 원의 전세를 끼면, 10억 원짜리 주택을 추가로 취득할 수 있을 것이다(이 경우 취득세 8000만 원의 거래 비용을 수반한다). 하지만 15억 원의 집으로 이사 가면 취득세 4500만 원을 내면 된다. 뒤에서 살필 다주택자 보유세와 양도세 중과까지 감안한다면, 그냥 집 1채로 이사하는 것이 유리하다. 주택 구매 패턴이 바뀐 것은 다주택자만이 아니다. 무주택자의 구매 패턴도 바뀌었다. 이들 또한 똘똘한 주택 1채를 염두에 두고 있다. 이제 이들은 1채를 사더라도 투자가치가 가장 높은 지역을 선택하기 시작했다. 방법은? 조금 더 싼 곳에 전세로 거주하면서, 똘똘한 집 1채를 전세 끼고 사는 것이다. 이것이 무주택 갭 투자가 유행하는 이유다. 다주택자에 대한 세금이 중과되자 사람들의 주택 선호는, 비수도권에서 수도권으로, 수도권에서 서울로, 서울에서 강남으로 그렇게 옮겨가고 있다.

다주택자 보유세 중과 효과

이제 보유세를 보자. 보유세는 말 그대로 부동산을 '보유하고 있는 단계'에서 내는 세금이다. 해외에서는 부동산 보유세라고 하면 재산세를 의미한다. 반면에 우리나라의 보유세는 '재산세'와 '종합부동산세'의 두 종류다. 대표적으로 '재산세'(7월과 9월에 50퍼센트씩 납부)와 '종부세'(12월에 납부)가 있다. 재산세는 지자체가 걷는 지방세. 종부세는 국가가 걷는 국세. 보유세가 둘로 나뉘어 있으니 이 또한 복잡하지 아니한가. 그것도 같은 물건을 대상으로 중복적으로 세금이 부과되고 있다.

하지만 재산세와 종합부동산세가 별도로 존재하는 이유가 있기는 하다. 어떤 사람이 서울시 마포구와 경북 포항시에 아파트 1채씩을 갖고 있다고 치자. 포항시에 있는 아파트의 재산세는 포항시에서 걷고, 서울시 마포구에 있는 아파트의 재산세는 마포구에서 걷는다. 재산세는 누진세다. 6000만 원 이하에는 0.1퍼센트, 6000만~1억 5000만 원은 0.15퍼센트, 1억 5000만~3억 원은 0.25퍼센트, 3억 원 초과에는 0.4퍼센트가 매겨진다. 포항시 아파트와 마포구 아파트를 동시에 소유할 때는 이런 누진성이 제대로 적용되지 않는다. 국가 차원의 세금인 종합부동산세가 이러한 약점을 보완하는 것이다.

이 책을 읽고 있는 분이라면, "우리나라는 다른 선진국들에 비해 거래세는 높지만 보유세는 낮다"라는 말을 많이 들어보았을 것이다. 정말로 우리나라의 보유세는 다른 나라에 비해 많이 낮을까? 경제 규모 대비 보유세 수준이 어느 정도인지 살펴보자.

$$\text{GDP 대비 보유세 비중} = \frac{\text{보유세액}}{\text{명목GDP}}$$

OECD 주요 국가들을 보자. 보유세가 높은 나라부터 나열해보자. 캐나다는 3.1퍼센트, 영국 3.1퍼센트, 미국 2.7퍼센트, 프랑스 2.7퍼센트, 일본 1.9퍼센트, 호주 1.7퍼센트, 한국 0.8퍼센트, 독일 0.4퍼센트로 나타나고 있다.[19] 언급한 8개 국가들의 보유세 평균은 2.1퍼센트다. 일단 이 지표로만 보면, 우리나라 보유세 비중은 다른 선진국들에 비해 매우 낮다.

보유세의 수준을 평가하는 또 다른 지표도 있다. 보유세 실효세율(effective tax rate)이다. 실효세율이란 부동산의 가격에 대비해 실제로 세금 부담이 어느 정도 되는지를 보여주는 지표다. 모든 부동산의 가격을 합친 후, 여기서 보유세가 차지하는 비중을 나타낸 것이다.

$$보유세\ 실효세율 = \frac{보유세액}{부동산\ 자산\ 총액}$$

2018년을 기준으로 미국이 0.9퍼센트로 가장 높고, 그다음으로는 캐나다 0.87퍼센트, 영국 0.77퍼센트, 프랑스 0.55퍼센트, 일본 0.52퍼센트, 호주 0.34퍼센트, 한국 0.16퍼센트, 독일이 0.12퍼센트로 뒤따르고 있다.[20] OECD 주요 국가들의 보유세 실효세율 평균은 0.53퍼센트로 나타나고 있다.

어떤 지표를 보든지 간에 우리나라의 부동산 보유에 대한 부담은 다른 선진국들에 비해 낮다고 평가할 수 있다. 남기업 토지+자유 연구소장은 다음과 같이 말한다.

투기 수요에 가장 큰 타격을 줄 수 있는 것은 보유세를 강화하는 것이다. (…) 향후 10년간 보유세 실효세율을 1퍼센트까지 끌어올려야 하며, 정부가 장기 로드맵을 제시해 부동산 보유세가 꾸준히 오를 것이라는 확실한 신호를 시장에 주어야 한다.[21]

하지만 보유세를 외국과 비교해 이렇다 저렇다 말하는 것은 무리가 있다는 지적도 있다. 보유세를 걷는 목적 자체가 다르기 때문이다. 이진우 경제평론가의 말을 들어보자.

> 우리나라보다 보유세율이 높은 미국 같은 나라는 그 집이 존재하는 지역에 도로를 만들거나 학교를 만들고 업그레이드하는 용도로 보유세가 쓰입니다. 아파트로 치면 일종의 관리비입니다. 그래서 일부 국가에서는 보유세를 보유자가 아닌 거주자(세입자)가 내게 하기도 합니다. 하지만 우리나라의 재산세는 그런 용도로 쓰는 세금도 아니고 그런 목적으로 걷지도 않습니다. 보유세에는 공공재의 개념을 갖는 부동산을 효율적으로 사용하지 않고 그냥 보유하기만 하면서 지대를 추구하려는 투자자를 벌하려는 목적도 있습니다. 그럴 경우 보유세는 주택이 아니라 나대지나 낮은 건물처럼 더 높게 지어서 더 효율적으로 쓸 수 있는데 그렇게 하지 않는 보유자들에게 무겁게 부과됩니다. 그 세금이 싫으면 얼른 건물을 지어 올려서 사회적 효용을 제공하라는 의미입니다. 그런데 우리나라의 종부세는 더 이상 개발할 수 없을 만큼 용적률을 가득 채워서 지은 아파트들에도 비싸다는 이유로 부과됩니다.[22]

간단히 말해, 선진국에서는 보유세를 지역발전기금 혹은 개발

촉진부담금의 목적으로 사용하고 있다. 우리나라의 경우 보유세는 어떤 목적으로 쓰일까? 재산세와 종부세는 사용처에 특정한 목적이 없다.[23] 일반적인 경비로 사용하기 위해 걷는 세금으로 보통세에 속한다. 하지만 최근에는 보유세의 목적이 점차 뚜렷해지고 있다. 부동산 시장을 안정시키기 위해 보유세를 손보아야 한다는 목소리가 커지면서, 보유세의 존재 목적이 마치 집값을 잡는 데 있는 것처럼 여겨지고 있다. 그리고 집값이 오를수록 이런 목적은 점점 더 강화되고 있다.

보유세를 올린다고 집값이 잡히는 것은 아니라는 지적도 있다. 미국은 재산세가 50개 주마다 모두 다르다.[24] 주별로 보면, 보유세 실효세율이 가장 낮은 곳은 하와이주(0.27퍼센트)이고, 가장 높은 곳은 뉴저지주(2.47퍼센트)다. 2019년 기준으로 하와이주 주민들이 내는 보유세의 평균은 1,607달러(당시 환율로 환산하면 191만 원)였다. 반면에 뉴저지주의 경우는 8,104달러(963만 원)였다.

우리나라의 보유세 실효세율이 0.16퍼센트다. 미국의 50개 주 가운데 보유세율이 가장 낮은 하와이주보다도 실효세율이 낮다(미국인들은 연방소득세를 신고할 때, 1만 달러까지 재산세 납부액만큼 소득공제를 받는다. 재산세의 일부분을 돌려받는다는 뜻이다. 이것을 고려하면 세율이 조금 더 낮아질 수 있다. 그렇다고 해도 미국의 보유세가 높은 것은 사실이다).

미국 부동산 세금의 특징은, 취득세는 없지만 보유세는 높다는 점이다. 2008년 서브프라임 모기지 사태 때 은행에서 압류되었던

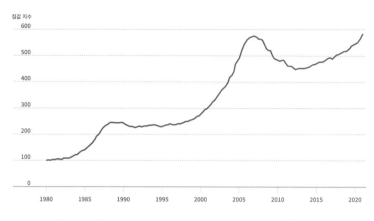

집값 지수

[표 17] 미국 뉴저지주의 부동산 가격지수(1980년 1월~2021년 3월) (1980=100)[25]

부동산이 시중에 싸게 나왔다. 30~40퍼센트 떨어진 가격이니, 투자 상품으로도 매력이 있었을 것이다. 하지만 보유세가 높은 곳에서는 섣불리 투자하기 힘들지 않을까? 매년 2.47퍼센트의 재산세를 내야 하는 뉴저지주의 중위 주택가격은 33만 5,600달러(3억 7600만 원)라고 한다.[26] 이 집을 보유할 경우 내야 하는 보유세는 매년 8,325달러(935만 원)다. 40년 정도 집을 가지고 있으면, 집값과 세금 총액이 같아진다. 이 정도로 보유세가 세다면 뉴저지주는 집값이 안정적이어야 한다. 하지만 뉴저지주도 2012년 2/4분기에 저점을 찍은 후 2021년 3월 기준으로 부동산 가격의 폭등을 경험하고 있다. 보유세로도 집값을 잡는 것은 만만치 않다는 뜻이다. 그렇다고 보유세가 효과가 없다고 말할 수는 없다. 미국의 보유세가 지금보다 낮았다면, 집값은 더 큰 폭으로 상승하지 않았겠는가.

부자세로 못 박은 종부세

서울시 마포구 래미안푸르지오 33평형 아파트 1채를 소유하고 있는 마래푸라는 사람이 있다고 치자. 그가 소유한 집은 2021년 공시가격이 12억 원(시가로 치면 17~18억 원) 정도다. 대충 계산해보면 보유세(재산세와 종부세) 총액은 500만 원 정도다.[27] 2018년에 이 집의 공시가격은 7억 원이었다. 재산세(종부세는 대상이 아님)는 200만 원 정도였다. 집값이 올랐다는 이유만으로 '미실현 이익'에 더 많은 세금을 내는 것은 억울한 측면이 있다. 집값이 지금과는 반대로 움직이는 상황도 생각해보자. 12억 원짜리 집이 7억 원으로 떨어진다면, 300만 원을 정부가 돌려줄 것인가? 물론 이 정도로 집값이 폭락할 가능성은 매우 낮다. 하지만 설령 이런 일이 생겨도 세금을 돌려받는 일은 없을 것이다.

보유세가 못마땅한 이들의 목소리를 들어보자. 고가주택 소유자들은 "집 가진 것이 죄냐? 이것은 징벌적 과세다" "나라가 월세를 이런 식으로 걷느냐"라며 정부가 지금껏 주택 공급을 하지 않았기 때문에 아파트 가격이 올랐다고 주장한다. 집값을 올린 장본인은 정부인데, 누명을 썼다며 억울해한다.

사람들이 왜 이리도 보유세에 민감할까? 부동산 관련 세금은 구매 단계(취득세)-보유 단계(재산세, 종부세)-처분 단계(양도세)의 흐름을 갖는다. 취득세가 높아지면, 집을 사지 않으면 된다. 양도세가 높아지면, 집을 팔지 않으면 그만이다. 세금 내기 싫으면 팔지 않고 사지 않으면 된다는 뜻이다. 하지만 보유세는 다르다. 집이 있다면 무조건 세금을 내야 한다. "그냥 이 집에서 살기만 했는데, 세금을 더 내라고?"라는 목소리가 나오는 것이다.

또 다른 이유도 있다. 취득세와 양도세는 '어쩌다 한 번' 내는 세금이다. 하지만 보유세는 매년 꾸준히 내야 한다. 우리나라 전체 가구의 55퍼센트 이상이 집을 소유하고 있다. 이들은 매년 보유세를 낸다. 보유세에 대한 조세 저항은 다른 세금에 비해 클 수밖에 없다.

집값이 급속하게 오르던 노무현 정부 때 재산세를 올리려 했다. 하지만 집값이 제일 많이 뛰었던 강남구 등 부자 지자체들이 재산세 감면을 시도했다. 정부의 재산세 강화 노력을 기초지자체들이 무력화한 것이다. 이에 노무현 정부는 국가가 걷는 종부세를 도입했다. 문재인 정부도 종부세를 중과했다. 특히 조정 대상지역에서 다주택자들에 대한 세율을 크게 높였다. 정부가 종부세를 중과하는 속내는 명확하다. 집값을 잡기 위해서다. 고가주택의 가격이 상승하면, 나머지도 키높이를 맞추려 하는 현상이 반복되어왔다.

종부세를 올리면 집값을 잡을 수 있을까? 효과는 불분명하다. 종부세가 집값을 잡을 수 있다고 생각하는 사람도 있지만, 효과가 없다고 생각하는 사람도 많다. 이에 대해서는 조금 더 천천히 살펴보자.

노무현 정부 때 종부세 제도가 도입될 당시에는 강남의 몇몇 고가 아파트만 종부세 대상이었다. 1퍼센트만 내는 '부유세(wealth tax)'로 설계되었다. 2019년에만 해도 전국에서 종부세 대상(공시가격 9억 원 초과) 공동주택의 비중은 1.6퍼센트였다. 하지만 2020년에는 그 비중이 2.2퍼센트로 커졌고, 2021년에는 52만 4,620가구로 3.7퍼센트로 올라갔다. 3.7퍼센트면 그래도 부자세라고 말할 수 있지 않을까? 인구 1000만이 사는 서울만 보면 사정이 달라진다. 2021년 공시가격 9억 원을 넘는 서울시 내 아파트는 16퍼센트 정도(41만 3,000가구)다.

서울 시민들은 뿔이 났다. 무주택자들은 집값을 잡지 못한 정부에 화를 냈다. 유주택자들은 세금을 올리는 정부에 화가 났다. 2021년 4·7 서울시장 보궐선거에서는 국민의힘 오세훈 후보의 압승으로 끝났다. 특히 집값이 높은 지역에서는 오세훈 몰표가 나왔다. 압구정동 제1투표소의 경우 93.7퍼센트가 오세훈 후보를 찍었다. 집값과 오세훈 후보 득표율은 하나의 직선으로 나타낼 수 있을 만큼 정비례했다. 여당은 이를 보유세에 대해 민심이 흔들렸다고 해석했다.

민주당은 종부세 과세 기준을 9억 원(시가 14~15억 원)으로 고수한다면 다음 2022년 대선에도 영향이 있을 것으로 판단했다. 과세 기준을 12억 원(시가 19~20억 원)으로 높이는 방안을 논의하기 시작했다. 민주당 내에서도 과세 기준을 높여야 한다는 측과 유지해야 한다는 측이 팽팽히 대립했다. 높여야 한다는 측은 '1주택자 민심이 악화하고 있는 것'을 강조했고, 유지해야 한다는 측은 '부자 감세를 국민이 용납하지 않을 것'이라며 맞섰다. 시민들의 의견도 비슷했다. 당시 종부세 기준 완화에 대한 어느 여론조사 기관은 "응답자의 44퍼센트

가 종부세 기준 상향에 공감했고, 45퍼센트는 공감하지 않는다"라는 결과를 발표했다.[28]

　　민주당은 이러지도 저러지도 못하는 상황에 놓였다. 1주택자 민심도 보듬고, 부자 감세 논란도 벗어나야 했다. 민주당이 내놓은 묘책은, 주택을 가격별로 줄 세워서 '누가 보아도 매우 비싼 주택'만 뽑아내는 것이었다. 2021년 6월 중순, 민주당은 당론으로 종합부동산세 대상을 공시가격 기준으로 상위 2퍼센트로 한정하겠다고 발표했다. 그동안 주택가격이 크게 뛰어서, 서울시 내 평범한 아파트 호가도 11~12억 원에 달하는 현실을 반영했다고 덧붙였다. 원래 종부세는 고가주택을 소유한 부자들에게 매기는 '부자세'였던 것인 만큼, 그 취지를 살리는 방법을 취한 것이다. 2021년 기준으로 2퍼센트 이내면 공시가격 11억 원(시가 16억 원 정도) 이상인 아파트다. 하지만 왜 2퍼센트를 기준으로 잡았는지에 대해서는 설명하지 않았다. 일반적으로 진짜 부자를 언급할 때는 상위 1퍼센트 기준을 많이 쓴다. 수능 1등급 기준은 4퍼센트다. 5분위 중 1분위의 기준은 상위 20퍼센트다. 2퍼센트를 기준으로 상위 기준을 잡은 것은 잘 보지 못했다(뭐, 2퍼센트 부족하다는 말이 흔히 쓰이기는 한다). 어찌 되었든 상위 2퍼센트는 대한민국 부동산 부자를 대표하는 상징성 있는 수치가 되었다.

멈추지 않는 종부세 논란

종부세 논란은 멈추지 않고 있다. 종부세를 찬성하는 측과 반대하는 측이 날카롭게 대립하고 있다. 우선 종부세를 찬성하는 목소리부터 들어보자. 이들의 논리는 간명하다. 집값 안정을 위해서라도 종부세가 필요하다! 게다가 종부세는 집값 상승으로 얻은 '불로소득'을 걷는 것이다!

> 상대적으로 집값이 더 많이 뛴 곳은 교통과 문화시설이 더 좋다. 전 국민의 세금을 들여 이런 인프라를 조성했는데, 이것을 개인이 모두 가져가면 안 된다. 3억 원의 집이 2배 뛰어 6억 원이 된 것과 10억 원의 집이 2배 뛰어 20억 원이 된 것은 차원이 다르다. 종부세는 더 많은 불로소득이 발생하는 주택을 대상으로 해야 한다.

이들은 "종부세로 부담이 크다"라고 말하는 것은 엄살이라고 말한다. 전 국민의 1.3퍼센트만 낼 정도인 것을 보면, 종부세의 대상은 중산층이 아니라는 것이다. 2020년 실제 종부세 납세자 현황을 살펴보자.

> 전국 종부세 대상자: 66만 7,000명(1.3퍼센트)

- 이 중, 종부세를 100만 원 이하로 내는 사람은 43만 2,000명 (65퍼센트)

- 이 중, 종부세를 100만 원 넘게 내는 사람은 23만 5,000명 (35퍼센트)

결국 100만 원 넘게 종부세를 내는 사람들의 비율은 전국에서 0.7퍼센트밖에 되지 않는다(이 수치를 이야기할 때마다 종부세 부담이 크지 않다는 사실에 놀라는 사람이 많다). 종부세를 많이 내는 사람이 적은 이유는 각종 공제가 많기 때문이다. 집을 오래 가지고 있을수록 '장기보유특별공제율'을 적용받아 종부세가 큰 폭으로 깎인다. 공제율은 보유기간과 거주기간을 둘 다 고려한다. 예를 들어 보유기간이 5년 이상이고 (20퍼센트 공제 적용), 거주기간도 5년 이상(20퍼센트 공제 적용)이면 모두 40퍼센트 공제율을 적용받는 식이다. 만60세 이상의 고령자들도 공제를 크게 받는다. 종부세액에 20~40퍼센트까지 받게 된다. 장기보유공제와 고령 공제를 합치면 최대 80퍼센트까지 공제받을 수 있다.

2021년을 기준으로 종부세를 계산해보자.[29] 다시 마포구 마래푸의 예로 돌아가보자. 공시가격 12억 원(시가는 17~18억 원 정도)의 집은 공제가 전혀 없다면 120만 원 정도의 종부세를 낸다.[30] 이 집을 오랫동안 보유했을 경우는 어떠할까? 일단 10년 보유를 가정하자. 그러면 종부세는 74만 원 정도로 내려간다. 여기에 소유주가 65세 고령자라고 가정해보자. 그러면 종부세는 37만 원 수준으로 내려간다.

18억 원짜리 집에 사는 데 1년에 37만 원을 내기 힘들다고 말하면 이것은 너무 큰 엄살이 아닌가. 그런 분들은 주변에 15억 원의 집도 많으니 그리로 이사하면 된다.

　1가구 1주택자들의 종부세 부담은 크지 않다. 이리 계산해보고 저리 계산해보아도, 집값에 비해서 1주택자들이 내는 종부세 부담은 크다고 볼 수는 없다. 정작 종부세에 큰 타격을 받는 이들은 다주택자들이다. 1주택자의 경우에는 공시가격 9억 원 이상이 종부세 대상이다. 하지만 다주택자의 경우는 부동산을 모두 합쳐 공시가격 6억 원 이상부터 적용되기 때문에 부담이 크다. 2020년의 경우 종부세 납세액의 상당 부분을 다주택자들이 냈다(2020년 전국 종부세 대상자 66만 7,000명 중, 다주택자는 37만 6,000명으로 전체 내는 종부세의 82퍼센트를 차지).

　고가 아파트 2채를 가지고 있는 경우는 꽤 높은 종부세를 내야 한다. 앞으로 세액은 크게 증가할 것이다. 공시가격이 현실화하고 있기 때문이다. 2021년에는 서울 아파트의 공시가격은 평균 19퍼센트 올랐다. 서울에 아파트 2채를 가지고 있는 경우, 한 언론사가 계산한 보유세를 보자.[31] 서울 상계동 주공1단지(전용 51제곱미터)와 마포구래미안푸르지오(전용 84제곱미터)의 경우 보유세는 2020년 684만 원에서 2021년 1863만 원으로 3배 증가한다. 공시가격 상승률이 그대로 이어진다면 2022년에는 2672만 원을 내야 한다. 마포구래미안푸르지오와 은마아파트(전용 84제곱미터)를 보유하고 있는 경우는, 올해 2021년 보유세가 7196만 원, 2022년에는 9761만 원, 2023년에는

1억 2212만 원이다. 실제로 15년 정도가 지나면, 집 1채 가격만큼 세금을 내는 꼴이다. 다주택 종부세 중과가 주는 메시지는 강력하고 단호하다. 고가주택을 소유한 다주택자들은 가능한 한 빨리 집을 내놓으라는 것이다. 종부세 효과를 긍정적으로 보는 사람들은 종부세가 다주택자들에 큰 부담을 주어서 시장에 매물이 나올 것이라 믿는다. 그리고 주택시장에 풀린 매물이 부동산 가격을 안정화할 것이라 생각한다.

그러면 이번에는 종부세에 반대하는 목소리를 들어보자. 종부세 인상과 관련해서 특히 1주택자와 고령자를 중심으로 불만의 목소리가 나왔다. 그 내용을 차례대로 살펴보자. 먼저 1주택자들은 "정부가 실수요자를 보호한다고 해놓고는 종부세를 인상하고 있다"라고 불만을 토로한다. 또한 집값이 오른 것은 사실이지만, 정작 자신들은 한 푼도 벌지 못했다고 주장한다. 그냥 앞으로도 계속 살 집이고, 집에서 소득이 발생하는 것도 아닌데 세금을 높이는 것은 말이 되지 않는다는 것이다. 어떤 이는 보유세(재산세+종부세)로 매년 2000만 원에 달하는 돈을 내야 한다고 울상을 짓는다(2021년 7월 기준으로 서울 강남의 반포자이 35평 아파트는 공시가격이 22억 원 정도다. 시세는 32억 원 정도다. 재산세와 종부세를 모두 합친 보유세는 1800만 원 정도 나올 것으로 예상한다. 물론 이 경우는 공제혜택을 받지 못하는 경우다). 세금이 자신의 연봉 수준이라며, 근로 의욕까지 감소했다고 불만을 표한다. 은퇴하신 분들의 경우에도 반발이 컸다. 소득이 거의 없고, 건강보험료 내기도 벅찬 고령자도 많기 때문이다. 이분들은 "나는 아무런 소득이 없다. 갑자기 세금을 어떻게 내냐" "이렇게 종부세를 올리면 갈 곳이 없다"라고 반발한다(앞서 살펴보았지만, 1주택 고령자의 경우는 공제혜택이 커서 종부세액 자체는 크지 않다).

종부세 인상을 비판하는 사람들은, 종부세 중과가 민간의 주택 공급을 위축시킨다는 점을 강조한다. 보유세를 인상하게 되면 단기적으로 집값이 하락하지만, 이로 인해 민간이 주택 공급을 꺼리게 되어 집값이 상승한다는 것이다. 이 경우는 보유세 인상 → 매물 증가 → (단기적) 집값 하락 → 공급축소 → (장기적) 집값 상승의 고리로 볼 수 있다. 그 어떤 경우도 종부세 인상은 집값을 올릴 수밖에 없다는 논리다.

보유세 인상으로 인한 똘똘한 1채 선호 현상

종부세에 비판적 입장을 가진 이들은, 이 세금이 집값을 잡을 수 없다고 이야기한다. 비판론자들은 다음과 같이 말한다.

종부세 인상이 더욱 부담되는 사람들은 다주택자들이다. 이들에게 적용되는 종부세 과세 기준은 6억 원이다. 서울의 꼬마 아파트 대부분도 이 기준을 넘는다. 다주택자들이 가진 주택은 누군가가 전세나 월세를 놓고 있다. 종부세의 부담이 커지면 다주택자들은 두 가지 선택의 갈림길에 선다. 집을 팔거나, 아니면 세입자에게 부담을 전가하거나. 지금까지의 상황을 보면, 다주택자들은 매물을 내놓지 않았다. 앞으로 보유세 인상 → (시중에 매물로 내놓지 않고) 전세와 월세가 인상 → 집값 상승으로 나타날 가능성이 커진 것이다.

　실제로 집을 팔지 않은 다주택 집주인들은 늘어난 보유세를 세입자에게 떠넘길 가능성이 크다. 이것을 "조세가 전가(轉嫁)된다"라고 한다. 보유세가 인상되면 당장은 집주인의 부담이 늘게 된다. 하지만 점차 집주인은 이를 비용으로 인식한다. 전월세가를 올리기 시작한다. 이런 경우라도 전세가 시장에 넘치면, 보유세는 세입자에게 전가되지 않는다. 세입자는 더 싼 전셋집으로 이사하면 그만이다. 하지만 주변에 마땅한 전셋집이 없다면, 전세가 인상을 그냥 받아들일 수밖에 없다.

　다주택자에 대한 종부세 중과로 인해 발생하는 의도하지 않은 효과도 있다. 다주택자들은 소유하고 있는 주택 중에서 앞으로 덜 오를 것 같은 주택을 먼저 처분하기 시작했다. 지방 중소도시에서는 매물이 쏟아져 나오기 시작했다. 특히 가장 빠른 반응을 보인 곳은 전원주택 단지가 모여 있는 곳이다. 양평군의 한 중개업자의 말이다.

서울 집값을 잡겠다고 내놓은 다주택자 세금 중과에 지방 중소
도시 부동산 시장만 직격탄을 맞았습니다. (…) 지난 5~6월(2019년
5~6월)까지는 전원주택 매수 문의가 하루 평균 4건가량 들어왔
지만, 지금은 급매물만 쌓이고 있습니다.[32]

종부세가 올라가니 똘똘한 1채를 선호하는 현상이 심화하고 있
다. 여기서 똘똘함은 '돈이 된다'는 뜻이다. 다주택자들은 돈이 되
지 않는 집부터 처분하기 시작했다. 지방 중소도시, 지방 대도시, 경
기·인천, 서울(비강남), 서울(강남) 순이다. 2019년 말 노영민 대통령 비
서실장은 "수도권 내 2채 이상 집을 보유한 청와대 고위공직자는 불
가피한 사유가 없다면 이른 시일 안에 1채를 제외한 나머지를 처분
하라"라고 권고했다.[33] 2020년 7월 정세균 국무총리는 "각 부처는
지방자치단체를 포함해 고위공직자 주택 보유 실태를 조속히 파악
하고, 다주택자는 하루빨리 매각할 수 있게 조치해달라. (…) 최근 부
동산 문제로 여론이 매우 좋지 않아 정부가 대책 마련에 부심하고
있으나 고위공직자가 여러 채의 집을 갖고 있으면 어떤 정책을 내놓
아도 국민의 신뢰를 얻기 어렵다. 백약이 무효일 수 있다. 고위공직
자들의 솔선수범이 필요한 시기인데, 사실 그 시기가 이미 지났다는
생각"이라고 말하며 빠른 주택 처분을 지시했다.[34]

정부 관료들이라고 해서 다를 것은 없었다. 노영민 실장은 서울
서초구 반포동 아파트와 충북 청주의 아파트를 소유했었다. 노영민

실장은 청주의 아파트를 팔았다. 비싼 서울 아파트 대신 청주의 아파트를 팔았다는 비난이 일자 반포의 집도 처분했다. 청와대의 윤성원 비서관은 서울 강남의 논현동 아파트와 세종시 아파트를 보유하고 있었다. 세종시 집을 처분했다. 은성수 금융위원장도 서울 서초구 아파트와 세종시 아파트 2채가 있었다. 그도 세종시 아파트를 팔았다.

고위공직자들의 서울 아파트 선호 현상은 유별나다.[35] 이들의 주택은 서울에서도 특히 강남 3구에 집중되어 있다. 18개 정부부처 398명의 고위공직자가 보유한 주택에 대한 어느 신문사의 분석 기사를 보자. 398명이 보유하고 있는 총 주택은 467채였다. 이 중 123채(26.3퍼센트)는 강남 3구에 있다. 서초구 52채, 강남구 45채, 송파구 26채다. 서울 집값, 특히 강남 집값이 내려갈 이유가 만무하다.

문제는 다주택자들이 집을 처분한 돈을 어찌할지 방법을 찾지 못한다는 점이다. 예금은 이자가 너무 낮아 사실 돈을 까먹는 것이나 다름없고, 주식은 오를 만큼 올랐다고 생각하니 망설여진다. 부동산으로 돈 번 사람들은 부동산을 떠나지 못한다고, 집 처분한 다주택자들은 돈 되는 1채에 눈을 돌리기 시작했다. 많은 다주택자가 이런 생각을 하니, 서울 집값은 오를 수밖에 없다.

서울 내에서도 부자 동네 아파트는 더 빨리 오르고 있다. 2021년 4월 강남 압구정동 현대 7차아파트 245.2제곱미터(80평)가 80억 원에 팔렸다. 바로 5개월 전 직전 가격은 67억 원이었던 아파트다. 서울에서 가장 비싼 아파트 단지 중 하나인 반포동 아크로리버파크(1,612세대) 34평형은 2021년 초만 해도 30억 원 내외였다. 2021년 6월에는 38~40억 원 정도에 거래되고 있다. 다주택자들에 대한 규제는 이렇게 똘똘한 지역, 똘똘한 아파트의 가격을 계속 올리고 있다.

보유세는 높이고, 양도세는 낮춘다면서…

이제 마지막으로 양도소득세(capital gains tax)를 살펴볼 차례다. 양도세는 부동산을 팔 때 내는 세금이다. 팔 때 내는 세금이라고 거래세로 보는 사람도 있는데, 양도소득세는 거래세가 아니다. 그 이름에서도 알 수 있듯이 '소득세법'에 근거한 엄연한 '소득세'다. 소득세는 소득이 있을 때만 부과된다. 양도소득세의 경우, 판 가격이 산 가격보다 높을 때만 부과되고 그 반대의 경우는 세금이 발생하지 않는다.

양도세도 다른 소득세처럼 차익이 클수록 세금도 세지는 누진세다. 과세표준에 따른 기본세율을 보자. 양도세가 소득세의 한 종류인 만큼, 과세표준 구간은 소득세법 과세표준 구간 및 세율과 동일하다(1200만 원 구간은 6퍼센트, 1200~4600만 원 구간은 15퍼센트, 4600~8800만 원 구간은 24퍼센트, 8800만~1억 5000만 원 구간은 35퍼센트, 1억 5000만~3억 원 구간은 38퍼센트, 3~5억 원 구간은 40퍼센트, 5~10억 원 구간은 42퍼센트, 10억 원 초과 구간은 45퍼센트).

어떤 사람이 5억 원에 집을 사서 10억 원에 팔았다고 치자. 이 경우 5억 원의 양도차익이 발생했다. 그런데 이 5억 원이 세금을 부과하는 데 기준이 되는 가격(과세표준액)은 아니다. 5억 원을 기준으로 소득세를 물리면 아마도 난리가 날 것이다. 여기에는 '충분한' 이유가 있다. 1주택자의 경우 집을 팔고, 비슷한 조건의 집으로 이사할 가능성이 크다. 물론 이 경우, 비슷한 조건의 다른 집도 5억 원 정도는 올랐을 가능성이 크다. 이런 상황에서 1주택자에게 양도세를 물게 하면, 이사할 수 없는 상황이 발생하기도 한다. 이사해야 한다면 더 좁은 집으로 가거나 살던 지역을 떠나야 한다. 그래서 부동산의 양도소득세에 관한 한, 1주택자들에게는 세금을 크게 물 수 없다. 정부의 부동산 대책은 실수요자 보호에도 초점이 맞추어져 있다. 부동산 대책을 내놓으면서 1가구 1주택자가 부담을 갖는 일은 없을 것이라 애써 해명하고 있다.

정부의 양도세 정책 또한 다주택자를 향해 있다. 2021년 6월 이전까지는 조정 대상지역 2주택자에게는 기본세율에 10퍼센트를 중과하고, 3주택자에게는 20퍼센트를 중과했다. 하지만 2021년 6월부터는 2주택자에게는 기본세율에 20퍼센트를 중과하고, 3주택자에게는 30퍼센트를 중과한다. 결과적으로 보면, 3주택 이상의 다주택자들에 대한 세율은 6퍼센트는 36퍼센트로, 15퍼센트는 45퍼센트로, (…) 45퍼센트는 75퍼센트로 높아졌다.

우리나라의 양도소득세는 높은 편일까? 양도소득세의 경우는 국가별 세부담을 비교하기는 매우 어렵다. 나라마다 세금을 부과하는 방식이 너무나 다르기 때문이다. 어떤 나라는 '부동산 양도소득'만 따로 떼 양도소득세를 계산하고(분류과세), 또 다른 나라는 다른 소득세와 합해서 세금을 매기기도 한다(종합과세). 보유기간에 따라서도 양도세가 부과되는 세율이 천차만별이다. 양도세가 높아지면 시장에 매물이 줄어든다는 점이 중요하다. 양도세가 중과되자 다주택자들이 '안 팔고 버티기 모드'로 바뀌었다. 주택이 시장에 나오지 않는 동결효과(lock-in effect)가 발생했다. 다주택 매물이 나오지 않자 2021년 8월 민주당에서는 또 하나의 부동산 대책을 당론으로 채택했다. 소득세법 개정을 통해 2023년부터 다주택자였을 때의 기간을 양도세 장기보유특별공제 기간에서 제외하는 것이다. 현재 1주택자의 장기보유특별공제는 보유기간과 거주기간에 따라 각각 최대 40퍼센트로 총 80퍼센트가 적용되고 있다. 법이 개정되어도 거주기간에 따른 장기보유특별공제에는 변함이 없다. 하지만 보유기간은 1주택자가 된 시점부터 기간이 산정된다. 다주택자들이 가능한 한 빨리 집을 내놓지 않으면, 이들이 가진 최후의 1주택까지 장기보유특별공제 혜택이 줄어들게 되는 것이다.

다주택자를 압박하는 정부의 노력과는 반대로, 한시적으로 양도세 중과를 풀어주어서 다주택자들에게 퇴로를 열어주어야 한다는 목소리도 커지고 있다. 사실 이것은 우리 정부가 추구하는 방향과도 일치한다. 문재인 대통령은 2020년 신년 기자회견에서 다음과 같이 말했다.

크게 보면 보유세는 강화하고, 거래세는 낮추는 것이 맞는 방향이라고 봅니다. 보유세는 실제로 강화되고 있습니다. 지난번 대책에서도 고가주택과 다주택에 대한 종부세를 조금 더 인상하기로 했었고요. 그 외 주택들의 보유세에도 공시가격이 현실화하면서 사실상의 보유세 인상이 이루어지고 있지요. 그다음에 거래세를 완화하는 부분은 그것은 길게 보면 맞는 방향이지만 당장은 취득세, 등록세가 지방 재정, 말하자면 지방정부의 재원이기 때문에 그 부분을 당장 낮추기가 어려운 점이 있습니다. 또는 양도소득세의 경우에는 어찌 되었든 부동산을 사고파는 과정에서 생긴 양도차익, 일종의 불로소득에 대한 과세이기 때문에 그것을 더 낮추는 것은 국민 정서에도 맞지 않는 부분이 있습니다. 보유세 강화, 그다음 거래세 완화, 이런 부분도 앞으로 부동산 가격의 어떤 동정을 보아가면서 신중하게 검토하겠습니다.[36]

부동산에 관한 취득·보유·매각 과정은 하나의 파이프라인으로 이해할 수 있다. 다주택자에 대한 취득세 중과는, 이들에 대한 부동산 시장 진입 장벽을 높인 것이다. 파이프라인 안으로 들어오지 못하도록 말이다. 다주택자에 대한 종부세 중과는, 이들의 주택이 매물로 나오도록 밀어내는 힘을 크게 한다. 파이프라인 밖으로 빼내는 효과가 있다. 여기까지는 좋다. 하지만 여기에 양도세까지 같이 중과하면, 이것은 파이프라인의 끝을 막아둔 꼴이 된다. 취득세, 보유세, 양도세 모두 높아졌다. 이에 대한 전문가들의 우려를 요약해 보았다.

> 모든 단계에서 이렇게 세금을 매기면 일종의 벌금처럼 여겨지게 된다. 취득, 보유, 매각 단계에서 모두 높인다면, 세금이 매매가에 전가될 수 있다. 집값 잡으려고 세금을 올렸는데, 이게 집값을 높이는 원인이 될 수 있다.

주요 선진국처럼 보유세를 높이고, 거래 단계에서의 세금을 낮추어야 한다는 말, 일리가 있다. 하지만 여기서 한 가지 의문이 생긴다. "그래서 지금 선진국 부동산 시장은 평안합니까?"

최근에 취득세, 보유세, 양도세 모두 높아졌다. 하지만 이런 증세에 집중적인 영향을 받는 이들은 주로 다주택자다. 다주택자들은 종부세 중과뿐만 아니라 양도세 중과, 대출 규제 등의 각종 규제로 둘러싸여 있다. 반면에 우리나라의 부동산 세제는 1가구 1주택에 매우 관대하다. 종부세 경우에도 공시가격이 '6억 원 이상' 기준인데, 1가구 1주택인 경우는 '9억 원 이상'으로 완화해주고 있다. 금리는 낮고 시장에는 갈 데 없는 돈이 넘치고 있는 상황에서 1가구 1주택자들에 대한 상대적 혜택이 점점 더 커지고 있다. 어차피 1채밖에 소유하지 못할 거라면, 빚을 내고 영혼을 끌어서라도 상승 가능성이 가장 큰 지역에 집을 사는 쪽으로 변화하고 있다. 그 결과, 우리 국토 공간의 쏠림 현상이 심화하고 있다. 다음 장에서는 국토의 쏠림 현상이 가져오는 집값 상승효과에 대해 조금 더 구체적으로 논의해 보자.

매우 낮고 단순한 미국의 양도세

미국에서 양도세는 연방정부에서 미국 국세청(Inland Revenue Service, IRS)을 통해 부과한다. 부동산을 장기로 보유하면 세율이 낮아진다. 하지만 장기(long-term)로 넘어가는 기준이 매우 짧다. 고작 '1년'이다. 1년을 넘게 보유한 후 매도하면 양도세가 낮아진다. 여기서는 1년 이상 주택을 보유한 후 얻는 양도차익에 대해서만 살펴보도록 한다. 이때 적용되는 양도세율은 0〜20퍼센트인데, 이 세금은 '1인이 신고'하는지, 아니면 '부부가 함께 신고'하는지에 따라 차이가 있다. 2021년 기준으로, 부부가 공동으로 신고하는 경우, 과세소득(taxable income)이 8만 800달러 이하인 경우는 세금이 부과되지 않는다. 8만 801〜50만 1,600달러(8800만〜5억 5000만 원 정도)는 15퍼센트의 양도세가 부과되고, 50만 1,600달러를 초과할 경우는 20퍼센트의 양도세를 내야 한다. 따라서 대부분 15퍼센트 정도의 양도세를 낸다고 보면 된다. 양도세 관련해서 특징적인 사실은, 다주택자라고 해서 양도세가 중과되지는 않는다는 점이다.

미국의 부동산 세금 체계를 보면, 우리 세금이 얼마나 복잡한지 자연스럽게 알게 된다. 난해한 수준을 넘어 난잡하게 느껴진다. 게다가 상황에 따라 즉흥적으로 바뀐다. 국민이 이해하지 못하는 세금은 조세 저항으로 이어지기 쉽다. 실효성만 낮아질 뿐이다. 지금 우리에게 필요한 것은, 형평성 있는 세금, 그리고 이해하기 쉬운 세금이 아닐까.

5장

서울의 대항마를 만들어야 모두가 산다

집값 상승의 진짜 원인은 인구 쏠림 현상이다

집값은 본질적으로 주택의 수요와 공급으로 결정된다. 우선 공급 측면부터 살펴보자. 주택시장에서 재고주택의 수는 꾸준히 증가해왔다. 2015~2019년의 5년간만 해도, 우리나라 총 주택수(법인, 국가, 지자체, 외국인 소유 주택은 제외)[1]는 1637만에서 1813만으로 10.8퍼센트 증가했다. 서울도 같은 기간 동안 총 주택수는 279만에서 295만으로 5.8퍼센트 증가했다. 서울에는 매해 7만 호 정도의 주택이 공급되고 있다(여기에 멸실되는 주택을 빼도 평균 3만 호 정도씩은 늘어나고 있다). 이 정도면 정부가 공급정책을 소홀히 했다고 말하기도 힘들다.

문제는 수요다! 집값이 계속 뛰는 것은, 주택 수요가 공급보다 더 빠른 속도로 증가하고 있기 때문이다. 금리가 낮아 돈을 빌리기 쉬워졌다. 시중에 돈이 많이 풀렸다. 하지만 돈이 갈 데가 마땅히 없다. 낮은 금리와 유동성 증가는 주택 수요를 증가시켜 집값을 올렸다. 게다가 주택 수요는 변덕스럽기까지 하다. 집값이 오르면 수요가 줄어들어야 한다. 하지만 주택시장은 다르다. 이번 기회에 집을 사지 않으면 영원히 뒤처질 것 같은 불안감이 수요를 키운다.

부동산 시장을 안정시키려면 집값을 움직이는 근원적인 힘을 이해해야 한다. 그것은 바로, '장기적 수요(long-term demand) 변동'을 일으키는 국토의 쏠림 현상이다. 인구와 산업의 쏠림은 묵직하고 천천히 진행되어왔다. 이에 맞추어 집값도 올랐다. 집값은 응축과 도약을 반복했다. 집값이 오르면 깜짝 놀랐다가, 이내 가격에 적응해왔다. "서울 집값 비싼 것은 당연한 거 아니야?" "원래 서울 집값은 이렇게 비쌌어"와 같은 주변인들의 말이 점점 자연스러워지기 시작한다.

인구가 한곳으로 과도하게 쏠리면 집값은 뛸 수밖에 없다. 인구가 쏠리는 곳은 아무리 주택을 많이 공급해도 수요를 따라갈 수 없다. 금리가 올라가도, 유동성이 회수되어도 집값은 잠깐만 주춤할 것이다. 심지어는 전국의 인구가 반토막이 나도 집값은 상승할 수 있다. 인구의 쏠림 현상은 집값을 끌어올리는 근원적이고 장기적인 힘이다. 이해를 돕기 위해 간단한 모의실험을 보여주고자 한다. 인구분포와 집값의 상관성을 보여주는 간단한 실험이다. 여기에는 다음과 같은 가정을 담고 있다.

① 국토 공간은 같은 크기의 19개의 지자체로 구성되어 있다.

② 전 국토에는 2033만 가구가 살고 있다.

③ 가구가 19개 지자체에 균등하게 분포했을 때의 집값은 3억 원이다.

④ 밀도가 1퍼센트 증가할 때, 집값은 1퍼센트 증가한다.

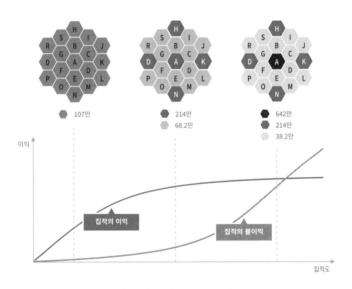

[표 18] 밀도와 집값에 관한 세 가지 시나리오

가능한 한 우리의 현실과 비슷한 가정을 담고자 했다. 우리나라 광역지자체 수는 17개다. 그리고 2019년 기준 우리나라 총 가구수는 2034만 정도다. 인구와 집값의 관계는 일반적으로 정비례한다. 문제는, 인구가 늘어날 때 어느 정도 집값이 상승하는가다. 여기서는 밀도가 1퍼센트 상승할 때 집값도 1퍼센트 오른다고 가정했다. 인구밀도와 집값에 관한 논문들을 참고한 수치다.[2] 인구가 증가하는 지역의 집값 상승폭보다 인구가 감소하는 지역의 집값 하락폭이 더 크다는 것을 강조하는 연구도 있다.[3] 미국의 경우에는 인구가 1퍼센트 증가했을 때 집값이 0.9퍼센트 정도 올라갔지만, 인구가 1퍼센트 감소할 때는 집값이 1.5퍼센트 정도 하락했다고 한다. 여기서 이런 디테일까지 고려하면 실험이 너무 복잡해진다. 그래서 모의실험에서는 인구 1퍼센트 변동에, 집값도 1퍼센트 변동한다고 가정했다.

표 18의 시나리오 1 상황을 보자. 19개의 지자체에 각각 107만 가구가 골고루 분포되어 있다. 이때의 평균 집값은 3억 원이다. 집값이 낮다고 좋은 것은 아니다. 시나리오 1에서는 사람도 고르게 퍼져 있으니, 일자리도 고르게 퍼져 있을 가능성이 크다. 그러니 집적의 이익이 낮다.

시나리오 2의 경우는 인구가 전반적으로 퍼져 있지만, 일부 지자체(5개의 지자체)의 밀도가 높아진 상태다. 밀도가 높은 지역의 집값은 6억 원으로 올라가고, 인구를 잃는 지역은 1억 9300만 원으로 내려간다. 전국의 평균 집값은 4억 원이 조금 넘는다. 인구가 적당히 쏠린 지역에는 집적의 이익이 크게 발생한다.

시나리오 3은 국토 전반의 쏠림 현상이 더 심화하는 상황을 가정하고 있다. 밀도가 가장 높은 중심부의 집값은 18억 원으로 뛰었고, 중간밀도지역은 6억 원, 저밀도지역은 1억 원 정도가 되었다. 이 시나리오에서 집값 평균은 8억 5000만 원 정도다. 아주 단순한 시나리오이지만, 이 시나리오가 보여주는 메시지는 단순하고 명확하다. 인구가 쏠리면 집값은 상승할 수밖에 없다! 쏠리는 지역뿐만 아니라 전국의 집값도 상승한다!

쏠림을 막지 못하면 집값을 잡을 수 없다

혹자는 "이것은 너무 극단적인 가정이 아니냐"라고 반문할 수도 있겠다. 또 다른 이들은 "모의실험 결과가 현실과 너무 동떨어졌다"라며 비판할 수도 있다. 이제 현실로 돌아와보자. 표 19는 서울과 지방 5대 광역시, 그리고 지방의 중소도시 아파트값 추이를 보여주고 있다. 여기서 사용한 자료는 '아파트 평균 매매가'다(참고로 중위가격을 사용해도 그림이 크게 다르지 않다).[4] 서울의 아파트 가격은 2013년 4월 이후 8년간 약 4억 9000만 원에서 11억 2000만 원으로 2배 넘게 폭등했다. 같은 기간 지방 5대 광역시의 경우는 1억 9000만 원에서 3억 6000만 원으로 올랐다. 기타 지방의 경우는 1억 5000만 원에서 2억 원 정도로 올랐다. "서울은 인구가 줄어들고 있다"라며 의문을 제기할 수도 있겠다. 그렇다. 서울의 경우는 인구가 줄고 있다. 하지만 사람들이 서울을 떠나는 것은 자발적이라기보다는 '비자발적'인 이유가 대부분이다. 서울의 집값을 감당하지 못해 튕겨나가고 있는 것이다. 게다가 서울 주택의 수요는 지역구가 아닌 전국구로 더욱 빠르게 변해가고 있다. 외지인들이 서울 아파트에 투자하는 비중도 꾸준히 늘고있다. 강남 3구에서 매입한 아파트 중 외지인의 비율은 2015년 18.2퍼센트에서 2020년 25.6퍼센트로 급등했다.[5]

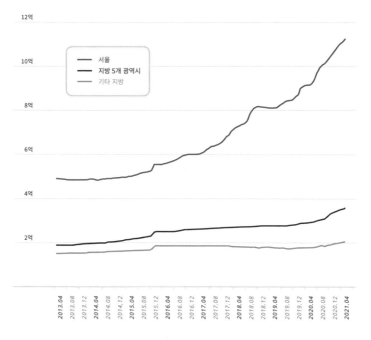

[표 19] 지역별 아파트값 추이

오해가 있을 것 같으니 이것만은 확실히 하자. 모여 살면 집값은 뛴다. 그렇다고 집값이 올라가는 것이 무조건 나쁜 것은 아니다. 윤주선 홍익대 교수는 집값이 도시의 경쟁력이라 말하기도 했다.

> 그동안 서울과 강남에 쏟은 재정과 민간 투자는 천문학적이다. 그 투자가 양적으로는 집값으로, 질적으로는 교육·문화 수준으로 표면화되었고 이는 도시의 경쟁력을 높였다. 도시 경쟁력의 최종 결과는 집값으로 나타난다. 그곳으로 사람과 투자가 몰리기 때문이다. 뉴욕과 도쿄, 런던의 집값이 이를 잘 보여준다. 우리 정부와 도시계획 전문가들은 그동안 이처럼 세계적으로 경쟁력 있는 도시를 만들기 위해 최선을 다해왔다.[6]

강남의 예를 보자. 강남이 비싼 이유는 그만큼 주변에 일자리가 많다는 뜻이다. 일자리는 강남의 경쟁력이다. 일자리가 밀집해 있어 사람들이 몰린다. 또한 사람들이 몰리니 기업도 강남에 들어가고 싶어 안달이다. 기업과 사람이 물고 물리면서 강남은 지금처럼 경쟁력 있는 공간이 되었다. 강남은 주민 1인당(혹은 고용자 1인당) 행정서비스의 효율이 압도적으로 높다. 배후인구와 유동인구가 많기 때문이다. 강남의 미술관, 공연장, 도서관, 영화관, 미술관, 종합병원의 효율은 다른 지자체보다 높다. 정부가 제공하는 상하수도, 도로, 광역철도 등의 인프라도 언제나 강남이 1순위다. 인구와 산업이 집중되어 그만큼 투자 효율이 높기 때문이다.

하지만 인구 쏠림 현상이 도를 넘으면 사회 전반에 악영향을 끼친다. 인구가 쏠리는 지역도 힘들어진다. 일단 경쟁이 치열해진다. 생존경쟁이 계속되니 사람들이 빠릿빠릿해져간다. 빠릿빠릿한 인재를 찾으려 기업들도 몰려든다. 이 과정에서 집값은 오를 수밖에 없다. 서민들이 감내해낼 수 있는 집값 수준이 어느 정도인지는 일치된 견해가 없다. 하지만 PIR이 5를 넘어가면 서민들의 부담이 커진다는 것이 전문가들의 중론이다. 2021년 4인 가구 기준 중위가구의 연소득은 5850만 원 정도다. 'PIR=5'는 연소득을 5년 동안 한 푼도 안 쓰고 모아서 살 수 있는 집값이니, 집값은 얼추 2억 9000만 원 정도가 되어야 한다. 서울은 이제 평범한 가구가 열심히 일해서 둥지를 틀고 살 수 있는 공간이 아니다.

서울에는 들어오는 인구도 많지만, 빠져나가는 인구도 많다. 서울의 인구는 2010년 1,057만 명 정도로 정점을 찍고 지금까지 지속해서 줄어들고 있다. 유입인구보다 유출인구가 많기 때문이다. 2018년 11만 230명, 2019년 4만 9,588명, 2020년 6만 4,850명이 감소했다. 지금의 추세라면 2021년에는 10만 명 정도 줄어들 것으로 예측한다.

그렇다면 누구는 왜 서울로 들어오고, 또 다른 누구는 왜 서울을 떠날까? 2020년 인구 이동 통계에 의하면, 서울로 들어오는 이들은 주로 직업과 교육 때문에 이동했다. 서울에 일자리를 찾아서, 대학교를 찾아서 이사했다는 뜻이다. 그렇다면 서울을 나가는 이들은? 가장 주요한 이유는 주택 때문이었다. 더 엄밀히 말하면, '감당하기 힘든 집값' 때문이다. 이 과정에서 수도권 외곽에 주택을 더 많이 지었고, 교육, 문화 등의 각종 인프라를 계속 확대했다. 생활 인프라가 좋아지니 수도권으로 인구가 계속 유입되고 있다.

반면에 인구가 감소하는 지방은 더 힘들어졌다. 2020년 인구 이동 통계를 보면, 지방에서의 일자리가 지속해서 사라지고 있다는 것을 느낄 수 있다. 전북, 전남, 경북, 경남은 2020년 한 해 동안 각각 8,500명, 9,800명, 1만 7,000명, 1만 6,700명의 인구가 줄었다. 다른 지역으로 이동한 이유를 보면 직업적 사유가 가장 많았다. 적당한 일자리가 없어서 떠났다는 뜻이다. 전남과 경남의 경우는 직업뿐만 아니라 교육적 이유로 지역을 떠나는 인구 비중도 컸다. 이렇게 인구가 줄어드는 지역에서는 교육, 문화 등 생활 인프라의 효율도 떨어지고 있다. 규모의 경제도 작동하지 않는다. 지역은 더욱 매력을 잃는다. 무언가를 하지 않으면, 이런 악순환은 계속될 수밖에 없다.

수도권 집중이 심화하는 진짜 이유

한 해가 저물어갈 때, 언론은 올해의 뉴스를 선정한다. 2020년 모든 언론에서 1위는 코로나19 사태가 차지했다. 이런 이벤트는 국토도시 분야에도 있다. 대한국토도시계획학회에서는 회원들의 투표를 통해 〈수도권 인구, 사상 처음으로 우리나라 전체 인구 50퍼센트 돌파〉를 2020년 10대 뉴스 중 하나로 꼽았다.

사실, 인구만 수도권으로 쏠리고 있는 것은 아니다. 일자리 또한 수도권으로 쏠리고 있다. 10년 전까지만 해도 도시의 외곽의 산업단지는 짓기만 하면 성황리에 분양되었다. 그곳에 기업이 입주하면, 사람들은 일자리 주변으로 몰려들었다. 소위 '(사람들의) 일자리 따라가기(people to jobs)' 패턴이 나타났다. 하지만 지금은 상황이 다르다. '(기업들의) 사람 따라가기(jobs to people)' 현상이 일어나고 있다. 특히 혁신 인재를 필요로 하는 첨단 기업들은 젊은 인재가 많은 곳을 좇아간다.

2018년 말에 시작했던 'SK하이닉스 반도체 특화 산업단지' 유치를 위한 구미시와 용인시의 치열한 싸움을 보자. SK하이닉스는 전 세계 D램 시장에서 점유율 2위인 업체다. 반도체 특화 산업단지는 10년간 120조 원을 투자하는 메가톤급 사업이다. 반도체 공장 4곳과 50여 개의 협력업체가 입주한다. 고용 효과만 1만 명이 넘는다고 한다.

경기도에서는 용인시와 이천시, 지방에서는 구미시, 청주시, 천안시가 유치전에 뛰어들었다. 이 유치전에서 가장 큰 노력을 기울인 곳은 구미시다. 구미시가 내놓은 혜택도 파격적이다. SK하이닉스만 오면 10년간 산업용지 30만 평을 무상으로 사용하게 해주겠다고 했다. 그리고 원형지 70만 평을 제공한다고도 했다(원형지는 도로, 상하수도 등의 기초적 인프라를 제외하고는 미개발지 상태로 공급하는 땅이다. 일단 값이 많이 싸다. 그리고 기업이 자유롭게 건축 계획을 수립할 수 있다. 그런 점에서 원형지 공급은 기업에게 큰 인센티브다). 먼

훗날 기업이 팔고 나가도 땅만으로도 큰 이익을 볼 수 있다.

이뿐만이 아니다. 구미시는 입주업체 직원들을 위해 사택과 수영장, 체육시설까지 지어주기로 했다. 구미 시민들도 SK하이닉스 유치를 위해 발 벗고 나섰다. 아이스버킷 챌린지 행사도 했다. 시민 3,000명 정도가 모여 총궐기 대회도 열었다. 구미 시민 SNS에는 '#SK사랑합니다' '#사랑해요최태원회장님' 해시태그가 곳곳에 달렸다.

2019년 2월, SK하이닉스는 결정 내용을 발표했다. 특화 산업단지는 용인으로 결정했다. 이번에도 수도권이었다. 구미 시민들은 좌절했다. 아니, 분노했다는 표현이 적절할 것이다. 수도권으로 이미 결론이 나 있었다는 이야기도 돌았다. 정부와 기업이 짜고 치는 화투놀이에서 진인사대천명의 덕목을 믿었다는 자조적인 목소리도 나왔다. 구미는 전자산업의 메카다. 구미 시민들은 이런 구미마저 안 된다면 지방 전체가 버려진 것으로 생각했다. 인터넷 카페와 SNS에 정부를 비판하는 글로 도배했다. SK하이닉스 측은 이에 대해 다음과 같이 해명했다.

> 첨단 기술이 중요한 반도체 산업에서 글로벌 IT 기업들이 우수 인재들을 놓고 치열하게 유치 경쟁을 벌이고 있다. (…) 용인은 국내외 우수 인재들이 선호하는 수도권에 있다.[7]

반도체를 생산하는 첨단 기업은 석박사급 인력이 대거 필요하다. 인재를 구하지 못하면 망할 수도 있다. 인재 영입 경쟁에서 뒤처지지 않으려면 인재가 많은 곳으로 회사가 가야 한다. 그래서 반도체 회사는 경기도 밖을 벗어나지 못한다. 이뿐만이 아니다. 반도체 회사는 다른 반도체 회사들과의 협업도 필수적이다. 관련 기업들은 대부분 수도권, 혹은 수도권 인근에 있다. 이런 상황에서 지방을 선택하는 것은 무모한 행위로 비칠 수도 있겠다.

최근 국토연구원의 연구 결과에 의하면, 혁신성과 성장성이 강한 기업일수록 수도권 집중 현상이 강하게 나타났다.[8] 이 연구에서는 기업을 '일반 기업' '혁신형 기업' '혁신성장 기업'의 3종류로 나누어 살펴보았다. 혁신형 기업은 수년간 연구개발비를 꾸준히 지출하는 기업을 의미한다. 혁신성장 기업은 연구개발비를 지속해서 지출

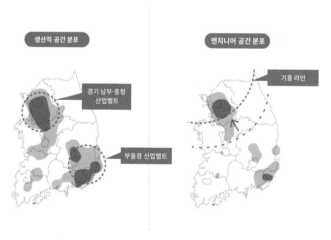

[표 20] 북상하는 기업 입지의 남방한계선[9]

할 뿐만 아니라 고용과 매출에 있어서도 성장하는 기업이다. 국토연구원이 이들의 입지를 분석한 결과, 일반 기업의 경우는 전 국토에 고르게 퍼져 있는 편으로 나타났다. 하지만 연구개발비를 꾸준히 지출하는 혁신형 기업의 경우는 수도권뿐만 아니라 지방 4대 대도시권(대전권, 광주권, 대구권, 부산·울산권)에도 어느 정도 분포해 있다. 혁신성장 기업의 경우는 압도적인 다수가 수도권에 집중해 있는 것으로 나타났다.

기업의 연구개발센터는 수도권 집중이 더욱 심하다. 게다가 기업 입지의 남방한계선이 점점 더 수도권 쪽으로 북상하고 있다.[10] 남방한계선은 서울을 중심으로 남쪽 방향으로 혁신 인력(혹은 R&D 인력)을 구할 수 있는 가상의 한계선이다. 석박사급 연구 인력을 채용해야 하는 기업의 경우, 이 한계선 아래로 내려가게 되면 위험할 수 있다는 뜻이기도 하다. 2000년대 초반만 해도 용인시의 기흥까지를 남방한계선으로 여겼던 듯하다. 서울의 중심인 시청을 중심으로 보면 반경 35킬로미터 내의 거리다. 하지만 지금의 한계선은 성남시의 판교까지 올라왔다. 반경으로 치자면, 기업이 20킬로미터 안쪽으로 들어와야 생존 가능성을 높일 수 있다는 뜻이다. 2000년 이후 지금까지 남방한계선은 매년 750미터씩, 더 엄밀히 말하면 매일 2미터씩 북쪽으로 올라온 셈이다.

왜 이런 일이 일어날까? 이유는 간단하다. 2030 혁신 인력들이 교통이 좋고, 직장, 주거, 문화, 교육이 압축적으로 몰린 환경을 선호하기 때문이다. 그리고 그런 인재를 많은 곳을 따라 혁신기업들이 입주하고 때문이다. 전통적 산업단지들은 제조 공장들과 주변에 주거 기능만을 갖춘 곳이다. 주변에 어린이집, 은행, 도서관, 마트 등을 찾아보기 힘든 경우도 많다. 아이 교육을 위한 초·중·고등학교도 없는 곳도 있다. 종합병원과 영화관, 백화점 등은 언감생심이다. 한 연구에 의하면, 산업단지와 가장 인접한 주택을 기준으로 종합병원까지의 거리는 평균 12.7킬로미터로 나타났다. 영화관과 백화점은 각각 24.8킬로미터, 44.3킬로미터로, 큰마음을 먹지 않으면 이용 불가능한 수준이다.

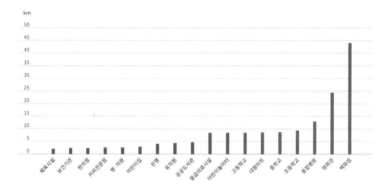

[표 21] 산업단지에 근접한 정주시설과의 평균 도달거리[1]

도시 외곽에 있는 산업단지는 전통적 제조업 중심이다. 산업구조 변화로 이들이 쇠퇴해가고 있다. 반면에 고부가가치 산업들이 대도시에서 급성장하기 시작했다. 특히 부가가치가 높은 산업일수록 도심 지향성이 강하게 나타나고 있다. 혁신 인재들은 도심지 인근에서 일하고(work), 놀고(play), 거주하기를(live) 바란다. 이것은 전 세계적인 트렌드다. 이제 도시개발의 트렌드는 일하는 공간, 노는 공간, 거주하는 공간의 경계를 허무는 쪽으로 진화하고 있다. 도시 내 '혁신 생태계(innovation ecosystem)'는 융합과 복합 가능한 환경에서 구축할 수 있다. 서울은 대한민국에서 이런 무경계 환경(border-free environment)이 가능한 유일한 공간이 되어가고 있다.

대도시가 더욱 성장하는 것은 세계적 현상이다

1960년대 이전, 그러니까 산업화 이전에는 '농업'이 주요 산업이었다. 농업 관련 일자리는 전국에 고르게 분산될 수 있었다. 하지만 산업화 과정에서 도시화가 진행되고, 사람들은 농촌에서 도시로 이동하기 시작했다. 수도권을 포함해 제조업 거점도시들이 빠르게 성장했다. 특히 수도권은 1986년 아시안게임과 1988년 서울올림픽을 전후해 폭발적으로 성장했다. 멈출 것 같지 않던 수도권의 성장세가 꺾인 것은 1990년대 초반 이후부터다. 1990년대 초반부터 탈산업화(deindustrialization)가 진행되었기 때문이다. 탈산업화는 제조업 비중이 감소하는 현상을 말한다. 제조업의 자동화가 급속히 진행되면서 상대적으로 적은 노동을 투입하게 되었다. 이 과정에서 공장은 지방으

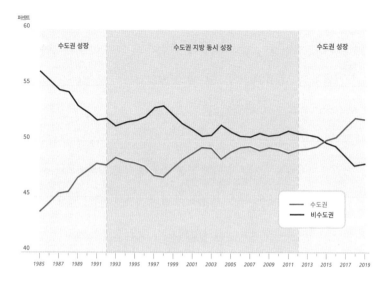

파센트
60

수도권 성장   수도권 지방 동시 성장   수도권 성장

수도권
비수도권

1985 1987 1989 1991 1993 1995 1997 1999 2001 2003 2005 2007 2009 2011 2013 2015 2017 2019

[표 22] 수도권과 지방의 지역내총생산의 비중 추이

로 많이 이동했다.[12]

표 22에서 수도권과 지방의 지역내총생산(GRDP) 비중을 보자. 1990년대 초~2010년대 초까지 20년간은 수도권과 지방의 소득이 비율이 일정하게 유지되고 있다. 하지만 이러한 긴장 관계가 깨진 것은 2013년 정도부터다. 이때부터 수도권 GRDP 비중이 빠르게 높아지기 시작했다. 수도권에서 고부가가치 첨단 산업, 지식기반 산업이 빠르게 성장했기 때문이다.

우리나라의 서울은 리처드 플로리다(Richard Florida) 교수가 언급한 전 세계에서 열 손가락 안에 꼽히는 슈퍼스타 도시 중 하나다. 서울은 뉴욕, 런던, 도쿄, 홍콩, 파리, 싱가포르, 로스앤젤레스에 이어 8위를 차지하고 있다.[13] 이들이 세계적 경쟁력을 가지게 된 원인은 첨단 기술을 지닌 기업들이 밀집해 있기 때문이다. 엔리코 모레티는《직업의 지리학》에서 슈퍼스타 도시에 혁신기업들이 밀집하는 현실을 강조하며 다음과 같이 언급했다.

> 20세기에 경쟁은 물리적 자본 축적에 관한 것이었지만 오늘날에는 최고의 인적 자본 유치에 관한 것으로 바뀌었다. (…) 새 아이디어의 경제적 수익이 전에 없이 높으며, 좋은 아이디어를 제시하는 사람에 대한 보상 또한 높아졌다는 사실이다. (…) 이러한 증가에는 기본적으로 두 가지 이유가 있다. 바로 세계화와 기술 발전이다. 놀랍게도, 블루칼라 일자리의 종말을 초래한 바로 그 두 힘이 이제는 혁신 부문에서의 일자리 증대를 부채질하는 것이다. (…) 대부분의 혁신산업에서 주된 생산비용은 연구와 개발에 들어가는 고정비용이다. 생산의 변동비용은 대체로 낮다. 시장이 세계화하면서, 이처럼 비용을 거의 들이지 않고도 판매를 증진할 수 있는 것이 오히려 새 아이디어로 창출되는 수익을 극적으로 증폭시켰다.[14]

산업구조가 변화하면서 벤처생태계도 빠른 속도로 재편되고 있다. 우리나라 벤처기업 현황을 보자. 전국적으로 2014년 3만 개 수준이었던 벤처기업이 2019년에는 3만 7,000개로 증가했다. 매출 1000억 원 이상을 달성한 벤처기업도 같은 기간 460개에서 617개로 증가했다. 유니콘 기업(기업가치가 1조 원 이상인 비상장기업)도 같은 기간 2개에서 13개로 늘어났다. 벤처기업이 성장하려면 창업 노하우가 필수다. 자금도 필요하다. 이를 가능하게 하는 것이 엑셀러레이터(AC)와 벤처캐피털(VC)이다. 둘 다 벤처기업에 투자하는 회사다. 하지만 이 둘은 차이가 있다. AC는 벤처기업의 초기에 창업 노하우를 제공하거나 자금을 대는 역할을 한다. 일종의 기획 멘토 역할을 한다. 반면에 VC는 벤처기업이 조금 일어설 만해졌을 때 이들의 가치를 높이는 역할을 한다. 2019년 기준 AC의 약 67퍼센트는 수도권에 집중해 있다. 대전(9.1퍼센트)과 부산(5.8퍼센트)을 제외한 지방 도시들에는 AC가 20퍼센트에 미치지 못한다. VC의 수도권 집중이 더욱 심하다. 93.8퍼센트(121개)가 수도권에 집중되어 있는데, 이 중 서울에만 114개가 몰려 있다.

AC와 VC가 서울에 몰려 있다 보니 대규모 투자를 받은 벤처기업들도 서울 쏠림 현상이 심하다. 투자자로부터 10억 원 이상을 투자받으면 어느 정도 검증된 벤처기업이라고 할 수 있다. (사)스타트업얼라이언스는 대규모 투자를 받은 벤처기업들이 어디에 소재해 있는지를 분석했다.[15] 2019년 8월 기준으로 10억 원 이상 투자를 받은 벤처기업은 575개가 있는데, 이 중 서울에 461개(80.2퍼센트), 경기도에 69개(12퍼센트), 인천시에 6개(1퍼센트)가 소재해 있다. 벤처기업의 압도적 다수(93.2퍼센트)가 수도권에 있는 것이다. 서울에 소재한 461개 기업들의 쏠림 현상도 두드러지고 있다. 구체적으로는 강남구 212개

(46퍼센트), 서초구 71개(15.4퍼센트), 마포구 39개(8.5퍼센트)로 나타났다. 3개 구에 성장 가능성이 큰 벤처기업의 69.8퍼센트가 모여 있는 것이다. 서울이, 서울 중에서도 강남이 혁신 거점으로서의 중심성이 높아지고 있다.

앞으로도 수도권으로의 쏠림 현상은 더욱 심화할 가능성이 크다. 그 중심에는 구산업이 쇠퇴하고 첨단 산업이 성장하는 '산업구조의 변화'가 있다. 일자리는 철저하게 국토의 혁신거점 중심으로 재편될 것이다. 이런 혁신의 중심지는 다른 지역들과의 격차를 점점 더 벌여나갈 가능성이 크다. 거점은 사람들을 끌어모으고, 주변 집값을 올리는 역할을 할 것이다. 이것은 우리가 보게 될 미래일 가능성이 크다.

수도권에 쏟아지는 공급 폭탄

대기업도 수도권에 있으려 한다. 벤처 중소기업 생태계도 수도권을 중심으로 재편되고 있다. 수도권 집값이 뛸 수밖에 없다. 공급은 문제가 없고, 투기꾼만 잡으면 집값을 잡을 수 있다고 호언장담하던 정부는 뒤늦게 공세적인 주택 공급에 나섰다. 문재인 정부에서 발표한 수도권 주택 공급계획을 보자.

2018년 9 · 21 대책: 수도권 택지 30만 호 공급방안 제시(3기 신도

시 발표)

2020년 5 · 6 대책: 서울에 7만 호 공급계획

2020년 8 · 4 대책: 서울에 13만 2,000호 공급계획

2021년 2 · 4 대책: 수도권 61만 6,000호 공급계획(서울에 32만 호 공

급계획)

2021년 2월 말: 수도권 광명 · 시흥 신도시 7만 호 공급계획

수도권에 공급 폭탄을 투하하는 수준이다. 2020년 12월 말 변
창흠 국토교통부장관이 취임한 후 공급의 규모는 더욱 과감해졌다.
2021년 2 · 4 대책에서는 서울에만 32만 호를 공급한다는 계획을
발표했다. 가구당 인구를 2명으로만 잡아도, 서울에 60만 명 이상을
수용할 수 있는 규모다.[16] 2 · 4 대책을 발표하며 홍남기 경제부총리
는 힘주어 말했다.

서울시에 공급할 32만 호도 서울시 주택 재고의 10퍼센트에 달
하는 '공급 쇼크' 수준이라 할 수 있다. (⋯) 막대한 수준의 주택

공급 확대는 주택시장의 확고한 안정세로 이어질 것으로 확신
한다.[17]

홍남기 부총리의 발언에 대해 김경민 서울대 교수는 다음과 같
이 말했다.

> 정부는 '공급 쇼크'가 올 것처럼 말했다. 그런데 정작 국토부 보
> 도자료를 보면 "서울 32만 호, 전국 83만 호 주택 부지를 추가
> 공급한다"라고 나와 있다. (주택 부지 확보이지) 아파트를 짓겠다고
> 약속한 것이 아니다. 어떻게 보면 사람들을 좀 속인 것이라고 본
> 다. 4년 안에 서울 땅에 강남구(23만 채)와 종로구(7만 채)를 합한
> 규모의 집을 짓는다는 것이 말이 안 된다. 허허벌판에 40년 동
> 안 아파트 지은 분당구가 20만 채다.[18]

2021년 2·4 대책을 발표하면서 정부 공급계획으로 발표한 수
도권 누적 물량은 188만 호가 넘는다.[19] 김경민 교수의 말처럼 정부
의 주택 공급계획은 비현실적이다. 포커로 치면 정부가 국민을 상대
로 '뻥카드'를 내민 것이다. 뻥카드로 쇼크를 주어야 할 만큼 다급하
다는 뜻이기도 하다. 하지만 시장은 움츠러들지 않았다. 2·4 대책
이후에도 집값은 올랐다. 정부는 계속 추가물량을 발표했다. 2021년
2월 말에는 광명·시흥지구를 3기 신도시로 추가한다. 광명·시흥

을 합치면 수도권 계획 물량은 200만 호에 육박한다. 문재인 정부에서 발표한 수도권 공급 물량은 단군 이래 최대 계획이다! 노태우 정부에서 주택 200만 호 건설 계획을 발표했을 때도 수도권에 계획된 공급 물량은 90만 호였다.

부동산은 심리다. 그러니 심리 게임에서 이기려면 쇼크가 필요할 수 있겠다. 하지만 이쯤에서 한번 생각해보자. 수도권에 200만 호가 아니라 100만 호를 더해 300만 호 공급계획을 발표했다면 어떻게 되었을까. 이 물량이 얼마나 큰지 가늠하기도 어렵다. 수도권 주민에게는 200만 호나 300만 호나 거기서 거기다. 누군가 이 규모의 의미를 애써 가늠해본다면, 쓴웃음만 지을 가능성이 크다. 잠시만 생각해보아도 터무니없는 수치이기 때문이다. 정부가 차질 없이 수도권에 200만 호를 공급하는 것은 공포영화에 가깝다. 이것은 수년 후 전국 집값의 폭락과 지방의 폭망을 의미하기 때문이다.

어찌 되었든 정부는 약속을 지킬 수 있을 것 같지 않다. 추진 과정에서 땅값이 너무 높아 부지를 확보하지 못할 가능성도 크고 주민들의 반발로 진행되지 못할 곳도 많다. 이보다 정부의 쇼크가 먹히지 않는 더 큰 이유가 있다. 지금 발표하면 실제로 주택이 공급되는 것은 4~5년 이후의 일이라는 점이다. 과거 4~5년간의 집값 폭등을 경험한 이들에게는 앞으로의 불투명한 4~5년이 걱정될 수밖에 없다.

그래서 정부가 계획했던 공급량의 딱 절반만 공급한다고 치자.

그러면 집값을 잡을 수 있을까? 단기적으로는 그럴 가능성이 크다. 하지만 장기적으로는 집값은 다시 뛸 것이다. 주택이 공급되면서 개발지역 주변에는 새로운 인프라가 깔릴 것이다. 사람들은 신축 아파트와 최고급 생활 인프라로 가득한 수도권에 더욱 살고 싶어 할 것이다. 토지 보상비의 상당수는 수도권의 부동산에 재투자될 가능성도 크다. 서울은 환금성이 좋은 아파트를 제공하는 투자처로서의 매력을 더해나갈 것이다. 정부의 공급 정책은 불난 곳에 기름을 붓는 격이다. 국토의 쏠림 현상이 지속되는 한, 이를 바로잡지 않는 한, 집값을 잡기 위한 정부의 노력은 수포로 돌아갈 가능성이 크다.

살고 싶은 곳에 주택을 공급하면 집값이 잡힐까

주택을 지금처럼 100만 호, 200만 호 공급해보아라. 집값을 안정화할 수 있겠는가. 문제는 '살고 싶은 곳'에 주택이 공급되지 않는다는 것이다. 사람들이 살고 싶어 하는 곳은 어디인가? 바로 강남이나 용산 같은 곳이다. 강남에 재건축 규제를 풀고, 밀도를 높여서 개발해야 집값을 잡을 수 있다. 용산공원에도 공원을 만들 것이 아니라 작은 평수의 서민 아파트를 공급하는 것이 필요하다.

일부 부동산 전문가들이 이렇게 주장하는 것을 한 번쯤 들어보았을 것이다. 이 이야기를 처음 들었을 때 나는 내 귀를 의심했다. 이것이 과연 전문가라고 불리는 사람들이 할 소리인가? 하지만 생각보다 이런 이야기에 공감하는 사람이 많았다. 강남이나 용산에 주택을 대규모로 공급하면 정말로 집값을 잡을 수 있을까?

강남은 많은 이들이 살고 싶어 하는 곳이다. 대한민국에서 교통, 문화, 교육, 일자리 등 모든 분야에서 최상위 인프라가 집중된 공간이니까. 일자리만 보자. 2019년 기준으로 강남 3구에만 140만 개의 일자리가 있다. 이는 서울시 일자리(455만 개)의 30퍼센트를 차지한다. 그러니 여기는 항상 주택이 부족하다. 그러면 강남에 어느 정도의 주택이 필요할까? 가장 간단한 방법은 일자리 대비 주택수를 계산해보는 것이다. 서울시 일자리 대비 주택수(295만 채) 비중은 65퍼센트 정도다. 이 비중을 강남 3구에 적용해보자. 필요한 주택수는 90만 채 정도다. 하지만 강남 3구에는 50만 채 정도의 주택이 있을 뿐이다. 40만 채 정도가 부족한 것이다.

아마도 우리는 대부분 어린 시절부터 우리 국토가 얼마나 좁은지에 대해 귀가 아프게 들었을 것이다. 일면 맞는 말일 수도 있다. 하지만 기차 여행을 하며 창밖으로 보는 풍경 대부분은 논과 밭, 임야다. 우리가 정말 땅이 부족할까? 우리에게 부족한 자원은 부동산이 아니라, 강남같이 문화, 교육, 교통 인프라가 집적된 공간이다. 그냥 부동산이 아니라 '입지가 좋은 곳의 부동산'이다. 그래서 강남에 재건축을 쉽게 허용하고, 50층 재건축을 허용해 더 많은 주택을 공급한다고 치자. 그러면 어떤 일이 일어날까? 재건축은 집값 상승의 기대감을 부풀리는 효과가 있다. 대한민국의 돈은 강남 부동산으로 더욱 몰리게 될 것이다. 기업도 마찬가지다. 이곳에 혁신 인재가 많이 거주하니 일자리는 강남으로 더욱 몰려들 것이다. 그리고 증가한 일자리만큼 주택이 또 필요해질 것이다. 강남 재건축을 풀면 집값을 잡을 수 있다는 말, 이것은 정말 순진한 생각이다.

용산공원도 마찬가지다. 최근에도 용산공원 부지에 집을 짓자는 주장이 솔솔 올라오고 있다. 박현주 미래에셋그룹 회장은 자사 유튜브 채널에서 "주택 공급 측면에서 발상의 전환이 필요하다. 서울 용산에 공원을 만들 것이 아니라 15~20평짜리 임대 아파트를 지으면 어떨까 싶다"라는 의견을 밝혔다.[20] 김경민 교수 또한 한 언론사와의 인터뷰에서 다음과 같이 말했다. "단순 계산으로 300만 제곱미터면 85만 평 정도 될 것 같고, 저는 10퍼센트만 개발하자는 주의니까 8만 5,000평 개발하는 거잖아요. 300퍼센트 용적률 하면 25만 5,000평 연건평이 나오겠네요. 공용면적을 빼도 30평대 아파트 보수적으로 6,000~8,000세대가 들어갈 거예요."[21]

김경민 교수의 주장은, 용산공원 일부를 주거 및 상업 시설로 개발해 공원 운영비를 대자는 것이다. 여기까지는 나도 어느 정도 공감한다. 공원 주변에 상업시설이 있다면, 그것을 이용해서 운영비도 대고 밤에는 범죄도 예방할 수 있다. 하지만 집값이 올라가자, 용산

공원에 주택을 짓자는 주장이 점점 대범해지고 있다. 강병원 민주당 의원은 2021년 6월의 인터뷰에서 "용산 미군 부지를 과감하게 활용해서 공급대책을 내야 한다고 생각한다. 용산 미군 부지 전체는 300만 제곱미터인데, 이곳의 20퍼센트인 60만제곱미터만 활용해도 6~8만 호 정도는 공급할 수 있다. 이는 분당 신도시만큼의 물량이다. 이미 숙대입구·남영·신용산·삼각지·녹사평 등 주요 전철역들이 존재해 교통의 최고 요충지이며 인프라도 좋다. 국유지이기 때문에 보상이나 투기 유발 등의 문제도 없다"라고 말했다.[22] 이태경 토지+자유연구소 부소장은 용산기지의 25퍼센트에 10만 채 공공주택을 공급하자며 "한 해 서울에 공급되는 새 주택이 기껏해야 5만 채 정도다. 5~10만 채를 빠르게 공급한다면 주택시장을 확실히 안정시킬 수 있다. 정부가 결심한다면 분명 시도해볼 만한 좋은 카드"라고 역설했다.[23]

강남이나 용산이나 마찬가지다. 많은 이들이 살고 싶어 하는 지역이 분명하다. 이런 곳에 주택을 대량으로 공급한다면 주택가격은 잠시 안정될 것이다. 하지만 이곳은 장기적으로, 다른 곳의 인구와 일자리를 흡입하는 블랙홀이 될 것이다. 가장 큰 피해는 서울이 아닌 지방이 될 것이 분명하다. 안타까운 것은, 지방 주민들이 이런 논의를 남의 집 이야기로 듣고 있다는 점이다.

재건축으로 집값이 잡힐까

서울은 포화 상태다. 그런데도 더 많은 사람이 서울에 살고 싶어 한다. 서울 인구가 줄어드는 것은 서울이 싫어 떠나는 인구 때문이 아니다. 서울에서 밀려 나가는 인구가 수도권 외곽으로 퍼져가고 있기 때문이다. 이렇게 비자발적으로 밀려난 이들은 언제라도 서울로 들어올 마음이 있다. 서울 주변에는 일종의 '대기수요'가 늘고 있다. 서울 집값이 계속 뛰자 많은 이들이 공급으로 집값을 잡아야 한다고 입을 모았다. 이들이 주장하는, 서울 집값을 잡기 위한 주택 공급 방법은 크게 두 가지다. 옆으로 넓히는 방법과 위로 올리는 방법.

먼저, 서울을 옆으로 넓히는 방법이다. 수도권 외곽에 주택을 대량 공급하는 것이다. 주요 수단은 신도시를 만드는 것이다. 신도시는 집값이 폭등할 때마다 어김없이 발표되었다. 노태우 정부 집권기인 1980년대 말 집값이 크게 올랐다. 1989년에 1기 신도시 계획을 발표했다. 1기 신도시 30만 호는 서울 집값 안정에 도움을 주었다. 하지만 수도권으로의 인구 집중은 계속 진행되었다. 노무현 정부 때는 집권기 내내 집값이 올랐다. 2003년부터 수도권 10곳에 2기 신도시 개발이 시작되었다(2기 신도시 건설은 여전히 진행 중이다).[24]

문재인 정부에서도 집값이 크게 올랐다. 집권 초반기인 2018년에 3기 신도시를 발표했다. 3기 신도시의 경우 서울 도심까지 30분 이내에 접근 가능하도록 광역 교통계획을 세웠다. 그러면서 3기 신도시는 '서울에 준하는 곳'임을 강조했다. 이후에도 집값은 꺾이지 않았다. 언론에서는 4기 신도시가 어디일지를 예측하며 호들갑을 떨었다. 문재인 정부는 광명·시흥지구를 발표하며 이곳을 3기 신도시에 포함했다. 광명·시흥 신도시에 계획된 인구만 16만 명이 넘는다. 수도권 서남부에 충남 당진이나 경북 안동시나 전남 광양시 정도의 인구를 수용하겠다는 것이다.

둘째로, 서울을 위로 올리는 방법이다. 건물을 위로 더 올릴 수 있도록 허용해주는 방식이다. 그러면 더 많은 사람을 수용할 수 있다. 이것은 용적률(대지면적 면적에 대비한 것으로 연면적 비율이다)을 높이는 방법으로 가능하다. 200퍼센트에서 400퍼센트로 올리면 주택을 2배나 더 공급할 수 있다. 이런 용적률 규제 완화는 교통 요지인 역세권 중심으로 논의되고 있다. 서울시는 2021년 6월에는 역세권에 용적률을 400퍼센트에서 700퍼센트까지 높일 수 있도록 계획 수립기준을 변경했다.[25] 물론 이런 방법으로 주택을 공급하는 것이 쉬운 것은 아니다. 용적률을 높여 추가로 주택을 공급할 수 있는 '딱 맞는 땅'이 많지 않기 때문이다.

건물을 위로 더 올리는 또 다른 방법은 재건축을 활성화하는 것이다. 공급 부족론을 설파하는 사람들은 특히나 재건축의 필요성을 강조한다. 이들은 서울을 옆으로 펼치는 방법(신도시 건설)은 한계가 있다고 비판한다. 경기도 집은 경기도 집일 뿐 서울 집이 아니라는 것이다. 재건축을 지지하는 이들은 '사람들이 살고 싶어 하는 곳'에 주택을 공급하지 않아서 집값이 오르고 있다고 강조한다. 이들이 주목하는 곳은 서울의 노른자 땅인 강남, 목동, 여의도 등의 노후화된 아파트 단지다.

재건축을 통해 정말로 집값을 잡을 수 있는 것일까? 심교언 건국대 교수는 "민간 재건축만 풀어주어도 시장 수요에 부합하는 주택 물량을 확보할 수 있다. (…) 눈앞에 해결책이 있는데도 보지 않는 상황"이라고 강조했다.[26] 윤주선 한양대 교수는 "재건축을 억제하면 할수록 기존 강남 주택에 대한 수요가 높아지기 때문에 강남을 중심으로 인근 지역의 집값까지 오르는 구조가 지속된다. (…) 재개발·재건축 활성화를 통해 제2, 제3의 강남을 만들면 강남 중심으로 집값이 오르는 현재의 부동산 시장 구조를 개선할 수 있다"라고 말했다.[27]

우리의 관심사는, 재건축으로 신규 주택을 어느 정도 늘릴 수 있는지에 관한 것이다. 과거 사례를 보자. 서울에서 재건축을 통한 주택 공급이 본격화된 시기는 2005년부터다. 2005~2019년의 15년 동안 지금까지 서울에서 재건축으로 공급된 주택 물량은 고작 11만 7,600호 수준이다.[28] 하지만 재건축은 기존의 집을 부수고 다시 짓는 것이다. 재건축으로 인해 멸실된 주택은 8만 7,500호였다. 그렇다면 재건축으로 증가한 물량은 얼마나 될까? 15년 동안 3만 호 정도의 주택이 재건축을 통해 증가했다. 약 35퍼센트 늘어났다고 보면 된다. 주택전문가인 진미윤 박사는 이렇게 말한다.

재개발 · 재건축은 주택 공급 확대 기능은 미미하지만, 수익추구형 개발이 이루어지는 과정에서 고분양가, 주변 집값 상승, 젠트리피케이션 등의 부작용은 큰 것이 문제다.[29]

서울에서 재건축 가능성이 큰 단지들은, 많은 이들이 '살고 싶어 하는 곳'으로 꼽는 곳이다. 2020년 1월 서울시는 18개 아파트지구(221개 단지)를 '특별계획구역'으로 묶어 관리하기로 했다. 여기에는 반포, 잠실, 서초, 여의도, 청담 · 도곡, 압구정, 서빙고, 원효 · 이촌, 가락, 아시아선수촌, 암사 · 명일, 이수, 화곡 등이 포함된다. 18개 아파트지구는 모두 합쳐 14만 9,113세대를 수용하고 있다. 재건축으로 35퍼센트가 새롭게 추가 공급된다고 치자. 약 5만 2,000세대의 공급 효과가 있다. 물론 이것은 과거 재건축 방식으로 추가 공급되는 양이다. 이곳에 재건축이 진행된다면, 과거보다는 높은 용적률로 진행될 것이다. 그래서 35퍼센트의 2배인 70퍼센트가 추가 공급된다고 하자. 10만이 조금 넘는 세대가 공급된다. 이 정도면 서울 집값을 잡을 수 있을까?

서울 집값을 잡기 힘든 이유는 공급이 부족해서가 아니다. 서울로 진입하려는 대기수요가 점점 더 늘어나고 있기 때문이다. 이에 대해 김진유 경기대 교수는 다음과 같이 말한다.

주택수요 추정을 하면 서울에 연간 공급되는 물량이 5만 호 정도로 공급 물량이 부족한 것은 아니다. 다만 수도권의 연간 신규 수요 17만 호는 언제든 서울로 향할 수 있는 대기수요이기 때문에 공급 부족 논란이 계속되는 측면이 있다. (…) 특히 서울 주택 공급 부족은 고가주택보다는 '부담 가능한' 저렴한 주택이 부족한 문제가 더 크기 때문에, 강남권 재건축 규제 완화는 공급 확대와는 무관한 이야기다.[30]

오세훈 서울시장은 2021년 4·7 서울시장 보궐선거를 치르는 동안 서울시장이 되면, 취임 후 일주일 안에 재건축 및 재개발 규제를 풀겠다고 공언했다. 그리고 압구정동, 대치동, 목동, 상계동, 자양동 등에 8만 호를 공급하겠다고 했다. 이것은 서울시가 지난 15년 동안 재건축을 통해 추가로 공급한 물량의 약 3배나 된다. 오세훈 시장이 당선되자 서울의 집값이 뛰기 시작했다. 재건축 단지가 집값 상승의 진원지였다. 뛰는 집값에 오세훈 시장도 조용히 꼬리를 내렸다.

공급 정책은 집값 잡는 근원적 해결책이 아니다

그렇다고 재건축을 무작정 막을 수는 없다. 40년 정도 지난 아파트가 갖는 문제는 매우 많다. 외벽에 균열이 있어 비가 오는 날에는 물이 새기도 한다. 구석 벽지에 번지는 곰팡이는 기본이다. 낡은 문틀

이니 단열은 형편없다. 외풍이 심해 겨울마다 창문에 비닐을 덮어씌우는 집도 있다. 엘리베이터가 오르내릴 때는 쿵쿵 소리를 내기도 한다. 주차 공간은 심각하게 부족하다. 늦게 돌아온 날이면 단지를 몇 바퀴 돌아야 할 때도 많다. 이중, 삼중 주차는 일상이다. 수도꼭지를 틀면 몇 초간 벌건 녹물이 나온다. 머리를 감아도 뻣뻣하다. 시간이 갈수록 물에서 쿰쿰한 냄새도 난다. 오래된 아파트의 압권은 쥐와 바퀴벌레다. 주거권 차원에서라도 이런 불편함을 그대로 내버려둘 수는 없다. 40년 된 은마아파트에는 이런 대형 현수막이 붙었다.

벽에 금이 간 것은 참을 수 있습니다. 녹물을 먹는 것도 참을 수 있습니다. 하지만 집이 무너지는 것은 참을 수 없습니다.

정부는 재건축을 통해 두 마리 토끼를 잡으려 했다. 어차피 할 재건축이라면, 이를 통해서라도 공급을 늘리는 방향을 고민했다. 2020년 7·10 대책에서 '공공참여형 고밀재건축(공공재건축)'을 발표했다. 공공재건축을 통해 5만 세대 이상을 새롭게 확보할 수 있다고 밝혔다. '공공참여형'은 한국토지주택공사나 서울주택도시공사 등의 공공기관이 참여한다는 뜻이고, '고밀재건축'은 예전의 밀도를 높여 다시 건물을 짓겠다는 것이다. 어떻게 고밀화할 수 있을까?

예전에는 35층까지만 재건축이 가능했다. 하지만 공공재건축은 50층까지 허용한다. 또한 예전에는 최대 용적률이 250퍼센트였는

데, 이를 300~500퍼센트로 완화한다. 이렇게 규제를 완화하면, 단지 규모를 최대 2배 정도 키울 수 있다. 예를 들어, 용적률 250퍼센트에 500호를 만들 수 있었다면, 용적률 500퍼센트에서는 500호를 추가로 더 지을 수 있다. 500호가 1,000호로 늘어나는 것이다. 파격적인 규제 완화다. 이렇게 되면 조합원들의 수익도 늘어난다. 하지만 공짜는 없는 법. 용적률을 완화해서 늘어난 500호의 50~70퍼센트 정도를 한국토지주택공사나 서울주택도시공사가 기부채납 받는다. 그리고 이를 공공임대와 공공분양으로 활용하고자 했다.

하지만 이 또한 벽에 부딪혔다. 강남 은마아파트 소유자협회는 "임대아파트 비율 높아져 늘어나는 부담만큼의 혜택이 크지 않아 사업성이 크게 나아지는 것은 없다. (…) 공공재건축에 참여하지 않겠다"라는 입장을 밝혔다. 잠실주공 5단지의 재건축 조합도 "현재 상황에서도 재건축허가만 내준다면 잠실주공 5단지에 일반분양 물량이 2,500가구 정도 나온다. (…) 재건축초과이익환수제와 민간택지 분양가상한제 규제를 풀지 않으면서, 층수 제한을 푸는 대신 과도하게 증가 물량을 환수해가는 공공재건축에는 관심이 없다"라며 비슷한 입장을 냈다. 목동 재건축 아파트 추진위원회 관계자 말도 들어보자.

목동아파트 단지는 대부분 용적률 120퍼센트에 3종 주거지역이라 용적률이나 층고 제한 완화가 큰 유인책이 될 수 없다. (…) 굳이 주민들이 선호하지 않는 임대주택 물량까지 집어넣어서

50층까지 지어야 할 필요성을 느끼지 못한다.[31]

모든 재건축 단지가 반대하고 있는 것은 아니다. 강북의 일부 재건축 아파트들은 지지부진했던 재건축에 다시 시동을 걸 수 있는 기회라며 관심을 보인다. 하지만 이런 관심을 보이는 재건축 단지로만 정부가 계획한 5만 호를 채울 수 있을지는 미지수다.

재건축으로 주택 공급을 획기적으로 늘리기는 어렵다. 재건축 여부는 본연의 목적 그대로 '주거권' 관점에서 접근하는 것이 옳다. 주거의 질을 높이는 목적으로 접근해야 한다. 재건축을 공급을 늘리기 위한 수단으로 사용하면 주변 집값만 끌어올릴 뿐이다. 이것은 어떤 지역에서도 예외가 없었다.

재건축을 기다리고 있는 아파트 단지가 많은 여의도를 보자. 2018년 7월 박원순 서울시장이 여의도를 국제금융의 중심지로 개발하겠다면서 "여의도를 통으로 개발하겠다"라고 말했다. 이때 여의도 아파트값은 서울에서 가장 많이 올랐다. 여의도 아파트는 일주일 만에 호가가 1~2억 원 정도 뛰었다. 아마도 집값 폭등에 가장 놀란 이는 박원순 시장이었을 것이다. 한 달 후 박원순 시장은 기자회견을 열어 부동산 상황을 고려해서 통개발은 주택시장이 안정화될 때까지 보류하겠다고 밝혔다.

살기 좋은 곳에 주택을 공급해야 집값을 잡는다는 주장은 매우 근시안적인 시각이다. 재건축은 공급 효과도 거의 없다. 용적률을 크게 높이거나 수직증축 리모델링을 통해 지금보다 2배나 더 많은 주택이 공급된다고 해도 집값을 잡는 것은 불가능하다. 마치 목마르다고 마신 바닷물이 더 큰 갈증을 부르듯, 서울 핵심지역의 주택 재건축은 더 큰 수요를 부를 것이 분명하다. 그렇다고 주택 공급을 멈추자는 것은 아니다. 공급은 공급대로 지속해나가야 한다. 그래야 멸실되는 주택을 보충할 수 있고, 주택의 질도 높여나갈 수 있다. 하지만 공급보다 더 중요한 것은 주택 수요를 관리하는 것이다. 수요를 억제하는 것보다 수요를 분산하는 것이 더욱 중요하다.

이제부터는 주택 수요를 분산하는 두 가지 주요 방안에 관해 설명해보겠다. 하나는 '중단기적' 정책으로 수도권 베이비부머의 이주를 촉진하는 것이다. 또 다른 하나는 '중장기적' 정책으로 국토 공간을 더 효율적으로 재편하는 방법이다. 이를 위한 가장 강력한 수단은 강력한 대도시권을 지방에 키우는 것이다. 그래야 중장기적으로 수도권 인구가 분산될 수 있다.

재건축에 관한 문재인 정부의 생각

문재인 정부는 재건축이 시장을 자극할 거라고 생각한다. 특히 서울 강남의 재건축 아파트들이 서울의 주택가격을 올리고 있다고 믿고 있다. 재건축 아파트 분양가가 높게 책정이 되면, 결국 주변 아파트들도 키높이를 맞추는 일이 발생한다고 믿는다. 재건축은 지역의 집값을 끌어올리는 촉발제가 될 것이라는 생각이다. 문재인 정부는 재건축에 알레르기를 보일 정도로 민감하다. 그동안 쏟아낸 규제만 보아도 알 수 있다.

 2018년 1월: 재건축 부담금의 부활

 2018년 2월: 재건축 안전진단 기준 강화

 2020년 6월: 재건축 조합원 2년 실거주 의무(발표 1년 후 백지화됨)

2018년 1월에는 재건축 부담금이 부활했다. 이 제도는 부동산 경기가 좋지 않았던 2013년부터 5년간 한시적으로 부담금이 유예된 바 있다. 재건축 부담금이란 재건축초과이익환수제(재초환)를 통해 매기는 부담금이다.[32] 쉽게 말하면, 재건축을 하면 집값이 많이 올라가는데, 이런 '초과이익'의 일부를 정부가 환수하는 돈을 말한다. 주변 집값 상승분과 비용을 빼고, 1인당 3000만 원이 넘을 경우 초과금액에 50퍼센트를 부담금으로 환수하는 제도다. 부담금이 부과되면 재건축 아파트에 대한 투자가 줄어든다. 조합원들의 기대이익이 작아지기 때문이다.

또한 2018년 2월에는 '재건축 안전진단' 기준을 크게 강화했다. 안전진단이란 재건축이 가능한지를 판단하는 작업이다. 재건축 안전진단은 네 가지 항목을 평가한다. '구조안전성' '주거 환경' '비용분석' '건물 마감 및 설비노후도'를 평가하는데, 항목마다 가중치가 다르다(안전진단의 결과는 A등급부터 E등급까지 5등급으로 나뉘는데, A등급으로 갈수록 상태가 좋은 건물이라 생각하면 된다. 문제는 D등급과 E등급이다. D등급은 조건부 재건축으로 적정성 검토를 받아야 재건축이 가능하다. E등급은 바로 재건축이 가능하다). 문재인 정부에서는 박근혜 정부 때 적용하던 네 가지 항목의 가중치를 크게 바꾸었다. 구조안전성은 20퍼센트에서 50퍼센트로 대폭 늘리고, 주거 환경은 40퍼센트에서 15퍼센트로 낮추었다. 예전에는 주거 편리성과 쾌적성에 가중치를 많이 두었다. 그래서 재건축이 수월했다. 하지만 구조

안전성은 건물 붕괴의 구조적 위험이 있는지를 살피는 것이다. 30~40년 된 건물이라도 구조안전성에 큰 결함이 없는 경우가 많다. 이 항목의 가중치를 높인다는 의미는 재건축 기준이 강화되었다는 뜻이다.

재건축 단지의 가격 상승폭이 확대되자 2020년 6월에는 재건축 조합원의 2년 실거주 의무 방안을 발표했다. 재건축 단지에 대한 투기를 차단하기 위한 것이었다. 집주인들은 2년 실거주 요건을 채우기 위해 세입자를 내보내기 시작했다. 서울의 전세난이 재건축 단지 주변을 중심으로 확대되었다. 이에 정부는 2021년 7월 실거주 의무를 철회했다.

수요의 분산이 가장 확실한 주택 공급 대책이다

지방 중소도시의 인구감소 추세가 멈추지 않고 있다. 특히 인구 15만 명 이하의 도시들은 인구수의 하방 압력을 강하게 받고 있다. 이유는 간단하다. 생활 인프라가 없거나 부족하기 때문이다. 대도시들에서나 흔히 볼 수 있는 백화점, 영화관, 패밀리 레스토랑이 없는 곳이 많다. 이런 상위 위계의 생활 인프라들은 많은 배후인구를 필요로 한다. 인구가 최소한 20만 명 정도는 되어야, 백화점, 영화관, 고급 프랜차이즈가 손해를 보지 않는다. 서울에서 흔하디 흔한 스타벅스도 인구 10만 명 이하의 도시에서는 찾기 힘들다. 소규모 도시에 스타벅스가 있다면 그곳은 관광지나 외부인들이 많이 오가는 곳일 가능성이 크다. 지방 도시를 답사하면서 젊은이들을 인터뷰하면 가장 흔히 듣는 말 중 하나가 "우리 동네에는 스타벅스도 없어요"였다. 서울에 사는 이들은, 스타벅스가 없다는 사실이 자존감을 낮출 수 있다는 사실을 이해하기 힘들 것이다.

표 23은 1995년 기준으로 인구가 16만 명 이하였던 모든 중소도시를 포함한 결과다. 수도권과 거리가 먼 4곳의 도지역을 대상으로 했다.[33] 바람이 멈추어 실오라기들이 힘없이 아래로 가라앉는 듯한 모습이다. 도표 속에 나타난 거대한 흐름이 우리 중소도시들의 미래를 알려주는 듯하다.

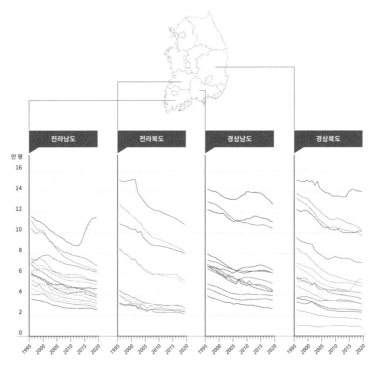

[표 23] 지난 25년간 지방 중소도시 인구 추이

중소도시의 인구감소에 가장 큰 영향을 준 것은 청년 인구다. 청년들은 인근 대도시나 수도권으로 떠났다. 젊은이들의 이동은 크게 두 시기로 나누어볼 수 있다. '대학 진학 시기'와 '졸업 후 취업 시기'다.[34]

먼저 대학 진학에 맞춘 인구 이동을 보자. 수도권에는 상대적으로 좋은 직장이 많다. 젊은이들은 수도권 대학에 진학하면, 수도권 일자리를 찾을 확률이 높아진다는 것을 알고 있다. 수도권에 머물면서 직장에 대한 탐색비용을 줄일 수 있기 때문이다. 수도권 대학의 높은 경쟁률이 이를 방증한다. 2021년 대입 정시모집에서 경쟁률이 4대1을 넘은 곳은 서울(5.04), 경기(4.87), 인천(4.72), 세종(4.15)의 4곳뿐이다. 그 밖에 경쟁률이 3대1을 넘은 곳은 충남(3.42), 강원(3.2), 대구(3.14)로 나타났다. 나머지는 충북(2.99), 대전(2.81), 전북(2.68), 부산(2.43), 울산(2.22), 경북(2.12), 광주(1.91), 전남(1.73)으로, 사실상 이들은 미달하는 곳이라 볼 수 있다. 수험생 1인당 3곳까지 정시 원서를 접수할 수 있기 때문이다.[35]

두 번째로 대학 졸업 후의 인구 이동을 보자. 수도권 대학을 졸업한 사람들은 90퍼센트 정도가 수도권에서 첫 직장을 갖는다. 지방 출신의 수도권 대학 졸업자들도 80퍼센트 정도는 수도권에 잔류한다.[36] 분명히 수도권 대학은 졸업자들을 수도권 노동시장에 머무르게 하는 '끈끈이' 역할을 한다. 하지만 지방 소재 대학의 경우는 그런 '끈끈이'가 매우 약하다. 충청권 대학 졸업자의 50퍼센트 정도, 전라권 대학 졸업자의 20퍼센트 정도, 경상권 대학 졸업자의 15퍼센트 정도가 수도권에서 첫 직장을 시작했다.[37]

중소도시의 젊은이들이 바로 수도권으로 이동하고 있는 것은 아니다. 압도적인 대다수가 주변 대도시로 향하고 있다(표 24). 동시에 대도시의 젊은 인구는 수도권으로 향하고 있다. 지방의 대도시권은 수도권에 뺏긴 인구를 주변 지역에서 흡수하며 버티고 있다. 하지만 중소도시에서는 젊은 인구의 비중이 점차 줄어들고 있다. 앞으로 20년 후면 이런 흐름도 멈출 것이다. 그리고 지방 대도시의 젊은 인구가 수도권으로 향하는 흐름만 두드러지게 나타날 것이다.

이 과정에서 수도권은 집값 폭등을 경험했다. 수도권으로의 흐름을 반대로 돌려야 집값도 잡을 수 있다. 정부가 쏟아낸 공급계획은 효과를 내는 데 오랜 시간이 걸린다. 입주하기까지 적어도 4~5년은 소요된다. 지금 쏟아내는 공급계획 물량의 상당수는 다음 정부에서도 실현되기 힘들다. 하지만 인구분산 정책은 다르다. 수도권에서 사람이 빠지는 것이 가장 빠른 주택 공급 정책이다. 지금부터라도 어떤 계층이 수도권을 빠져나갈 수 있는지 고민해야 한다. '수도권으로부터의 이주 → 집값 안정'을 이룰 수 있는 최적의 인구층은 누구일까?

첫 번째, 충분히 두터운 인구계층이면 좋다. 수적으로 많아야 충격도 그만큼 클 수 있다는 뜻이다. 두 번째, 은퇴했거나 은퇴를 앞둔 이들이면 좋다. 이들은 직장 때문에 꼭 특정 지역을 고집할 필요가

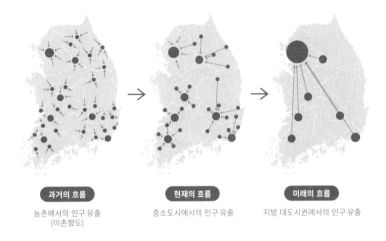

[표 24] 인구 흐름의 과거와 현재, 미래

없기 때문이다. 세 번째, 지방에서 나고 자란 경험이 있으면 좋다. 수도권을 떠나는 것에 대한 저항감이 상대적으로 적기 때문이다. 네 번째, 수도권을 떠나고 싶은 마음이 있으면 좋다. 대도시의 경쟁에서 심신이 지친 이들은 수도권을 떠날 가능성이 크기 때문이다.

다행히 우리나라에는 인구의 3분의 1을 차지하는 거대 인구층이 있다. 이들은 1차와 2차 베이비부머. 이들의 상당수가 은퇴했거나 은퇴를 준비하고 있다. 그리고 고향을 떠나 수도권으로 이주한 경험이 있다. 또한 이촌향도 베이비부머의 50퍼센트 이상이 수도권을 떠나고 싶어 한다. 이들의 마음속에는 고향에 대한 애잔한 그리움이 있다. 고향이 아니더라도 대도시를 벗어나 중소도시나 농촌에서 여생을 보내고 싶어 한다.

나는《베이비부머가 떠나야 모두가 산다》에서 과거 수도권으로 이주했던 베이비부머들을 추산한 적이 있다. 이촌향도했던 베이비부머의 10퍼센트만 고향으로 다시 돌아가도, 수도권에서는 44만 명이 빠져나간다. 이 중 배우자와 함께 이동하는 이들을 50퍼센트로만 잡아도 66만 명이 이주하게 된다. 이 정도 인구가 수도권에서 빠져준다면? 아무리 적어도 수도권에서는 20~30만 호의 주택이 공급되는 효과를 가질 것이다. '이들이 집을 팔고 가겠냐'며 의문을 제기하는 분들도 있을 수 있겠다. 집을 팔지 않아도 좋다! 이들이 세를 놓고 귀촌을 하면, 임대차시장에서 전월세 물량이 많아진다. 그러면 전월세 가격이 낮아지고, 이에 따라 매매가도 낮출 수 있다. 주택 수요의 공간적 분산! 단기간 내에 집값을 안정화할 수 있는 가장 강력한 대안이다.

베이비부머의 지방 이주를 촉진하기 위하여

10년 전만 해도 내 주변의 많은 이들이, 베이비부머가 은퇴하게 되면 집을 처분하고 중소도시로 이주할 것이라 말했다. 전원주택 붐이 이런 예상을 뒷받침해주는 듯했다. 작은 평수로 이동해서, 그 돈으로 여생을 보낼 것이라 말했다. 당시 소형 평수 아파트 가격이 강세를 보였다. 이 또한 고령층의 다운사이징 추세를 대변해주는 듯했다. 국내 굴지의 연구기관들에서 내놓은 보고서 또한 한목소리로 이런 예측에 힘을 실어주었다. 근거가 없는 것은 아니다. 이들의 은퇴 후 소득이 너무나 적었다. 정상적인 노후생활을 위협할 정도다. 은퇴자들의 '적정생활비'와 이들의 '노후소득'의 괴리가 어느 정도인지 알아보도록 하자.

적정생활비를 먼저 보자. 국민연금연구원에서는 우리나라 예비 은퇴자들이 생각하는 적정생활비 수준을 물었다.[38] 적정생활비는 부부가 적절하다고 생각하는 생활비 기준이다. 가끔 외식도 하고, 영화관도 가고, 손주들에게 용돈도 줄 수 있는 수준이다. 예비 은퇴자들이 말한 은퇴 후 평균 적정생활비는 매월 243만 원이었다. 설문조사에서는 최소생활비에 대한 질문도 추가했다. 최소생활비는 '이 정도는 있어야 살아갈 수 있지 않나?'를 묻는 최소금액이다. 이 질문에 대한 평균 액수는 매월 176만 원이었다.

그렇다면 예비 은퇴자들은 은퇴 후 어느 정도의 소득을 확보할 수 있을까? KB금융지주 경영연구소에서는 예비 은퇴자를 자산 기준으로, 상위, 중위, 하위 그룹으로 나누어서 살펴보았다.[39] 이들의 주된 생활비는 주로 국민연금, 금융소득, 기초연금을 통해 충당된다. 상위그룹으로 갈수록 국민연금의 비중이 크고, 하위그룹으로 갈수록 기초연금의 비중이 크다. 이를 통해 상위그룹(순자산 평균 4.6억 원)이 매월 확보할 수 있는 금액은 고작 136만 원에 불과했다. 최소생활비(176만 원)에도 못 미치는 액수다. 중위그룹(순자산 2.1억 원)은 98만 원, 하위그룹(순자산 6000만 원)은 79만 원이 고작이다. 이쯤 되면 예비 은퇴자들의 머릿속은 '살아남아야 한다'는 생각으로 가득할 것이다.

　　은퇴자들이 택한 방법은 무엇일까? 이들은 주택의 비중을 꾸준히 늘려왔다.[40] 최근에는 젊은이들이 영끌해서 집을 사는 비중이 늘어나고 있다곤 하지만, 지금까지는 고령자들이 더 빠른 속도로 주택을 늘려왔다. 실제로 60대 이상의 아파트 소유자 비중은 꾸준히 증가해왔다. 2012~2019년만 보아도 20.5퍼센트에서 28.2퍼센트로 8퍼센트 포인트 정도 증가했다. 부동산이 워낙 고가이다 보니, 상대적으로 경제력을 갖춘 세대가 부동산을 더 많이 보유하지 않겠는가. 하지만 60대 이상에서 이렇게 부동산을 놓지 못하고 있는 것은 무언가

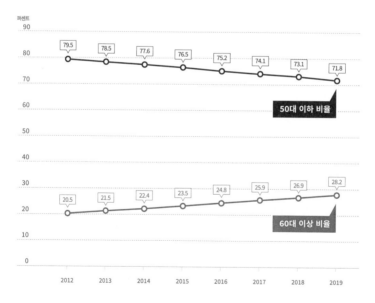

[표 25] 연령대별 수도권 아파트 소유자 비율

이유가 있어 보인다. 이들이 이렇게 부동산에 집착하는 주요한 이유는 두 가지다. 하나는 '부동산으로 노후를 보장받기' 위해, 또 다른 하나는 '부동산으로 자식들에게 증여'하기 위해서다. 두 경우 모두 집값은 장기적으로 우상향할 것이라는 믿음이 깔려 있기에 부동산을 놓지 않고 있는 것이다.

우리나라처럼 노인 빈곤율이 높고, 고령자에 대한 사회보장지출 수준이 낮은 나라에서는 스스로가 노후를 책임져야 한다. 일종의 '셀프복지' 차원에서 부동산을 포기하지 못하는 것이다. 무주택자들은 주택을 소유하기 위해, 유주택자들은 추가적으로 하나를 더 소유해 임대인이 되기 위해 노력하고 있다. 상황이 이렇다 보니 베이비부머들은 집값 상승에 지대한 기여를 하고 있다. 그 결과, 은퇴가구의 자산 중 부동산 자산이 차지하는 비중이 80퍼센트를 넘는다.

베이비부머가 부동산을 움켜쥐고 있다고 해서 무조건 나쁜 것은 아니다. 이들의 가진 부동산 자산을 활용해 이주를 촉진하는 방법이 있기 때문이다. 먼저 '주택연금'을 활용한 방법이다. 빈곤한 은퇴자들이 쏟아져 나오고 있다. 은퇴 연령도 빨라지고 있다. 하지만 이들에 대한 복지예산이 턱없이 부족하다. 기초연금을 늘리는 데도 한계가 있다. 이제 노후를 위한 가장 강력한 대안으로 떠오른 것이 주택연금이다. 정부도 이를 잘 알고 있다. 최근에는 주택연금에 가입할 수 있는 나이를 60세에서 55세로 낮추었다. 50대 중반이 평균적인 은퇴 연령이 된 것을 감안한 것이다. 부동산 집값이 지속해서 상승하자, 주택연금에 가입 가능한 주택가격이 시가 9억 원 이하에서 공시지가 9억 원 이하로 바뀌었다. 하지만 주택연금을 받으려면 담보주택에 실제로 거주해야 한다. 실거주를 예외적으로 인정받는 경우는 질병 치료나 심신요양을 위해 병원이나 요양원 등에 입원하는 경우나 자녀 등의 봉양으로 다른 주택에 장기체류하는 경우다. 그러니 수도권 집을 담보로 주택연금에 가입한다면, 수도권을 떠날 수 없는 상황이 된다. 소위 '인구감소지역'으로 이주할 경우, 실거주하지 않더라도 주택연금의 자격요건을 유지할 수 있도록 하는 것이 중요하다. 수도권 10만 가구가 이런 방식으로 지방으로 이주한다면, 수도권 임대차시장에 10만 가구가 나오는 셈이 된다.

두 번째는 주택을 증여하고 지방으로 이주할 때 증여세를 완화해주는 방법이다. 특히 이 방법은 1주택 가구에 적용해야 효과를 낼 수 있다. 베이비부머 세대는 자식들에게 집을 물려주고 싶은 욕구가 크다. 이러한 욕구 또한 사회적 안전망이 취약한 국가에서 강하게 나타나고 있다. 자산을 아랫세대에 이전함으로써 가계의 생존 가능성을 높이려는 시도다. 사회적 안전망이 아무리 좋아도 서울 집값이 이렇게 높아진다면, 자식들에게 집을 물려주고자 하는 욕구는 더욱 커질 수밖에 없다. 부모의 도움을 받지 않고 자녀 스스로 월급을 모아 서울에 집을 사는 것은 불가능에 가까워졌기 때문이다. 예를 들어, 1주택자 중에서 지방 50만 명 이하의 중소도시에 3년 이상 거주하는 귀향인들을 대상으로 하면 효과가 있을 수 있다. 특히 수도권에 거주하는 분가한 자식에게 집이 증여되는 경우에도, 그만큼의 물량이 임대차시장에 나오게 된다.

수도권에만 늘어나는 첨단 일자리

지금까지 중단기적으로 주택 수요를 분산하는 방법에 대해 살펴보았다. 이제부터는 '중장기적'으로 주택 수요를 분산하는 방법에 대해 살펴보자.

수도권의 인구 집중은 어찌 보면 자연스러운 현상일 수 있다. 산업구조가 대도시 중심으로 변화하고 있기 때문이다. 도시 외곽의 전통적 산업이 쇠퇴하고 대도시의 첨단 산업이 뜨고 있다. 더 정확히 말하자면, 첨단 산업이 전통적 산업의 효율을 극대화하는 방향으로 나아가고 있다.

예를 들어, 트랙터 제조업을 살펴보자. 트랙터는 밭을 부드럽게 갈아주기도 하고, 단단한 땅을 파고 고르고, 잔디를 깎아주는 기계다. 트랙터 제조업은 점진적 변화를 겪어왔다. 초기에는 트랙터 자체만을 만드는 제조업이 대세였다. 스마트 제품이 도입되자 트랙터를 원격으로 제어할 수 있는 상품이 출시되었다. 이후 트랙터는 파종기와 경작기 등 다른 농기구와 연동하기 시작했다. 트랙터가 거대 시스템 속에서 작동하는 형태로 발전한 것이다. 여기까지는 도시의 외곽에 '산업단지'나 '농공단지'가 역할을 할 수 있었다. 하지만 제 4차 산업혁명의 시대 속에서의 트랙터는 다르다. 날씨 정보 시스템과 농업 관련 인공지능 시스템을 아우르는 농장관리 시스템 속에서 작동하는 하나의 상품이 되고 있다. 트랙터를 만들려면 다양한 전문가가 필요하다. 날씨 예측 전문가, 빅데이터 및 인공지능 전공자, 앱 개발자 등과 협업해야 한다. 대도시를 벗어나면 이런 다양한 분야의 전문가들을 쉽게 만나기 힘들다.

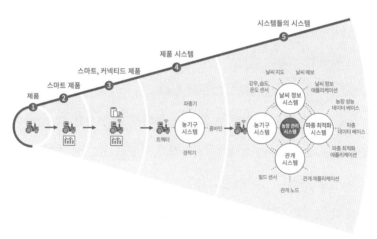

[표 26] 트랙터 제조업의 확장 가능성 개념도[41]

'시스템들의 시스템'은 융복합 환경이 아니면 구축하기 힘들다. 대도시만이 이런 환경을 만들 수 있다. 이것이 바로 첨단 산업이 대도시로 집중되는 이유다. 이 흐름은 우리나라뿐만 아니라 미국, 영국, 일본 등의 선진국에서 동시다발적으로 일어나는 메가트렌드다.

수도권 IT 산업의 성장사를 보자. 2000년대 초반에 IT 분야에서 가장 잘나가던 곳은 서울 강남이다. 강남 테헤란로는 원래 금융기업들이 밀집해 있던 곳이다. 하지만 1997년 IMF 외환위기로 금융기업들이 대대적인 구조조정에 들어갔다. 김대중 정부 들어서 벤처기업들에 대한 육성 정책을 폈다. 수많은 IT 기업들이 강남 테헤란로를 중심으로 밀려들었다. 하지만 강남의 임대료는 소규모 벤처업체들이 감당할 수준이 아니었다. 2000년대 초, 옛 구로공단에 서울디지털단지가 조성되었다. 당시 소규모 IT 기업들이 강남을 떠나 서울디지털단지로 이전했다. 서울디지털단지는 산업구조 변화에 맞추어 화려한 변신을 했다.[42] 2019년 6월 기준으로 이곳에는 약 1만 2,000개의 소규모 업체들이 입주해 있다.

경기도도 서울에 뒤질 수 없었다. 손학규 지사 시절, IT 밸리를 조성하는 경기도 사업에 많은 지자체가 지원했다. 그중 강남과 접근성이 높은 성남시가 선정되었다. 성남시 분당구에 '판교 테크노밸리'가 조성되자 IT 대기업과 중견기업 들이 대거 이동했다. 기업들이 집중적으로 이동한 것은 2011~2013년 사이다. 총면적 45만 4,964제곱미터(13만 8,000평)이니 여의도 면적의 6분의 1 수준이다. 여기에 2020년 기준으로 1,259개의 기업이 집적되어 있다. 정보기술과 문화콘텐츠기술, 바이오기술 기업이 차지하는 비율이 90퍼센트를 넘는다. 판교는 서로 다른 첨단 기술이 만나는 집적 공간이 되었다. 입주기업의 매출액 총 합계는 107.2조 원이다. 상근노동자는 모두 6만 4,497명이다. 첨단 기업들의 성격에 맞게 근로자들도 젊다. 20대와 30대 비중이 전체 근로자의 약 65퍼센트 정도를 차지하고 있다. 근로자들은 주로 분당, 용인, 광주, 서울 한강 이남 지역 등에서 출퇴근을 한다. 판교 테크노밸리의 판교역은 양재역과 세 정거장, 강남역과는 네 정거장 떨어져 있다. 판교역은 용인과 분당의 주거지역과도 긴밀하게 연결되어 있다. 판교 테크노밸리는 기업 집적의 이익뿐만 아니라 배후주거단지와 상업지역이 촘촘한 네트워크로 연결되도록 설계되었다.

수도권에서만 첨단 일자리가 늘어나고 있다. 수도권에 인구가 쏠릴 수밖에 없는 이유다. 부동산 문제의 해결책은 전 국토 차원에서의 '공간 재설계'에 있다. 더 많은 인구가 서울에 살기를 원하고 있다. 서울은 포화 상태다. 그래서 외곽을 팽창하며 점점 두꺼운 형태로 변해가고 있다. 수도권에 제2, 제3의 강남을 만들어주는 것은 대안이 아니다. 그렇다고 전 국토에 골고루 재원을 나누는 균형 발전 방식도 대안이 아니다. 우리가 수도권 일극화에 대응할 수 있는 대안은 오직 하나다. 지방에도 수도권에 필적할 만한 대도시 몇 개를 만드는 것이다. 지방에 강력한 대도시가 만들어져야 그곳에 미래의 일자리를 만들 수 있다. 이제 지방은 혁신산업의 성장에도 대응해야 한다. 그리고 이를 통해 일자리도 만들어야 한다. 지방은 대도시의 집적의 효과를 활용해야 한다. 집적의 효과를 가장 잘 활용할 수 있는 규모는 어느 정도일까?

앞서 이야기했던 리처드 플로리다 교수가 꼽은 10개의 슈퍼스타 도시 중에서 홍콩과 싱가포르에 주목해보자. 중국의 특별행정구인 홍콩은 고도의 자치권을 부여받은 도시다. 싱가포르는 도시 규모의 국가다. 모두 도시국가(city-state)라고 볼 수 있다. 홍콩(1,106제곱킬로미터)과 싱가포르(723제곱킬로미터)의 크기는 각각 서울(605제곱킬로미터)의 1.8배와 1.2배 정도다. 홍콩(750만 명)과 싱가포르(570만 명)의 인구는 각각 서울(980만 명)의 0.8배와 0.6배 정도다. 몇 개의 홍콩, 몇 개의 싱가포르를 품는다면 어떨까? 우리나라 인구는 5170만 명 정도다. 도시국가 중심의 공간설계를 통해 우리나라에 7개의 홍콩, 혹은 9개의 싱가포르를 품을 수 있다는 이야기다.

메가리전(mega-region) 전략이 최근 크게 주목받고 있다. 지역별로 강대한 대도시권을 구축하는 전략이다. 우리나라의 수도권에는 2500만 명이 넘는 인구가 살고 있다. 메가리전 중에서도 초대형급이다. 수도권이 점점 더 강대해가는 것은, 다양한 행위들의 연계가 가능한 플랫폼 형태를 띠고 있기 때문이다. 공간이 플랫폼화되어간다고? 이 말이 다소 생소할 수도 있겠다. 플랫폼 비즈니스(platform business)라는 말을 들어보았을 것이다. 서로 다른 개인들을 연결함으로써 가치를 창출하는 사업이다. 페이스북, 애플, 마이크로소프트, 인스타그램, 핀터레스트, 구글, 아마존, 유튜브, 이베이, 우버, 에어비앤비, 알리바바, 텐센트 등이 대표적이다. 이들은 '소비자와 소비자 간, 소비자와 생산자 간'을 연결하는 데 집중한다. 우리나라에는 네

이버, 카카오톡, 배달의민족, 쿠팡 등의 플랫폼 기업들이 있다. 이들이 하는 주된 일은 생산자와 소비자, 생산자와 생산자, 소비자와 소비자 간 '만남의 장'을 제공하는 것이다.

이런 플랫폼 비즈니스와 대별되는 전통적인 비즈니스 모델은 가치사슬에 기반한 사업모델이다. 생산품을 중심으로 파이프라인처럼 연구개발 및 디자인, 기획 및 설계, 상품 제조, 유통, 서비스로 쭉 이어지는 구조로 되어 있다. 사슬로 이어진 구조이기 때문에, 하나의 일이 끝나야 그다음 단계로 넘어갈 수 있다. 휴대전화의 경우 디자인이 끝나야 기획을 하고, 기획이 끝나야 제조를 하고, 제조가 끝나야 유통을 한다. 추가적인 상품 주문이 들어오면, 그만큼 비용도 추가된다. 100만 개의 휴대전화 주문이 들어오면 공장을 더 돌리거나 확장해야 한다. 근로자도 더 많이 고용해야 한다. 생산량이 많을수록 단가가 낮아지는 규모의 경제가 작동하기는 하지만, 비용을 낮추는 데는 한계가 있다. 이에 반해, 플랫폼 비즈니스는 한번 시스템을 구축하면 추가적인 상품이나 서비스를 제공하는 한계비용이 제로에 가깝다. 구글, 아마존, 카카오톡에 10만 명의 사용자가 추가된다고 해도 이들이 부담하는 추가적 비용은 크지 않다. 플랫폼 기업의 한계비용은 물리적 자산을 기반으로 하는 전통적 기업들에 비해 매우 낮다. 그러니 아이템만 잘 잡으면 폭발적 성장이 가능하다.

이런 플랫폼 기업이 성장하기 위한 공간적 조건이 있다. 이 조건은 혁신을 가능하게 하는 공간적 조건과 같다. '다양한 사람들, 빽빽한 사람들, 연결된 사람들'이 혁신을 만들어낸다. 혁신은 한 사람과 또 다른 사람이 만나 아이디어를 섞는 과정에서 발생한다. 다양한 활동이 연계되면 새로운 형태의 무언가가 나타난다. 서로 이질적인 아이디어들이 결합해 새로운 것이 만들어진다. 셋이 함께하는 '1+1+1'이 10이라는 결과를 가져오기도, 심지어는 100을 만들어내기도 한다.

도시가 혁신의 공간이 되어가고 있다. 공간플랫폼은 사람과 사람의 교류를 원활하게 만드는 그릇이고, 활동과 또 다른 활동이 만나 전혀 새로운 의미를 창출하는 장이다. 예술가가 공학자와 만나고, 놀이와 교육이 연계되고, 의료가 주거와 융합되는 공간플랫폼이 점점 더 중요해지고 있다. 이제는 이런 공간플랫폼이 있는지 없는지가 지역의 미래를 결정하는 시대가 되었다. '다양성' '밀도' '연계'는 경쟁력 있는 공간을 갖추는 중요한 요소다.

지방에서 수도권의 대항마를 설계하고 있다

앞으로도 수도권 집값은 계속 상승할 것이다. 그중에서도 서울 집값은 더 크게 뛸 가능성이 크고, 서울에서도 강남 집값은 지속해서 상승할 것이다. 인구는 밀집될수록 주변 인구를 끌어들이는 힘이 더 강해진다. 집값이 올라가면 대규모 주택 공급계획이 나온다. 하지만 이런 공급은 또 다른 주택 수요를 부른다. 앞서 강조했듯이, 서울에 주택을 공급하는 것은 마치 목마른 사람이 바닷물을 마시는 것과 같다. 바닷물이 더 큰 갈증을 부르듯, 서울의 주택 공급은 더 큰 수요를 부른다. 이것이 주택을 아무리 많이 지어도, 집값이 올라갈 수밖에 없는 이유다. 천장이 뚫린 듯 오르는 수도권 집값을 보며 윤주선 홍익대 교수는 이렇게 말했다.

> 수도권 집값은 반포가 가장 비싸고 반포로부터 거리가 멀어질수록 집값이 낮아지는 동심원 구조를 이루고 있다. 이를 깨지 못한다면 수도권 집값은 잡을 수 없다. 강남의 그린벨트까지 해제해 주택을 공급하는 것이 아니라 전략적으로 제2, 제3의 강남을 만들어주어야 한다.[43]

참신한 아이디어다. 정말로 수도권에 제2, 제3의 강남을 만들어주면 집값을 잡을 수 있을까? 물론 서울 내에서의 강남과 같은 또 다른 거점을 만드는 것도 의미가 있다. 제2의 강남을 청량리로 계획했다고 치자. 그러면 강남 집값이 수그러들까? 아마도 강남 집값은 그대로이고, 청량리 집값은 강남에 근접해갈 것이다. 제3의 강남을 만들면 똑같은 현상이 또다시 반복될 것이다. 이 과정에서 서울과 수도권 집값은 전반적으로 더욱 상승할 것이다. 집값 폭등은 경기도 주변 지역으로, 또 세종, 대전, 부산, 광주, 대구 등의 대도시로 옮겨

갈 것이다.

수도권은 서울, 경기, 인천 3곳의 지자체가 유기적으로 얽히고 설켜 있다. 인구 2500만 대도시권은 질적으로 진화를 거듭하고 있다. 신산업과 이에 맞는 혁신 인재들이 더욱 집적하고 있다. 이 과정에서 수도권은 지방의 인구와 기업을 흡수하는 더욱 강한 흡인력을 갖게 되었다. 이를 보고 많은 이들이 말한다. "산업이 수도권에만 집중되는 것을 어찌 막을 수 있겠는가?" "기업이 수도권으로 쏠리는 상황에서 공기업을 강제로 지방에 보내는 것은 중력의 흐름에 역행하는 것과 마찬가지 아닌가?" 이런 의문을 가진 사람들에게 '지방에 투자해야 한다'는 말이 얼마나 한심해 보이겠는가. 한갓 '뻘짓'으로 보일 테니 말이다.

지방에서도 이것을 느끼고 있다. 지방에는 수도권과 같은 강력한 대도시권이 없으니 점점 더 힘이 빠져가고 있다는 것도 눈치챘다. 지방에서 광역지자체가 뭉쳐야 한다는 인식이 커지고 있다. 이와 관련한 움직임이 '메가시티' 구축과 '행정구역' 통합이다. 현재까지는 부산 · 울산 · 경남, 대구 · 경북, 광주 · 전남, 대전 · 세종 · 충남 · 충북에서 움직임이 있다. 강원도도 강원형 특별광역권 기본구상을 연구 중에 있다. 정도의 차이는 있다. 부산 · 울산 · 경남과 대구 · 경북은 단체장들의 의지가 강하다. 광주 · 전남, 대전 · 세종 · 충남 · 충북, 강원은 아직은 연구단계에 머물러 있다. 여기서는 부산 · 울산 · 경남과 대구 · 경북의 사례를 간략히 살펴보려 한다.

부울경 '메가시티' 논의를 보자. 수도권의 힘이 더욱 강대해져서 지방이 어려워지자 부산, 울산, 경남이 뭉치기로 했다. 부산, 울산, 경남의 총 인구는 787만 명으로 홍콩 수준이다! 김경수 경상남도 도지사의 말을 들어보자.

> 지난해 30대 이하 청년 인구의 수도권 순유입은 10만 3,000명이고, 40대 이상 인구가 비수도권으로 빠져나간 인구는 1만 5,000명이다. 수도권의 합계출산율과 삶의 만족도도 전국평균보다 낮은 것으로 조사되었다. 수도권 집중, 이대로 가면 수도권과 비수도권이 함께 침몰한다. (···) 이미 선진국들은 수도권 일극 체제를 극복하고, 국가 경쟁력을 높이기 위해 초광역 협력체계를 만들고 있다. 부울경 메가시티 전략은 4개의 거점 도시인 진주·창원·부산·울산과 주변 지역을 네트워크로 연결하는 것이다. 1시간 생활권을 목표로 광역 대중 교통망과 지역별 장점을 살린 미래 먹거리 산업을 준비하고 있다.[44]

각자도생했던 3개의 지자체들이 공동체가 되기로 결의했다. 공동체의 내용은 크게 네 가지다. 먼저, 행정공동체를 지향하기로 했다. 행정사무를 함께하는 조직을 만드는 것이다. 둘째로, 생활공동체를 통해 교육, 재난·안전, 복지·보건, 먹거리에 대한 공동사업을 함께 구상하는 것이다. 셋째로, 경제공동체다. 이는 공동으로 경제권을 구축하고 중점 산업을 육성하기 위한 공동체를 구상하는 것이다. 넷째로, 문화공동체다. 공동으로 문화관광벨트를 구축하고 대규모 국제행사를 함께 준비하는 것이다. 요약하면 이렇다. 다 같이 일상을 누리고(생활), 먹고살고(경제), 놀고 즐기기(문화) 위해, 함께 계획(행정)하자는 것이다. 이유는 간단하다. 이렇게 하지 않으면 수도권의 위세에 밀려 지역이 버틸 수 없기 때문이다.

대구와 경북의 행정구역 통합 논의도 큰 틀에서 보면 부울경의 경우와 유사하다. 수도권 집중으로 지방의 위기가 커지는 현실 속에서 뭉치기 전략을 취한 것이다. '왜 행정구역 통합을 주장하는지'에 대한 어느 기자의 질문에 이철우 경상북도 도지사가 한 답변을 들어보자.

세계 흐름입니다. 전 세계는 대도시로 계속 이전하고 있습니다. 1000만 넘는 대도시가 현재는 33개인데 2030년대는 43개로 늘어납니다. 10개 도시가 더 생기는 것입니다. 이렇게 대도시로 가는 것이 세계적 추세입니다. 왜 그러냐면 지역균형 발전을 가져와 경쟁력이 생기기 때문입니다. 프랑스는 2010년 22개 지역을 13개로 통합했습니다. 주거 및 관광, 지리 공간, 통행 등을 하나로 묶어 대도시화했습니다.

영국은 2006년 주요 지방 도시를 중심으로 8개 도시권을 형성했습니다. 경제 활성화, 인프라 확충 등 도시권 개발계획을 공동

수립했습니다. 독일은 2005년 슈투트가르트, 함부르크 등 11개 대도시권을 운영하고 있습니다. 그 결과 수도권 인구 비중이 프랑스 18.2퍼센트, 영국 20.9퍼센트, 독일 7.4퍼센트 정도 됩니다. 반면 한국은 수도권 집중 현상이 극에 달해 있습니다. 전체 국토 면적의 12퍼센트밖에 차지하지 않음에도 수도권 인구 비중은 무려 50.2퍼센트에 달하는 것입니다. 행정구역 통합과 같은 새로운 국가균형 발전 모델이 요구되고 있습니다.[45]

두 지자체를 합치면 인구는 512만 명 수준이다. 인구로만 보면 싱가포르보다 약간 적은 인구다. 행정구역 통합을 추진하기 위한 '공론화위원회'도 만들었다. 통합 후 생활권을 서부권(거점은 대구, 군위), 동부권(거점은 포항, 경주), 북부권(거점은 안동, 예천)의 3곳으로 나누었다. 2020년 12월에는 '지방자치법' 전면 개정안이 통과되면서 '특별지방자치단체(특별지자체)'에 대한 설치와 운영규정이 마련되었다(이 개정안은 2022년 1월부터 시행된다). 통합 후 실행력을 갖춘 조직을 만들 수 있는 토대가 생긴 것이다.

그렇다면 통합 후의 모습은 어떻게 될까? 2021년 3월, 공론화위원회는 통합의 방안으로 두 가지를 제시했다. 하나는 '대구 · 경북 특별광역시'(이하 특별광역시)로 가는 것이고, 다른 하나는 '대구 · 경북 특별자치도'(이하 특별자치도)로 하는 안이다. '특별광역시'는 대구광역시를 경북 전역으로 확장하는 모델이다. 그리고 특별광역시 내에

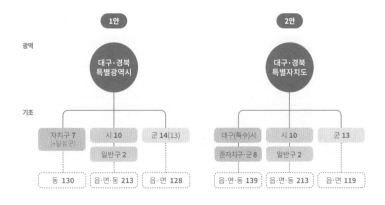

[표 27] 대구·경북의 행정구역 통합 방안

대구의 자치구 7곳, 경북의 시 10곳, 포항의 일반구 2곳, 군 14곳이 포함되게 된다. 현재 대구광역시의 자치구들이 그대로 기초지자체로 남아 있을 수 있다. '특별자치도'는 대구광역시를 별도의 특례시 개념으로 하는 모델이다. 대구광역시가 기초자치단체가 되고, 기존의 자치구들이 자치구의 지위를 잃게 된다. 구청장과 구의원을 뽑지 않는다는 뜻이다. 2021년 7월 현재 상황은 특별광역시를 더 선호하는 듯하다.

수도권의 대항마가 어떤 모습일지 조금씩 구체화하고 있다. 행정구역 통합과 메가시티가 성공적으로 진행된다면 강력한 경제력을 가진 공동체로 성장할 것이다. 그리고 청년을 위한 다양한 일자리가 창출될 것이다. 시중에 풀린 돈이 갈 길을 잃었다. 부동산 이외의 대체 투자처를 찾아야 한다. 중앙정부는 새로운 투자가 지방 대도시권에서 일어날 수 있도록 광역지자체와 함께 뛰어야 한다. 넘쳐나는 돈이 지방의 생산적인 투자에 쓰일 수 있도록 돈의 흐름을 돌려야 한다. 그것이 지방이 사는 길이고 수도권도 사는 길이다.

6장

부동산 정책, 기본으로 돌아가자

쏠림이 계속되니 핀셋 규제는 듣지 않는다

강남 집값은 전국의 집값을 자극한다. 서울 강남 집값이 오르면, 그 다음에는 강북이 오른다. 이어 경기도가 덩달아 오른다. 집값이 오르면 정부가 조급해한다. 집값이 가장 먼저 달아나는 지역부터 손 보아야 한다고 생각한다. 먼저 달려 나가는 놈을 콕 집어 빨리 때려잡는 것이다. 바로 '핀셋 규제'다. 정부의 핀셋은 '지역'과 '사람'을 향하고 있다. '지역 핀셋'은 특정 지역을 콕 집어서 규제하는 방식이다. 집값이 빠르게 뛰는 지역을 규제지역으로 선언하고, 여기에 수요를 누르는 각종 규제책을 쏟아낸 방식이다. '사람 핀셋'은 특정인을 콕 집어 규제한다. 정부의 핀셋이 향하는 이들은 실거주가 아닌데 주택을 사들이는 사람이다. 현 정부에서 사람 핀셋은 다주택자를 향하고 있다.

우선 지역 핀셋부터 보자. 핀셋을 쓰려면, 핀셋을 집중적으로 사용할 곳을 정해야 한다. 마치 암 수술을 집도하는 내과의사가 도려낼 부분을 표시하는 것처럼 말이다. 의사는 종양 조직과 정상 조직의 경계를 정확히 파악해야 한다. 정상 조직이 다치지 않도록 그곳에만 집중한다. 정부도 핀셋 정책을 쓸 때는 해당 지역을 표시한다. 핀셋이 향할 곳을 '조정 대상지역'과 '투기과열지구'로 규정했다.[1] 이둘은 '주택법'에 의한 규제다(국토교통부장관이 지정한다). 여기에 하나 더 더해 '투기지역'도 있다. 이것은 '소득세법'에 의한 규제다(기획재정부장관이 지정한다). 이 규제 3종 세트를 함께 일컬을 때는 '규제지역'으로 표현한다. 규제지역은 집값이 로켓 상승하고 있는 지역이라는 공통점이 있다. 규제지역으로 지정되면 규제 종합세트가 해당 지역에 적용된

[표 28] 세 종류의 규제지역

다. 하지만 규제 강도는 다르다. 조정 대상지역에서 투기과열지구, 투기지역으로 갈수록 규제가 세진다. 주택법에 의한 두 가지 규제가 점점 세지니 투기지역은 실효성을 잃어가고 있다. 그래서 여기에서는 조정 대상지역과 투기과열지구에 대해서만 살펴볼 것이다.

단어에서 나타나듯이, 조정 대상지역은 주택시장이 '뜨거운 곳'과 '차가운 곳'의 집값을 조정해 보겠다는 의미다. 뜨거운 곳은 식히고, 차가운 곳은 조금 데우는 식이다. 뜨거운 곳은 과열지역으로, 차가운 곳은 위축지역으로 부른다. 지금까지 정부가 조정 대상지역을 지정할 때는 과열지역에만 적용했다. 그렇다면 뜨거운 지역의 기준은 어디일까? 바로 주택가격이 급상승하는 곳과 청약시장이 불타오르는 곳이다. 주택가격만을 본다면 지난 3개월간 집값이 물가 상승률에 비해 1.3배를 초과하거나 청약 경쟁률이 매우 높은 곳(지금은 5대 1 이상인 지역)을 대상으로 한다.

조정 대상지역으로 지정되면, 그 지역의 집을 사기가 어려워진다. LTV를 낮춤으로써 대출을 까다롭게 한다. 집값이 9억 원 이하면 LTV 50퍼센트, 9억 원을 넘어서는 초과분에 대해서는 30퍼센트만 적용된다. 연간 소득에서 부채의 연간 원리금 상환액이 차지하는 비율인 DTI도 50퍼센트로 제한된다. 이 외에도 세금도 세지고, 청약도 까다로워진다. 조정 대상지역 지정의 효과는, 집 구매의 문턱을 높여 '수요를 누르는' 것이다.

조정 대상지역으로도 약발이 듣지 않으면 투기과열지구로 한 단계 규제 수준을 높인다. 단어의 어감에서도 알 수 있듯이, 투기과열지구는 투기 세력이 뛰어들기 시작해 시장이 달아오르고 있는 곳이다. 투기과열지구의 지정 기준은 어떻게 될까? 투기과열지구도 주택가격이 물가보다 훨씬 높게 뛰는 지역을 대상으로 한다(세부적인 규제의 내용을 설명하기에는 지면이 부족하다. 그리고 꽤 자주 바뀐다. 규제의 내용이 무엇인지를 설명하는 것이 이 책의 핵심 내용은 아니니, 여기서는 핵심만 간추리기로 한다).

투기과열지구로 지정되면 LTV와 DTI 규제가 더 세지고, 전세자금 대출도 엄격해진다. 우선 가장 대표적인 규제 내용인 LTV를 보자. 투기과열지구에서는 '9억 원 이하' 분에 대해서는 LTV 40퍼센트를 적용하고, '9~15억 원 이하' 분은 20퍼센트를 적용하고 있다(서울의 모든 주택은 이 규제를 적용받고 있다). 2019년 12·16 대책 이전에는 LTV가 40퍼센트로, 15억 원짜리 주택을 사면 받을 수 있는 최대 담보대출액은 6억 원이었다. 하지만 지금은 (9억×0.4)+(6억×0.2)로 4.8억 원만 가능하다. 1억 원이 넘게 줄었다. 15억 원을 초과하는 집은 LTV가 0퍼센트다. 주택담보대출 자체가 아예 불가능하다. 현금 부자가 아니면 15억 원을 넘는 고가주택을 사기 불가능해졌다(15억 원을 초과하는 주택의 주택담보대출 금지에 관해서는 헌법상 행복추구권, 평등권, 재산권 등을 침해한다는 위헌 소송이 제기된 상태다).

2021년 7월 기준으로 조정 대상지역은 수도권 거의 모든 지역이 포함되었다고 보면 된다. 부산, 대구, 광주, 대전, 울산, 세종도 상당히 넓은 지역이 포함된다. 청주, 천안, 논산, 공주, 전주, 여수, 순천,

광양, 포항, 경산, 창원 등도 일부 지정되었다. 핀셋 적용 지역이라 하기에는 민망할 정도로 광범위하다. 특정 지역에 대한 규제가 강화되자, 불똥은 인근 지역으로 번지기 시작했다. 풍선효과가 일어난 것이다. 조정 대상지역은 계속 늘어왔다. 2020년 11월 20일에는 부산 해운대구와 수영구, 대구 수성구, 경기 김포시 등 7곳을 추가로 지정했다. 그러자 옆 동네가 또 올랐다. 정부는 2020년 12월 17일에 파주, 천안, 전주, 공주, 논산을 포함해 부산, 대구, 광주, 울산의 광역시 일부지역도 포함했다. 2020년 말 기준으로 조정 대상지역은 111곳이 되었다. 소금 조금 넣고 간 보고, 조금 지나 소금 더 넣고 간 보기를 무한 반복했다. 이제는 조정 대상지역을 찾는 것보다 아닌 지역을 찾는 것이 더 빠르겠다는 푸념도 들렸다. 송언석 국민의힘 의원은 조정 대상지역이 전 국토의 8.8퍼센트에 달하며, 여기에 우리 국민의 70.1퍼센트(3500만 명 이상)가 거주하고 있다고 밝혔다.[2] 핀셋 정책이 먹히지 않자, 내 주변의 한 지인은 다음과 같이 푸념했다.

정부가 핀셋을 이용해 다음에 어느 지역이 뛸지를 알려주고 있다. 정부는 투기꾼들에게 아주 친절한 족집게 과외선생인 듯하다.

사람들은 규제에 적응했고 내성이 커졌다. 투자처를 잃은 돈은 규제를 피할 수 있는 모든 곳으로 손을 뻗쳤다. 온 국토가 규제지역이 되니 이제 한 바퀴 돌아 서울이 상승하고 있다. '역풍선효과'가 나타나는 것이다. 2021년 5월 한 심포지엄에서 우석진 명지대 교수는 이렇게 말했다.

> 핀셋 규제로 미세 조정할 수 없는 시장인데 이를 자신했다가 정책도 실패하고 신뢰까지 상실하게 되었다. (…) 정부를 포함한 누구도 시장 구조와 시장 참가자의 행태에 대한 막대한 규모의 정보를 가지고 있지 않다.[3]

지역 핀셋 규제가 점점 더 어려워지고 있다. 지금 우리에게 필요한 것은 핀셋 규제가 아니라 보편적이고 이해하기 쉽고, 자주 바뀌지 않는 규칙이다. 그래야 정책도 먹힌다. 행정비용도 줄어든다. 이렇게 지역을 세분화해서 촘촘히 규제하는 나라는 전 세계 어디에도 없다. 핀셋이 아닌 '보편적 규제'로 나아가야 한다. 현재 지역별로 차등적으로 적용하고 있는 규제는 대출, 세금, 분양권 전매, 청약 등에 관한 내용으로 구분되고 있다. 세부 내용을 들여다보면, 전국적으로 적용되어도 무방한 것들이 많다. 특정 지역을 콕 집어서 "여기는 이것이 적용된다"라고 규정할 필요가 없다는 뜻이다. 규제 내용도 하도 많이 바뀌니 세무사들조차 헷갈려한다. 보편적 규제는 지역이 대상이 아닌, 보유한 주택의 가격을 기준으로 누진적으로 규제 내용을 적용하면 된다. 자연스럽게 집값이 높은 곳은 더 강한 규제가, 집값이 낮은 곳은 더 약한 규제가 적용될 수밖에 없다. 이런 보편적인 규제에 서민과 실거주자들을 위한 공제혜택을 추가하는 것은 당연한 일이다. 이 또한 전국 공통으로 말이다.

다주택자는 투기꾼이라는 프레임

2017년 말 정부는 '임대주택 등록 활성화 방안'을 발표했다. 다주택 자들에게 임대주택사업자로 등록하면 큰 혜택을 주겠다고 회유했다. 이때까지만 해도 다주택자는 회유의 대상이었다. 함께 잘해보자고 어르는 모양새였다. 임대주택을 공급하는 데 있어 공공과 민간의 공생이라고나 할까. 하지만 이후에도 집값은 끝을 모르고 상승했다. 정부는 입장을 180도 바꾸었다. 다주택자에게 핀셋을 들이댔다. 그리고 이들에게 투기꾼이라는 꼬리표를 달았다. 다주택자들은 왜 자신들이 투기꾼이냐며 억울해했다.

투기꾼을 잡으려면 투기에 대한 정의가 명확해야 한다. 투기꾼 들도 자신들은 투기(speculation)가 아닌 투자(investment)를 하고 있다고 믿고 있다. 그렇다면 투자와 투기는 무엇이 다른가. 투자 전문가들은 '위험도'가 이 둘을 구분 짓는 기준이라고 이야기한다. 부동산으로 돈을 벌고자 하는 이가 있다고 치자. 그가 부동산을 통해 안정적인 수익을 계산했다면, 그것은 투자다. 대부분 장기적 시각에서 행해지는 행위다. 반면에 면밀한 검토도 없이 짧은 기간 내에 높은 수익을 바란다면 그것은 투기다. 하지만 위험도를 기준으로 한 구분은 무언가 아쉬움이 남는다. 어느 정도의 위험이 진짜 위험한 것인지 그 경계가 모호하기 때문이다. 일반인에게 투기꾼이 어떤 사람들이라고 생각하는지를 물으면 "열심히 일하지 않고 큰돈을 버는 사람들"이라는 답을 가장 많이 내놓는다. 아쉽게도 이 또한 명쾌한 기준은 아니다. 근면하고 성실한 투기꾼도 분명 있을 것이기 때문이다. 이렇게 투기와 투자의 구분이 어려우니, 내가 하면 '투자' 남이 하면 '투기'라는 말이 나오는 것이다.

명시적이지는 않지만, 우리 사회에는 투자와 투기를 구분하는 기준이 있기는 하다. 우리가 일상에서 쓰는 단어를 보자. 예를 들어, 주식은 투기라고 말하지 않는다. 3억 원의 여윳돈이 있는 홍길동이 있다고 가정해보자. 그가 3억 원의 주식을 사면, 그가 우리나라의 기업 발전에 도움을 준다고 생각한다(실제로 길동이가 A사의 주식을 샀다고 A사가 사업자금이 늘어나는 것은 아니다). 홍길동이 3억 원을 주식에 투자해 3억 원(수익률 100퍼센트)을 벌면 부러움의 대상이 된다. 노동의 대가치곤 너무 큰 액수가 아니냐고 비난하지 않는다. 하지만 길동이가 똑같은 3억 원으로 2채를 갭 투자한다면, 그는 부동산 시장을 교란하고 무주택자들에게 피해를 주는 투기꾼으로 간주한다. 3억 원을 부동산에 투자해 3억 원을 벌었다고 하면, 사람들은 분노의 감정도 감추지 않는다. 솔직히 까놓고 말하면, 홍길동의 입장에서는 법적인 테두리 안에서 돈을 벌기 위해 노력했을 뿐이다. 투기와 투자의 경계는 '공공의 이익'에 반하는가다. 공익에 반하는 행위는 '투기'로, 그렇지 않으면 '투자'라 생각한다. 이 둘을 가르는 기준은 '행위의 파급효과'에 초점이 맞추어져 있다.

당근마켓을 보자. 당근마켓은 가까운 거리에 있는 사람들 간의 직거래를 주선하는 인터넷 중고시장 플랫폼이다. 당근마켓에는 산 다음 바로 가격을 올려서 재판매하는 이들이 많다고 한다. 10만 원에 중고 자전거를 사서 바로 15만 원에 바로 내놓는 식이다. 이들은 애초부터 자전거를 사용할 생각이 없었다. 되팔이가 많아지면 상품 가격이 올라간다. 당근마켓 이용자들이 불만을 가질 만도 한다. 당근마켓 측에서도 '당근마켓에서 구매 후 비싼 가격에 재판매해요' 항목으로 신고할 수 있게 했다. 당근마켓에서의 되팔이는 그래도 눈감아줄 만한 수준이다. 이로 인해 가격이 약간 더 높아질 뿐이니까.

하지만 되팔이가 공분을 살 때도 있다. 사람들의 일상에 필요한 '필수품'을 사재기해서 되팔이할 때다. 코로나19가 발발한 직후 마스크 대란이 일어났다. 사상 처음으로 마스크 5부제가 시행되었고, 약국에서는 구매자의 생년월일을 일일이 확인하고 판매하는 진풍경도 벌어졌다. 이것을 기회 삼아 자영업자가 자동 클릭 프로그램을 이용해 4,000개가 넘는 마스크를 사재기했다. 서울중앙지방법원은 업무방해 혐의로 기소된 그에게 징역 4개월에 집행유예 2년을 선고했다.

이런 되팔기를 조금 어려운 용어로 '전매(轉賣)'라고 부른다. 아파트를 분양받을 권리인 분양권을 되파는 행위 또한 전매다. 분양권을 사고파는 행위는 투자일까 투기일까. 분양권 전매의 예를 보자. 아파트를 5억 원에 분양받아서 1억 원 프리미엄을 붙여 6억 원에 팔면 1억 원의 차익이 생긴다. 수익률을 계산해보자. 일반적으로 계약금은 10퍼센트이고, 중도금은 무이자로 대출받는 경우가 많다. 아파트가 5억 원이니 계약금은 5000만 원이다. 계약금 5000만 원에 1억 원의 차익을 얻으면, 수익률은 자그마치 200퍼센트다. 이런 분양권 전매 행위에 분노하는 사람들은 말한다.

들어가 살 생각도 없으면서, 분양권을 사고 프리미엄을 붙여서 파는 행위는 100퍼센트 투기다. 분양권 투기를 하는 사람들은 심지어 집을 가질 생각도 없다. 분양권 거래 현황을 잘 뜯어보면, 당첨자 4명 중 1명이 이런 투기 세력이다. 이런 사람들이 집값 거품을 부풀리게 한다. 전매 과정에서 프리미엄이 계속 붙기 때문에 마지막에 실제 거주할 목적으로 집을 사는 사람들의 부담만 늘어난다.

주택 청약이 점점 더 어려워지자 프리미엄을 얹어서라도 분양권을 사려는 사람들이 많아지고 있다. "청무피사"(청약은 무슨, 피 주고 집 사라)라는 말이 떠돌기도 했다. 얼마 전까지만 해도 주요 지역에 분양

권 전매제한 기한이 6개월 정도였다. 분양권을 사고 난 후 6개월간
은 다른 이에게 팔지 못한다는 뜻이다. 하지만 시세차익을 노리고
분양권을 되파는 사람이 많아지자 정부가 규제 수위를 높였다. 규제
는 크게 두 가지다. 하나는 분양권을 소유 주택수에 포함한 것이다.
분양권을 산 것만으로도 집 1채를 더 가진 것으로 간주하니 세금이
크게 높아진다. 또 다른 하나는 부동산 등기부에 분양권자의 이름을
올릴 때까지 못 팔게 하는 것이다.[4] 분양한 후 등기부에 이름을 올리
기까지 2~3년 정도가 소요된다. 분양권을 사고팔며 한탕을 노리는
것을 차단한 것이다.

　우리 사회가 생각하는 투기꾼에 대한 정의는 명확하다. 필수재
를 이용해 돈을 벌면서 사회에 공익을 해치는 이들. 집값이 폭등하
자 정부는 다주택자들도 사회의 공익을 해치는 일들로 규정했다. 이
들에 대한 전방위적 규제가 들어갔다.

다주택자 규제 전에 공공임대주택 충분히 공급해야

2021년 1월 신년 기자회견에서 어느 기자의 질문에 문재인 대통령
은 다음과 같이 답했다.

　　과거 정부에 비해 더 많은 주택 공급을 늘렸고 투기만 차단하면

충분할 것으로 판단하고, 그동안 투기에 역점을 두었지만 결국 부동산 안정화에는 성공하지 못했다. (…) 풍부한 유동성과 저금리로 부동산 시장으로 자금이 몰리게 되어 있는 상황에서 인구가 감소했는데도 (작년에만) 61만 세대가 늘었다. (…) 이는 예년에 없던 세대수의 증가였고, 이로 인한 공급 부족이 부동산 가격의 상승을 부추긴 측면이 있다.[5]

'가구수 증가 → 집값 상승'의 논리도 설득력이 있다. 가구가 늘어나는 만큼 집도 더 필요할 것이기 때문이다. 통계를 들여다보아도 세대수가 대폭 증가했다는 점은 틀림없다. 하지만 최근의 세대수 증가와 집값은 큰 상관성이 없다. 세대수가 증가한 원인은, 다주택자에 대한 규제를 강화했기 때문이다. 1가구 1주택을 유도하는 방향으로 규제를 쏟아내니, 젊은이들은 부모와 가능한 한 빨리 세대를 분리하는 것이 유리한 상황이 되어버렸다.

우리나라 총 인구수는 2020년부터 줄기 시작했다. 2020년 한 해에만 인구가 2만 명 정도 줄었다. 하지만 같은 기간 세대수는 61만 명 정도 늘었다. 세대수에 대해 조금 더 자세히 살펴보자.

세대수 증가는 과거 수십 년간 이어진 추세였다. 표 29는 전년 대비 세대수 증가율을 보여주고 있다. 박근혜 정부 세대수 증가율은 안정적이었다. 매년 1.2~1.4퍼센트 정도의 세대수 증가세를 보였다. 하지만 문재인 정부가 들어선 2017년부터 세대수는 큰 폭으로

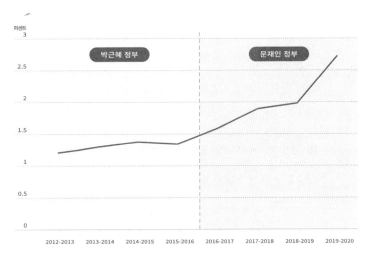

[표 29] 최근 8년간 세대수 증가율 추이

증가했다. 게다가 상승률의 증가폭도 점점 커지고 있다. 2017년(2016년 대비)에는 1.6퍼센트 수준이었는데, 2018년(2017년 대비)에는 1.9퍼센트, 2019년(2018년 대비)에는 2.0퍼센트로 증가했고 2020년(2019년 대비)에는 2.7퍼센트로 더욱 크게 상승했다.

왜 이런 현상이 벌어졌을까? 세대수가 증가하는 주요 이유는 세 가지다. 결혼하거나, 이혼하거나, (무엇인지 모를 이유로) 분가하거나. 표 29의 분석 기간인 2012년부터 2020년까지의 결혼과 이혼 통계를 보자.[6] 지금까지 혼인 건수는 32만 7,000건에서 21만 4,000건으로 주야장천 감소했다. 결혼은 세대수 증가율이 높아진 주요 원인은 아니다. 이혼은 2012년부터 11만 4,000건에서 2020년 10만 7,000건으로 약간 줄어들기는 했다. 하지만 큰 변화라고 할 수는 없다. 이혼도 세대수가 늘어난 주요 원인이 아니다. 남은 것은 하나다. 분가가 급증한 것이다. 이에 대해 서진형 경인여대 교수는 다음과 같이 말한다.

> 1~2인 가구로의 분화가 사회적인 트렌드이기는 하지만, 근본적인 이유 중 하나는 정부의 규제 정책 때문이다. (…) 이번 정부가 1가구 1주택 우대 정책을 펴고 있기 때문이다. (…) 지금은 세대를 분리해야 세금 중과를 피할 수 있고, 청약 당첨 가능성도 훨씬 커진다. 일반인들은 이런 정부 정책에 따라 세대 분리를 하는 것으로 보아야 한다.[7]

다주택자의 경우, 부모와 자녀가 집을 하나씩 소유하고 있는 경우도 흔하다. 이 경우는 1가구 2주택에 해당한다. 다주택자 규제가 강화되자 세대 분리가 활발히 일어나기 시작했다. 오로지 절세를 위해서다. 그렇게 하지 않으면 종합부동산세, 양도소득세 중과 대상이 된다. 또 다른 이유도 있다. 만30세 이상으로 청약을 원하는 젊은이들의 경우, 혼인하지 않더라도 혼자 따로 나와 사는 것이 유리하다. 청약의 경우 세대 분리를 해야만 당첨 가능성이 커지기 때문이다. 청약통장도 연말정산 시 소득공제가 가능하다. 하지만 이 또한 세대주만 공제를 받을 수 있다. 세대 분리를 해야 가계에 도움이 되는 상황이다. 다주택자에 대한 전방위적 규제는 이렇게 세대 분리를 가속

하는 하나의 요인으로 작용하고 있다.

본론으로 들어가자. 다주택자들에 대한 핀셋 규제는 이보다 더 큰 부작용을 일으킬 수 있다. 이해를 돕기 위해 100가구가 오순도순 사는 스머프 마을을 가정해본다. 스머프 마을은 모두가 1인 가구이고, 절반은 주택을 소유하고 있다고 치자(50가구는 유주택 스머프, 50가구는 무주택 스머프). 그리고 50가구가 2채씩 가지고 있는 다주택 스머프들이고, 나머지 스머프들은 유주택 스머프들이 소유한 주택에 전세로 거주하고 있다고 가정하자.

[표 30] 스머프 마을의 매매시장과 임대차시장

스머프 마을이 살기 좋은 마을로 소문이 났다. 외지에 사는 스머프들도 이 마을로 이주하고 싶어 했다. 집값도 오르고 전세가도 올랐다. 촌장인 파파 스머프가 말했다. "부자들이 집을 2채나 가지고 있으니 마을에 주택이 부족한 거예요." 마을 주민들도 다주택 스머프들이 집을 내놓으면 집값이 내려갈 것으로 생각했다. 파파 스머프가 1가구 1주택 원칙을 천명했다. 2주택을 계속 고수하면 엄청난 세금을 물리겠다고 으름장도 놓았다. 다주택 스머프의 상당수가 나머지 1채를 매물로 내놓았다. 무슨 일이 생기겠는가? 마을에 매물이 많이 풀렸다. 매매가가 내려갔다. 전세 살던 스머프들 중 집을 살 여력이 있는 스머프들은 이제 내 집을 마련했다. 집을 살 돈이 없는 스머프들은 난감해했다. 스머프 마을에서 전셋집은 점점 더 귀해져 갔다. 전세가가 급속히 올랐다. 전세가가 오르니, 집값도 다시 올라 갔다.

> 중요한 사실은 다주택자가 주택을 매도하면 임대차시장에 주택 물량이 줄어든다는 사실이다. 그리고 임대료는 올라갈 수밖에 없다.

주택시장에서 다주택자들도 임대주택을 공급하는 역할을 한다. 전국적으로 보면, 집 가진 가구가 55퍼센트 정도 된다. 나머지 45퍼센트 정도는 전세와 월세의 임차가구다. 다주택자는 전월세시장에서 3분의 1 정도의 물량을 임대주택으로 공급하고 있다. 앞서 여러 번 강조했듯이 주택시장은 매매시장과 임대차시장으로 구분된다. 다주택자에 대한 규제를 강화하면, 주택 수요가 임대차시장에서 매매시장으로 옮겨가게 된다. 이렇게 매매시장으로 옮길 수 있는 사람들은 그래도 집을 살 여력이 있는 사람들이다. 하지만 임대차시장에는 이렇게 경제적 여력이 있는 사람들만 있는 것이 아니다. 아무리 발버둥 쳐도 집을 살 수 없는 사람들이 있다. 저소득층과 사회적 취약계층이 이 범주에 포함된다. 추가적인 주택 공급이 없는 상황에서 다주택자들이 매물을 쏟아내면 매매시장이 커진다. 매매시장이 커지면 임대차시장은 줄어들 수밖에 없다. 매매시장과 임대차시장은 그렇게 맞물려 있다.

한 가지 확실히 하자. 나는 다주택자들에 대한 규제가 없어야 한다고 주장하는 것이 아니다. 다주택자가 집값 폭등에 전혀 기여하지 않았다고 주장하는 것은 더더욱 아니다. 이들 상당수가 주택을 돈벌이의 대상으로 보고 있는 것도 맞다. 그렇다고 다주택자를 쪼는 것만이 해결책은 아니다. 내가 강조하고자 하는 것은, 다주택자에 대한 규제를 강화하려면 임대차시장에 물량이 충분해야 한다는 점이다. 집을 사고 싶어도 그럴 수 없는 사람들이 제일 큰 피해를 보기 때문이다. 이것이 바로 공공임대주택이 충분하게 공급되어야 하는 이유다.

공공임대주택 어디까지 공급해야 하나

제대로 된 집이 없다면 인간으로서의 존엄을 지키기 힘들다. 하늘

아래 두 다리 뻗고 편히 쉴 곳은 인간이라면 가져야 할 가장 기본적 권리 중 하나. 주거권의 개념이 중요한 이유다. 2015년 제정된 '주거기본법'을 보면, "우리 국민 모두는 쾌적하고 안정적인 주거 환경에서 인간다운 주거생활을 할 권리를 갖는다"라는 '주거권'이 명시되어 있다. 주거를 또 하나의 기본적 인권으로 인정한 것이다.

정부의 노력을 보자. 2017년 11월 말, 정부는 '주거복지로드맵'을 발표했다.[8] 로드맵은 일종의 장기 계획이다. 이 계획에는 사회적 취약계층을 위한 주거 정책이 복지 정책임을 명확히 했다. 이런 주거복지의 대상은 시장에서 밀려난 주거약자들이다. 정부는 주거복지 대상으로 청년(만19~39세), 신혼부부, 고령자, 저소득 빈곤가구를 정했다. 이들을 위해 공공주택 105.2만 호를 공급하겠다고 계획했다. 그중 임대(공공임대)는 70.2만 호, 공공지원(공공지원 민간임대)은 20만 호, 분양(공공분양)은 15만 호로, 임대주택의 비율이 압도적으로 높다. 용어가 헷갈릴 수도 있을 것 같아 다시 한 번 쉽게 정리해본다.

공공임대: 공공(LH, 지자체 도시공사 등)이 주택을 지어서 임대

공공지원 민간임대: 민간이 공공의 지원(주택도시기금 출자, 용적률 완화 등)을 받아 주택을 건설하거나 매입해서 임대

공공분양: 공공(LH, 지자체 도시공사 등)이 주택을 지어서 분양

2020년 3월에는 기존의 로드맵을 업그레이드해서 주거복지 로드맵 2.0을 발표했다. 옛 버전은 5년간(2018~2022년)의 계획이었는데, 새 버전은 여기에 3년을 더해 8년간(2018~2025년)으로 정했다. 조금 더 장기적으로 계획을 변경하며, 옛 버전인 공공주택 105.2만 호에 63만 호를 더했다. 2025년까지 모두 168.2만 호를 공급할 계획이다. 임대주택의 비율이 늘어나면서, 이제는 "누구나 살고 싶은 공공임대주택"이라는 말도 등장했다. 예전에는 임대주택이 사회적 취약계층과 저소득층을 주요 대상으로 했는데, 앞으로는 중산층까지 확대하는 방향으로 바뀌고 있다.[9]

2020년 12월 11일, 문재인 대통령은 LH의 임대주택 100만 호 기념단지인 화성 동탄의 임대주택을 방문한 자리에서 다음과 같이 말했다.

> 우리는 세계 10위권의 경제 강국으로 도약했고, 집 없는 설움을 가진 730만 가구의 주거권을 충분히 보장할 만큼 성장했다. (···) 누구나 살고 싶은 공공임대주택을 건설할 것이고, 내년부터 공공임대주택 입주 요건을 중산층까지 확대하겠다. (···) 내년부터 공공임대주택 입주 요건을 중산층까지 확대하고, 2025년까지 중형 임대주택 6만 3,000호를 공급할 것이다.[10]

그렇다면 우리나라의 임대주택 비율은 정말로 충분한 것일까?

2020년 기준으로 전체주택에서 장기공공임대주택이 차지하는 비율(장기공공임대주택 재고율)은 8퍼센트가 조금 넘는다. 정부의 계획대로라면, 2025년에는 장기공공임대주택[11, 12] 총량이 240만 호가 된다. 전체 주택에서 차지하는 비율(재고율)은 10퍼센트가 될 것으로 예상한다. 정부는 이 수치가 OECD 평균인 8퍼센트를 훌쩍 넘는 수치라 강조했다.

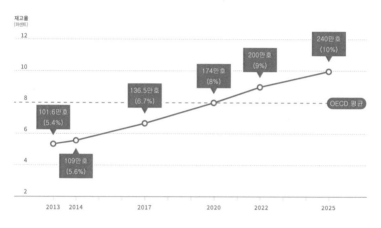

[표 31] 장기공공임대주택(10년 이상) 재고율

2020년 8월 김진애 열린민주당 의원은 부동산 입법 토론에서 10퍼센트는 부족하고 15퍼센트 정도는 되어야 하지 않겠느냐며 다음과 같이 말했다.

선진국이라면서 공공임대주택 비율이 10퍼센트에 못 미친다.

부끄럽지 않느냐. (…) 적어도 공공임대 비율이 15퍼센트에 이르게 해야 한다. (…) 고가 아파트에 산들, 부동산 값이 올라도 문제가 없다. 다만 세금만 열심히 내라. 불로소득이 있으면 개발이익을 환수할 수 있게 해달라. 그렇게 해서 세금이 모이면 공공임대주택에 투입 가능하다.[13]

부끄러움의 기준은 무엇일까? 왜 8~10퍼센트 정도 임대주택 공급에 부끄러워야 하고, 15퍼센트는 그렇게 느낄 필요가 없을까. 이것은 우리 사회에서 기본적 주거권을 지키지 못하는 사람들이 어느 정도인지에 따라 달라진다. 간단한 통계만 보자.

2019년 기준으로 장기공공임대주택수는 158만 호다. 이것이 어느 정도 충분한 것인지 한번 계산해보자. 우리나라의 총 가구수는 2034만 가구이고, 이 중 주택을 소유하고 있는 가구는 1146만으로 전체 가구의 56퍼센트를 차지하고 있다. 888만 가구(44퍼센트)가 무주택이라는 뜻이다. 무주택 가구 중 일부는 아무리 노력해도 주택 구입이 불가능한 계층이다. 아마도 5분위 무주택 가구 중 1~2분위에 해당하는 저소득계층일 것이다. 무주택 가구의 40퍼센트 정도가 주택 구입이 불가능한 계층이라 한다면 필요한 장기임대주택수는 355만 가구다. 2019년 기준으로 158만 호의 장기공공임대주택이 있으니, 지금부터 적어도 197만 호가 추가로 필요한 상황이다.

적어도 197만 호를 추가로 공급하는 것은 지나치지 않느냐고 반문할 수도 있겠다. 주택이라고 다 같은 주택이 아니다. 최저주거 기준에도 미치지 못하는 가구는 2019년 106만 가구(5.3퍼센트)나 된다. 전국에서 반지하에 사는 가구만 36만 4,000가구(인구 기준으로 69만)가 넘는다. 아예 주택 통계에도 잡히지 않는 '비주택'에 거주하고 있는 이들도 많다. 고시원과 고시텔에 사는 가구는 약 15만 2,000가구 정도이고, 옥상주택에 거주하는 가구는 5만 4,000가구 정도다. 이러한 저급주택과 비주택을 모두 합하면 200만 호 정도는 될 것이다. 임대주택 재고가 전체주택의 15퍼센트 정도는 되어야 한다. 그래야 다주택자 매물이 쏟아져 나오는 상황에서도 서민들이 피해를 보지 않는다.

다주택자들의 주택 사재기가 집값을 올리는 것도 일정 부분 사실이다. 하지만 다주택자들에 대한 규제를 강화하면, 주택 구매 여력이 없는 가구가 거주하는 주택에도 영향을 줄 수밖에 없다. 정부는 다주택자들을 무력화시키는 강력한 수단도 가지고 있다. 임대차 시장에 양질의 공공임대를 더욱 많이 공급하면 된다. 임대차시장에 주택 물량이 늘어나면, 다주택자들이 소유한 전월세의 가격도 내려갈 수밖에 없다. 하지만 대규모 임대주택 공급이 쉬운 것은 아니다. 임대주택 사업에는 천문학적 비용이 소요되기 때문이다. 지금까지 주택 공급에 관한 정부의 정책은 크게 두 갈래였다. 하나는 무주택 서민들이 주택을 소유하게 하는 것이다. 분양을 통해서다. 다른 하나는 주거복지 차원에서 주거약자를 위한 주택을 마련하는 것이다. 공공임대를 통해서다. 공공임대주택 사업은 하면 할수록 적자가 가중되는 구조다. 세간에 알려진 바로는 공공임대주택 1채당 1억 원의 적자를 본다. 그래서 LH는 택지를 팔거나 아파트를 분양해서 수익을 내고, 그 수익의 일부를 통해 공공임대주택 사업의 손실을 보전해왔다. 공공임대주택을 대규모로 늘이고 유지·관리하기 위해서는 그만큼 수익성이 높은 택지나 아파트를 지속해서 찾아야 한다. 하지만 이 또한 쉬운 것은 아니다.

당장은 민간 임대주택 공급자인 다주택자와 공공이 공존하는 방법을 모색해야 한다. 다주택자들이 너무 많은 수익을 가져가지 않도록 민간 임대사업자에게 적정 수준의 세금을 부과하는 것이 필요하다. 집값 폭등 문제는 이들이 큰 이득을 볼 수 있게 하는 시스템에 있다. 투기꾼에게 손가락질하지 말고, 시장을 투기판으로 만든 제도와 시장 상황을 재점검하는 것이 옳다.

청년들을 임대주택에 묶어놓는 현실

이번 주거복지로드맵 2.0에 나타난 특징은, 정부가 젊은이들을 위한 임대주택 공급에 크게 신경을 썼다는 점이다. 2025년까지 청년들을 위한 35만 호와 신혼부부를 위한 55만 호를 합하면, 이것만 해도 90만 호다. 이에 비하면, 고령자를 위한 공급량은 상대적으로 약한 편으로 보인다.

2030 청년들을 위한 청년주택 35만 호 공급

신혼부부를 위한 공적임대주택 40만 호 공급

신혼희망타운에 주택 15만 호 공급(15만 호가 공급되는데 이 중 5만 호가
임대형이다)

고령자를 위한 8만 호 공급

정부가 주거복지 차원에서 왜 이렇게 젊은이들에게 신경을 쓸
까? 386세대만 하더라도 열심히 일해서 아파트 청약을 통해 집을 사
고, 집값이 올라 부를 축적할 수 있었다. 노동소득의 일부를 자본소
득을 키우기 위해 사용할 수 있었다는 말이다. 하지만 2030세대는
다르다. 이들에게는 청약점수도 채우기 힘들다. 청약 가점의 최고점
수는 84점이다.[14] 2030세대 중 가장 연장자인 39세 가장이 어느 정
도 점수를 채울 수 있는지 보자. 4인 가구가 받을 수 있는 가장 높은
청약점수는 57점이다. 무주택 기간 10년이니 20점이다. 부양가족
점수는 20점, 청약저축 15년에 17점이다. 이 점수를 채울 수 있는 39세
청년은 거의 없다. 채운다 해도 서울 아파트를 분양받는 것은 불가
능에 가깝다. 서울에서 인기 있는 곳은 65점은 되어야 한다.

청년들은 갭 투자로 돌아섰다. 갭 투자가 집값 상승의 주범으로

지목되었다. 갭 투자에 대한 규제가 강화되었다. 2020년 6·17 대책으로 수도권에서 3억 원이 넘는 아파트를 구매하면 전세 대출을 회수했다. 청년들이 갭 투자를 하기 힘든 상황이 되었다. 부동산에 관한 한, 청년세대는 기성세대에 비해 불리한 입지에 있다. 청년들의 사정을 안타깝게 여긴 정부가 이들을 위한 임대주택을 쏟아내고 있다. 그렇다고 청년들은 이를 마냥 좋아해야만 할까? 유현준 홍익대 교수의 말이다.

> 청년 임대주택정책이 위험하다는 생각이 드는 것이, 10년 동안 임대주택 살다가 나오면 집값 다 올라서 집을 더 못 살 거예요. 제가 미국에서 생활했잖아요. 미국에서 생활할 때 집을 못 샀단 말이에요. 10년 가까이 미국 생활을 하다가 한국에 들어왔을 때 나이는 이미 30대 중반인데, 이미 제 친구들은 집을 가지고 있었지요. 영원히 집을 못 살 수 있었어요. 정부에서는 경제성장률 2~3퍼센트를 목표로 잡고 있잖아요. 그러면 돈의 가치는 2~3퍼센트씩 떨어지는 거예요. 다른 말로 하면 부동산 가치는 가만히 두어도 2~3퍼센트 올라가는 거고요. 청년임대정책은 끊임없이 2030세대를 소작농으로 묶어두는 정책이에요.[15]

최근 5년간 서울의 아파트는 매해 10퍼센트가 넘는 상승률을 보였다. 반면에 명목임금은 매년 3~4퍼센트 수준으로 상승하고 있다. 이런 상황에서 집을 사지 않고 미래를 그릴 수 있는 젊은이들이 얼마나 되겠는가. 무주택자로 남아 있으면 계속 가난해지는 구조다. 이제 집값은 청년들이 허리띠를 졸라매 살 수 있는 가격 범위를 벗어났다.

청년들을 위한 임대주택도 필요하지만, 이들이 주택을 소유할 수 있도록 다양한 주택을 설계하는 것도 중요하다. 최근에는 이러한 노력이 이어지고 있다. 여기서는 지분적립형 분양주택, 누구나 집, 토지임대부, 환매조건부 주택에 대해 간단히 살펴보도록 한다.

지분적립형 분양주택을 살펴보자. 기본적으로 지분적립형 주택은 '공공분양' 주택이다. 초기에 분양가의 20~40퍼센트 정도의 지분만을 내고, 나머지는 임대료를 내면서 살다가, 나머지 지분을 오랜 시간에 걸쳐서 취득하는 것이다. 기간은 20년 혹은 30년 중 하나를 택할 수 있다. 이해를 돕기 위해 분양가 6억 원 주택을 20년 동안 취득할 때의 예를 들어보도록 한다. 처음에는 10퍼센트의 지분만을 취득하고, 그 비용인 6000만 원을 낸다. 나머지 취득하지 못한 지분에 대해서는 오랜 시간에 걸쳐 갚아나간다. 그리고 이에 대해서는 임대료도 낸다. 임대료는 주변시세 80퍼센트 이하 수준이다. 4년마다 25퍼센트 비율 내(1억 5000만 원 이내)에서 5회에 걸쳐 지분을 취득한다. 전매가 제한되는 기간은 10년, 의무적으로 거주해야 하는 기간은 5년이다. 지분적립형 주택에 대한 비판이 없는 것도 아니다. "한 아파트에서 20~30년을 살아야 한다는 것은 물정을 모르는 소리다. (…) 자녀들이 성장하면서 20평대에서 30평대로 넓혀가는 것이 당연한데, 정부가 연이어 부동산 규제책을 내놓으면서 넓은 평수로 이사할 수 있는 기회를 빼앗는 것"[16]이라는 비판에서부터, "결국 다주택자가 월세 받는 것을 불로소득이라고 하더니 서울시와 국토부가 앞장서서 월세 장사를 하겠다는 것 아니냐. (…) 그럴 바에는 차라리 대출을 쉽게 해주는 것이 무주택자들의 마음을 움직이기 쉬울 것"[17]이라는 지적도 있다.

송영길 민주당 대표가 주도하고 있는 '누구나 집'도 주목받고 있다. 송영길 대표는 "누구나 자기 집을 갖고 싶은 욕구를 충족"하는 것이 누구나 집 사업의 목적이라고 했다. 집값의 6~20퍼센트를 내면 10년 후에는 최초 공급가에 주택을 분양받는 구조다. 임차인은 6퍼센트만 부담하면 된다. 세입자들은 특수목적법인(SPC)를 설립한다. 그리고 SPC 명의로 50퍼센트의 대출(장기모기지론)을 받는다. 법인이라 LTV 규제를 피할 수 있다. 10퍼센트는 시행사와 시공사가 투자한다. 또 다른 10퍼센트는 임대사업자가 개발이익을 투자한다. 나머지 24퍼센트는 세입자가 전세보증금을 담보대출 받아 입주하는 구조다. 물론 누구나 집에 대한 비판의 목소리도 많다. "집값이 10퍼센트 넘게 빠지면 남은 돈은 대출밖에 없는 '깡통' 주택이 되는 모델. (…) 손해가 발생하면 세입자의 거주가 불안정해지고 피해 보상을 위해 정부 기금이 들어가야 할 수도 있다" "누구나 집은 집값이 조금이라도 내려가면 서브프라임 모기지론 사태가 나는 모델. (…) 금융위기

때처럼 집값이 폭락하면 서민들이 노마드가 되는 매우 위험한 제안"이라는 여러 비판에 직면해 있다.[18]

'지분적립형 분양주택'과 '누구나 집' 모두 단점이 없는 것은 아니다. 비판의 내용도 일리가 있다. 하지만 이 두 시도 모두 청년을 위한 주택 공급 정책이 임대에서 분양으로의 전환을 꾀하고 있다는 점은 의의가 크다. 여러 시범사업을 통해 검증받고, 더 정교한 사업화 모델을 통해 발전하기를 바라는 마음이다.

반값 아파트는 대안이 될 수 있는가

임대와 분양의 중간 경계에 서 있는 토지임대부 주택도 있다. 토지임대부 주택은 일명 반값 아파트다. 어떻게 반값으로 아파트를 공급할 수 있을까? 아파트의 가격은 크게 토지비와 건축비로 나뉜다. 토지비는 입지에 따라 크게 다르다. 서울시의 땅값과 청도군이나 함양군의 땅값이 크게 다른 것처럼 말이다. 하지만 아파트 짓는 데 들어가는 건축비는 차이가 그다지 크지 않다. 아파트 기본형 건축비는 3.3제곱미터당 650만 원 정도다. 서울 강남의 아파트라고 해서, 명품 콘크리트나 명품 철골을 사용하는 것은 아니다. 그러니 아파트 가격을 좌지우지하는 것은 땅값이라고 보면 된다. 토지임대부 주택이 저렴한 이유는, 토지는 공공이 소유하고, 아파트만을 분양하기 때문이다. 토지는 입주자가 공공(당시는 주택공사)으로부터 빌려 쓰는 것이니만큼 매월 토지임대료를 내야 한다. 집값이 하늘 높은 줄 모르고 치솟던 노무현 정부 후반기에 이런 새로운 유형의 주택이 시도된 바 있다. 이 제도에 대한 정치인들의 관심도 크다. 이 제도를 지지하는 국민도 많다. 앞으로 토지임대부 주택에 관한 관심이 커질 가능성이 많다. 그러니 여기서는 토지임대부 주택에 관한 논의가 어떻게 시작되었는지에 관해 이야기하고자 한다.

토지임대부 주택의 출발은 노무현 정부 당시 한나라당 원내대표였던 홍준표 의원이다. 종부세 인상을 강하게 반대해왔던 한나라당은 '부자를 위한 당'이라는 인식이 강했다. 홍준표 의원은 이런 이미지를 떨쳐내고자 서민을 위한 반값 아파트를 공급하겠다며 2006년 11월 '대지임대부 분양주택 공급촉진을 위한 특별조치법'을 발의했다. 우여곡절 끝에 군포 부곡지구가 선정되었다.[19] 이곳 지구 내 하나의 블록(지금의 부곡휴면시아 3단지 아파트)에 계획된 토지임대부 아파트(389세대)는 입주자가 토지를 빌리는 기간을 30년으로 정했다. 84제곱미터의 경우, 건물의 분양가는 1억 5000~1억 6000만 원으로 했고, 매월 토지임대료로 42만 5,000원을 책정했다. 군포 부곡지구는 입지가 좋은 편이 아니었다. 분양가도 주변 아파트 시세의 70퍼센트 정도로 높았다.

이에 질세라 이계안 열린우리당 의원이 환매조건부 주택 특별법을 발의했다. 환매조건부 주택은 건물뿐만 아니라 토지도 소유할 수 있다. 하지만 집을 되팔 때, 공공기관에만 팔도록 못 박아두었다. LH, SH 등에 미리 정해진 가격으로 팔아야 한다. 아파트 가격 상승으로 인한 불로소득을 차단하기 위해서다. 군포 부곡지구 내 또 하나의 블록(지금의 부곡휴먼시아 5단지 아파트)에는 환매조건부 아파트(415세대)를 계획했다. 이 아파트의 가격도 만만치 않았다. 84제곱미터 아파트의 경우 분양가가 2억 5000만 원 정도였다. 인근 아파트의 90퍼센트 수준이었다. 토지임대부와 환매조건부 주택의 분양 결과는 참담했다. 전체 분양주택의 92.4퍼센트(743가구)가 미달했다. 청와대는 여야가 몰아쳐서 어쩔 수 없이 사업을 할 수밖에 없었다는 입장을 냈다. 천호선 청와대 대변인의 말이다.

> 반값 아파트가 사실상 실패했다는 보도가 있는데 사실 반값 아파트는 정부가 붙인 이름이 아니다. 반값 아파트는 지난해 말 홍준표 한나라당 의원의 제안으로 시작했고 여야 합의를 통해 함께 제기되었다. (실패는) 어느 정도 예견했던 일이며, 정부는 당초부터 실효성이 매우 낮은 정책이라는 입장을 갖고 있었다. 반값 아파트라는 표현은 가능하지도 않고 잘못된 기대와 환상을 심어줄 수 있다는 입장이었다.[20]

이에 대해 홍준표 의원이 반발했다.

반값 아파트가 실패한 것이 아니라 정부의 국민 기만책이 성공한 것이다. (…) 군포의 시범 아파트는 되지 않도록 하기 위한 목적의 시범사업이었다. 건교부는 국공유지가 대부분인 송파지역과 같은 시범사업 최적지를 버려두고 개발지역 전체가 사유지인 군포지역을 시범사업 지역으로 선택한 데다 개발비용 등에 대한 원가 공개를 하지 않아도 되는 지역을 선택했다. 정부는 토지임대부 분양주택 제도가 한나라당이 당론으로 제출한 특별법의 근거 아래 공급되는 것을 원치 않고 있다.[21]

이명박 정부 때 다시 한 번 토지임대부 주택을 시도했다. 군포 부곡지구에서의 실패 원인이 '나쁜 입지'라고 판단했다. 강남 금싸라기 땅에 토지임대부 주택을 시도했다. 서초구 우면동 LH서초 5단지(2011년, 358세대)와 강남구 자곡동 LH강남 브리즈힐(2012년, 402세대)이다. 두 사업지 모두 입지가 매우 뛰어난 곳이다. 당시에도 LH에 내는 임대료가 만만치 않다는 이유로 인기가 많지는 않았지만, 분양은 100퍼센트 이루어졌다. 5년 전매제한을 두었는데, 이 기간이 지나고 시장에서 거래되자 주택가격은 폭등했다. 2억 원 정도에 분양되었던 LH서초 5단지 아파트(전용 84제곱미터)는 2021년 7월 기준으로 14억 원의 호가가 형성되어 있다. 10억 원이 넘는 시세차익이 나자, 입지 좋은 곳의 토지임대부 주택은 '로또'라는 인식이 심어졌다.

여기서 얻은 두 가지 교훈이 있다. 하나는, 토지임대부 주택이라

248

도 입지만 좋으면 성공할 수 있다는 점이다. 또 다른 하나는, 입지 좋은 토지임대부 주택에 '공공으로의 환매조건'이 붙지 않으면 로또가 될 수도 있다는 사실이다. 2020년 12월에는 토지임대부 주택은 주택을 팔 때 '공공기관'에 되팔도록 의무화하는 '주택법' 개정안이 통과했다. 분양받은 후 주택을 팔고 싶을 때, 오직 공공에만 팔아야 한다. 하지만 한번 생각해보자. 이때 시세차익을 없애버리면, 이것은 '공공임대주택'과 그리 차이가 없다. 토지는 시간이 지나도 감가상각이 없다. 하지만 건물은 시간이 지나면 허름한 모습으로 변한다. 게다가 나중에 팔 때 산 가격에 공공에 환매까지 당한다. 이 경우, 건물분 재산세를 내는 영구임대주택에 불과하다는 비판을 피할 수 없다. 따라서 공공에 환매할 때 집주인도 매매차익의 일정분을 가져갈 수 있게 해야 한다. 예를 들어, 시세차익의 절반 정도를 공공이 가져가고, 나머지 절반을 집주인이 가져가는 식이다. 토지임대부 주택은 공공과 민간이 이익을 공유하는 형태로 설계해야 한다. 그렇지 않으면 토지임대부 주택은 실패할 가능성이 크다.

보편적 부동산 세금 정책으로의 전환

문재인 정부 들어 스물여섯 번의 크고 작은 부동산 정책이 쏟아져 나왔다. 정책이 나올 때만 약간 주춤하다가 다시 이를 비웃듯 가격은 또 올랐다. 이 정도면 정부도 약이 오를 만하다. 정책은 점점 더 과감해진다. 그리고 복잡해진다. 국민도 화가 났다. 엉성한 정책들을 내놓을 바에는 차라리 아무것도 하지 말라는 목소리도 커졌다.

우리에게 지금 필요한 것은 보편적이고 형평성 있는 부동산 정책이다. 나는 부동산 정책이 이렇게 복잡하게 된 근본적 원인을 '재산세'로 보고 있다. 재산세는 지자체가 걷는 지방세다. 값비싼 주택이 많은 부자 지자체는 세금을 더욱 많이 걷을 수 있다. 반면에 가난한 지자체는 세금을 적게 걷는다. 재산세를 더 많이 걷은 지자체는 더 많은 돈을 인프라에 투자할 수 있다. 그러면 집값은 더욱 높아진다. 지금의 재산세는 부자 지자체를 더욱 부유하게 만든다. 가난한 지자체를 더욱 가난하게 만든다. 이런 상황에서 집값은 부자 지자체에서 더 크게 오르고 있다. 지방세입의 격차가 더욱 크게 벌어지고 있다.

노무현 정부에서는 집값을 잡기 위해 원래 재산세를 강화하려 했다. 하지만 집값이 제일 많이 올랐던 강남구 등 부자 지자체들이 재산세를 감면해주려 했다. 이에 노무현 정부는 국세인 종부세를 신설해 세금을 거두었다. 그리고 거둔 돈을 '부동산 교부금'이라는 이름으로 지방으로 내려보냈다. 종부세에는 확실한 명분도 붙였다. '지역의 재정 격차를 해소하기 위한 세금'이라고. 집값이 오르자 문재인 정부에서도 종부세를 크게 올렸다. 특히 다주택자들에 대한 종부세 중과 수준을 크게 높였다. 종부세 대상이 된 부자 지자체들, 그리고 이런 곳에 집을 가지고 있는 부동산 부자들은 억울해했다. 재산세와 종부세를 동시에 걷는 것은 '이중과세'라고 주장했다. '징벌적 세금'이라고도 했다.

재산세가 지방세로 되어 있다 보니 집값에 따라 지자체가 '서열화'하고 있다. 게다가 재산세는 기초지자체에서 걷는 세금이기에, 여러 지자체에 집을 가진 다주택자에게 제대로 된 누진세율을 적용하지 못하는 단점도 있다. 종부세는 이를 바로잡는 역할을 하기도 한다. 하지만 종부세의 경우, 대상자는 많지 않다. 실제 국가가 걷는 종부세 총액도 2020년 기준으로 1조 8000억 원 정도(주택분) 수준에 그치고 있다. 그럼에도 종부세는 중복 과세(동일 물건에 대해 중복적으로 과세)라거나 징벌적 세금이라는 비생산적인 비난의 표적이 되고 있다. 종부세는 노무현 정부 이후로 너무나 소모적인 논쟁의 중심에 있다. 없애는 것이 맞다는 생각이 든다. 하지만 종부세를 없애면 지자체 간 격차가 더욱 커질 것이 아닌가?

이를 해결하는 방법은 재산세(혹은 재산세의 일부분)를 국세로 변경하는 것이다. 그리고 국가가 지자체 간 재정적 격차를 해소하기 위해 재산세를 기초지자체에 분배하는 것이다. 유사한 제도가 없는 것은 아니다. 서울시를 보자. 서울에는 25개 자치구가 있다. 같은 서울에 속해 있지만, 자치구 간에서도 재산세 격차는 매우 크다. 재산세는 매해 7월과 9월에 부과된다(이렇게 두 번에 나누어 내게 하는 것은, 납세자의 부담을 줄여주기 위해서다). 2021년 기준으로 7월분 재산세를 가장 많이 걷은 구는 예상했겠지만 강남구다. 3972억 원을 걷었다. 두 번째는 서초구다. 2637억 원을 걷었다. 세 번째는 송파구다. 2520억 원을 걷었다. 강남·서초·송파를 모두 합친 재산세는 6770억 원으로 서울 25개 구 재산세 총액의 40퍼센트 정도를 차지한다. 재산세를 가장 적게 걷은 구는 강북구다. 222억 원을 걷었다. 강남구와는 무려 14배나 차이가 난다.[22] 이러한 격차는 앞으로도 커질 가능성이 크다.

표 32는 문재인 정부가 출범한 2017년 5월부터 2021년 3월까지 매달 서울의 집값 추이와 지방 집값 추이를 나타내고 있다.[23] 이 자료는 아파트 매매 실거래 '중위가격'으로서 한국부동산원 공동주택실거래가격지수를 바탕으로 작성한 것이다. 서울 아파트는 4년간 매달 1108만 원씩 올랐다(반면에 지방의 아파트는 매달 76만 8,000원 정도 올랐다). 서울을 5개의 권역으로 나누어보았을 때도 격차가 드러난다. 이 중 서울의 평균 아파트값 평균상승률(매달 1108만 원)보다 높은 곳은 동남권(서초구, 강남구, 송파구, 강동구), 도심권(용산구, 중구, 종로구), 서북권(마포구, 서대문구, 은평구)이다. 동남권 아파트의 경우는 매달 1710만 원씩, 도심권의 경우는 1418만 원씩 올랐다. 서북권 아파트 가격도 매달 1124만 원씩 상승했다. 이런 추세는 공간의 부익부빈익빈 현상을 반영하고 있다.

자치구 간 재정 격차는 오래전부터 꾸준히 커져왔다. 서울시는 이를 가만히 놓아둘 수는 없었다. 그래서 오세훈 시장 때인 2007년에 '재산세 공동과세제도'라는 것을 도입했다. 재산세 일부를 서울시에서 걷어서, 다시 25개 구에 균등하게 나누어주는 방식이다. 서

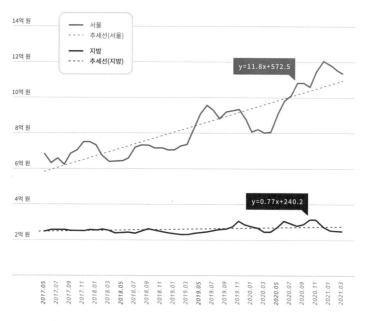

[표 32] 아파트 실거래 중위가격 추이(2017년 5월~2021년 3월)

울시는 지금은 재산세의 50퍼센트를 구세(각각의 구에서 걷음)로, 나머지 50퍼센트를 시세(서울시에서 걷음)로 걷는다. 25개 자치구에서 걷은 2021년 7월분 재산세는 모두 2조 3098억 원이다. 9월분 재산세까지 합치면 모두 3조 3000억 원 정도가 된다. 서울시는 이중 50퍼센트인 1조 6454억 원을 공동재산세로 편성했다. 그리고 이를 25개 자치구에 균등하게 나누어 658억 원씩 배분할 예정이다.[24]

재산세를 국가가 걷는 방안은 예전에도 종종 제기되어왔다. 집값이 폭등하던 노무현 정부 초기인 2003년 초에는 재산세의 국세 전환을 검토할 실무협의체도 만든 바 있다. 같은 해 6월 국회 대정부

질문에서 박병윤 민주당 의원은 "부동산투기를 억제하기 위해 재산세와 종합토지세 등을 하나로 묶는 '종합재산세'를 만들고, 이를 한시적으로 국세로 전환해 단계적으로 중과한 뒤 정착되면 다시 지방세로 환원해야 한다"라고 주장하기도 했다.[25]

2007년 10월 말에는 이인제 민주당 대선 후보가 '재산세의 누진율 강화'와 '단계적 국세 전환' 공약을 밝힌 바 있다. 당시에도 이인제 후보는 기초지자체가 재산세를 그 지역에서 사용하기에 국토의 부익부빈익빈 현상이 나타나고, 부유한 지자체의 집값 폭등을 야기하고 있다고 보았다. 부유한 지자체의 재산세를 거두어 낙후 지역과 나눌 수 있다면 지역 간 불균형이 완화되어 부동산 시장도 안정시킬 수 있다는 논리다.[26]

비슷한 시기에, 재산세의 국세 전환은 이상경 민주당 의원에 의해 다시 한 번 제기되었다. 2007년 11월 2일 재정경제부에 대한 국정감사에서 이상경 의원은 "강남구의 재산세는 2800억 원인데 반해 강북구는 150억 원에 불과하고, 시골 군의 재산세는 거의 없는 게 현실이다. (…) 엄청난 세금이 모두 강남구에만 사용되어 더욱 살기 좋은 곳으로 발전하고 그에 따라 집값은 더 오를 수밖에 없는 것이다. 재산세를 국세로 전환하고 부가세 등 물품세는 지방세로 전환하면 부동산 투기를 근원적으로 억제하고 지방경제를 획기적으로 활성화하는 한편 관광산업을 진흥시키는 효과를 낼 수 있을 것"이라고 말했다.[27]

우리에게는 전 국토에 보편적으로 적용할 수 있는, 그리고 이해하기 쉬운 부동산 세금이 필요하다. 핀셋을 이용해 특정계층만을 타깃으로 한 정책은 부작용만 초래할 뿐이다. 다음은 하나의 예시다. 이렇게 간단한 구조로 보유세를 개편하고 이 중의 일부를 지방 재정 격차를 줄이는 데 사용할 수 있다면, 부자 지자체로 쏠리고 있는 부동산 자금을 상당 부분 제어할 수 있다고 생각한다.

부동산 거래 관련 세금 인하: 취득세와 양도세를 낮춤으로써 부동산 거래를 활성화

보유세는 재산세로 단일화: 재산세와 종부세로 이원화된 보유세를 재산세로 단일화하고 국세로 전환

재산세 누진세율 적용: 부동산 자산 총액 기준으로 누진적 세금 체계 정비. 1주택 가구와 다주택 가구를 차별하지도 않고, 어디에 사는지도 차별하지 않음

재산세 배분체계 확립: 세금의 50퍼센트는 재산세의 비중에 따라 기초지자체에 배분. 25퍼센트는 공공임대주택 건설자금에, 나머지 25퍼센트는 균형 발전을 위해 형평성 있게 배분

실거주자 세재 해택: '1가구 1주택 가구'와 '장기 거주가구'에 대한 누진제 완화 혜택

물론 이러한 세제 개편은 매우 파격적이다. 장기적 관점에서 그 효과를 검토해야 한다. 개편을 결정했다고 해도, 점진적이고 단계적으로 진행해야 한다. 우리가 염두에 두어야 할 것은, 장기적으로는 부동산 세금이 '특정 지역'과 '특정 사람(가구)'을 차별하지 않는 쪽으로 설계되어야 한다는 점이다. 세금을 높이거나 낮출 때도 보편적 기준의 틀 속에서 변경해야 조세에 대한 저항도 적어질 것이다.

마지막으로, 우리가 꼭 알고 있어야 할 사실이 있다. 재산세를 국세로 전환한다면, 지방세의 비중이 큰 폭으로 줄어든다. 지방자치를 훼손한다는 비판이 나올 것이 분명하다. 하지만 이 또한 해결책이 없는 것도 아니다. 중요한 것은 재정 자립도가 아니라 재정 자주도다. 기초지자체로 배분할 때 사용처를 단 꼬리표를 붙이지 않으면 된다. 재산세 증세로 마련한 재원의 일부는 공공임대주택 공급과 균형 발전에 사용하면 된다. 그럼에도 지방세 비중 감소가 염려된다면 국세의 일부 중 지방세로 전환할 수 있는 세목을 검토하는 것이 바람직할 것이다.

지금을 놓치게 된다면

집값의 향방에 장기적 영향을 주는 요인으로 전문가들은 '저출산'과 '고령화' 현상을 꼽는다. 우리나라는 전 세계에서 가장 아이를 적게 낳는 나라다. 2020년에는 합계출산율이 0.84까지 떨어졌다. 합계출산율은 한 여성이 가임기간(15~49세) 동안 낳을 것으로 예상하는 자녀의 수다. 남녀가 결혼해서 2명 정도(정확히는 2.1명)는 낳아야 인구를 지금처럼 유지할 수 있다. 이를 '인구대체수준'이라고 부른다. 2019년 세계 평균은 인구대체수준보다 높은 2.4명이다. 주요 선진국을 보자. 프랑스 1.9명, 미국 1.7명, 영국 1.6명, 독일 1.5명이다. 저출산으로 고생하고 있는 이웃 나라 일본도 1.4명 수준이다. 전 세계에서 1명 이하인 나라는 우리나라가 유일하다.[1] 2020년부터 인구의 자연 감소가 시작되었다. 사망자수가 출생아수를 넘어섰기 때문이다.

조영태 서울대 교수의 말처럼 인구는 중단기 미래를 예측하는 데 너무나 유용한 툴을 제공한다. 태어나는 인구와 사라지는 인구는 일정 흐름이 있고, 이 트렌드가 확 바뀌기 힘들기 때문이다. 일본에서는 인구의 자연 감소가 2005년에 시작되었다. 감소율도 점점 커지고 있다. 작년(2020년) 한 해에만 53만 명 정도 감소했다. 이 정도면 매해 김해시나 포항시 인구만큼 사라지는 셈이다. 일본의 지방 도시에서는 빈집으로 골머리를 앓고 있다. 임대도 되지 않고 매각도 곤란한 집이 사방 천지로 퍼져가고 있다고 한다. 이런 집도 재산세는 내야 한다. 갖고만 있어도 마이너스인 셈이다. 최근에는 온천 딸린 별장이 100엔(1,000원)에 나오기도 했다. 누군가 들어와 관리해주는 것만으로도 집주인이 고마워할 일이다.

혹자는 우리나라도 인구가 줄 테니까 앞으로 집값 문제가 그리 심각하지 않을 수 있다고 이야기하기도 한다. 2020년 처음으로 사망자수가 출생자수를 앞질렀다. 이제 인구가 감소하는 데드 크로스에 진입했다. 지금처럼 아파트를 마구 짓다간 남아도는 빈집으로 골머리를 앓을 수 있다는 경고도 들린다. 출생아 수가 줄어서 앞으로 집이 남아돌아갈까? 저출산으로 인해 집이 남아돌아야 하는 상황이라면, 출산율이 낮은 곳은 집값이 떨어져야 한다. 하지만 지역별 합계출산율은 다른 이야기를 하고 있다. 출산율과 집값의 관계가 반비례하기 때문이다. 출산율은 서울이 0.64명으로 가장 낮고, 세종이

1.28명으로 가장 높다. 전국 17개 광역자치단체 중에서 평균(0.84명) 이하인 곳은 서울(0.64명), 부산(0.75명), 대전(0.81명), 광주(0.81), 대구(0.81), 인천(0.83)이다. 대도시에 거주하는 사람들이 아이를 덜 낳는다는 이야기다.

집값을 설명하는 데는 인구밀도가 중요하다. 출산율은 중요하지 않다. 아무리 아이를 많이 낳아도 그 아이들이 다른 지역으로 이동하면 인구밀도가 낮아질 수밖에 없다. 지방 중소도시들이 딱 그런 경우다. 지역별 도시 인구 변화를 살펴보면, 출산율은 그리 중요하지 않다. 인구가 유입되는 곳은 인구밀도가 높아지고 반대의 경우는 낮아진다. 집값을 설명하는 데 있어 인구의 '(출산과 사망으로 인한) 자연적 증가'보다 중요한 것은 '(이동으로 인한) 사회적 증가'라는 뜻이다.

극단적인 경우를 생각해보자. 전국 인구가 반토막 나 2500만 명 아래로 내려가도, 사람들이 특정 지역에 쏠려 살게 되면 집값은 내려가지 않는다. 이것이 지금 우리가 처해 있는 현실이다. 중요한 것은, 과밀한 지역의 밀도를 낮추기 위해 사회적 인구 이동을 촉진해야 한다는 점이다. 집값을 올리는 더욱 근본적인 수요의 힘은 따로 있다. 우리는 응축되는 근원적 힘에 대해 이해해야 한다. 그것은 바로 인구와 산업의 쏠림으로 축적되는 수요의 힘이다. 규제가 나오면 집값은 주춤한다. 웅크리는 동안에는 응축의 힘을 비축한다. 그리고 다시 도약한다. 지금까지 집값은 계단식으로 뛰기를 반복했다.

양질의 일자리가 수도권으로 몰리며, 수도권의 흡입력이 점점 강해지고 있다. 수도권에 지금처럼 주택을 계속 공급하다가는, 우리나라 5200만 인구 모두를 수용할 수 있는 주택이 수도권에 지어질지도 모른다. 이런 상황에서 수요 분산 정책은 쉽지는 않다. 하지만 수도권 일극화 추세에 적극적으로 대응하지 않는다면, 주택을 핵폭탄 수준으로 공급해도 서울의 집값을 잡을 수 없다. 균형 발전 정책을 통한 '주택 수요의 분산'은 부동산 정책의 기본이다. 균형 발전 정책을 밑바탕에 깔고 지금의 여러 정책을 정비해야 한다. 수도권에서, 대도시에서 인구가 분산될 수 있도록 하는 정책이 필요하다.

부동산에 관한 한 수요·공급 법칙에 있어 일반 재화와는 다른 특징을 갖고 있다. 부동산 시장은 지역별로 세분화해 있다. 어떤 지역은 '수요 〉 공급'이라 집값이 오르고, 또 다른 지역은 '공급 〉 수요'라 집값이 내린다. 이런 격차를 만들어내는 것은 인구가 특정 방향, 특정 공간으로 계속 이동하기 때문이다. 대도시가 인구와 산업을 빨아들이는 것은 일종의 '구조적 변동'이다. 이런 구조적 변동으로 집값이 상승하고 있는데, 수요를 규제한다면 부작용만 커질 뿐이다.

이 책을 통해 강조한 주택 수요 분산 방법은 크게 두 가지다. 하나는 대도시 생활에 지친 베이비부머의 지방 정착을 돕는 것이다. 베이비부머의 귀촌과 귀향은 대도시의 압력을 뺄 수 있는 좋은 기회가 될 것이다. 수도권을 벗어나는 이들이 주택을 팔지 않고 임대를 놓아도 좋다. 임대차시장에 물량이 증가할 것이고, 전월세 가격이 안정될 것이기 때문이다.

또 다른 하나는 수도권의 독식에 대항할 만한 지방의 대도시권을 키우는 것이다. 광역 단위의 새로운 공간 구상의 핵심은 '일자리'가 되어야 한다. 대도시권을 구축할 때는 산업전략을 공간전략과 연계해야 한다. 그렇게 하기 위해서는 기업이 이주해야 하는데, 이것이 쉽지는 않다. 그래서 이전하는 기업에는 파격적인 인센티브를 제공해야 한다. 가령 입지가 매우 뛰어난 곳에 도시개발권을 주어서 수익을 낼 수 있도록 하는 것도 하나의 방법이다. 기업은 여기에 주택을 지어 수익을 내고, 이 중 일부는 근로자들을 위한 주택을 제공할 수 있다.

부동산 문제는 부동산 대책만으로 해결할 수 없다. 주택·토지정책은 국토·도시정책의 하위분야다. 국토·도시의 공간 정책과 연계하지 않는 부동산 정책은 단기적 효과만으로 끝날 가능성이 크다. 수요를 억제하는 방법도, 공급을 늘리는 방법도 수도권 쏠림 현상이 멈추지 않는 한 한계가 있다. 수도권은 주택 공급이 수요를 더욱 키우는 자가발전 메커니즘을 갖고 있다. 수도권의 집값 폭등은 저출산과 일자리 문제까지 심화하고 있다. 수요를 억제하기보다 수요를 분산해야 한다. 국토의 쏠림이 더욱 심해질수록 이를 교정하기 위해 더 많은 노력이 필요하게 될 것이다. 지금을 놓치면 국민 대다수가 부동산에 인생을 볼모로 잡혀야 하는 일상을 이어가야 할지도 모른다. 이것이 균형 발전 정책이 부동산 정책으로 깊숙이 들어와야 하는 이유다.

1부 집값의 과거, 현재, 미래

1장 쏟아지는 부동산 대책, 전문가도 당황하다

1 서울연구원, 8장 〈주택〉,《지도로 본 서울 2013》, 2013 참고(서울연구데이터서비스 (http://data.si.re.kr/)에서 제공).

2 국정브리핑 특별기획팀,《대한민국 부동산 40년》, 한스미디어, 2007.

3 정구학, 〈한경데스크: 전세난 외면하는 복지논쟁〉,《한국경제》, 2011년 1월 30일.

4 신도시는 1989년에 지정되고 1995년에는 입주가 완료되었다.

5 아파트 매매가격지수는 KB국민은행 홈페이지(https://onland.kbstar.com/)에서 '통계/리포트' → '월간KB주택가격통향' 가격 통계자료를 이용했다.

6 작자 미상, 〈집에 전 재산 묶어두지 말고 금융 분산투자를〉,《조선일보》, 1998년 5월 10일.

7 김경민, 〈보금자리주택 '새 틀 짜라'〉,《매일경제》, 2013년 1월 21일.

8 김종일, 〈최경환, "금리인하로 가계 부채 악화, 동의 못 해"〉,《조선일보》, 2014년 7월 17일.

9 투기과열지구는 '주택법'에서 규정하고 있다. 국토교통부 소관으로 대출, 재건축 조합원 지위, 분양권 등에 대한 규제 내용을 담고 있다. 투기지역은 '소득세법'에서 '지정지역'이라는 이름으로 규정하고 있다. 기획재정부 소관으로 세금과 대출에 관한 규정이 주를 이룬다. 일반적으로 투기지역의 규제가 투기과열지구보다

세지만, 최근 투기과열지구의 규제가 점점 강화되면서 투기지역 무용론이 대두되고 있다.

10 노재현, 〈이주열, "부동산 시장 침체 걱정할 상황 아니다"〉,《연합뉴스》, 2017년 8월 31일.

11 이준구 교수가 2020년 2월 16일 자신의 페이스북에 올린 글의 일부 내용이다.

12 장상진, 〈임대주택 등록 권장하더니… 8개월 만에 뒤집은 정부〉,《조선일보》, 2018년 9월 3일.

13 진중언, 〈김현미, "우리 집 5억이면 산다"에 이웃들 "시세는 봤냐"〉,《조선일보》, 2020년 11월 11일.

14 조준형, 〈김현미 거주 일산아파트 '디딤돌 대출'로 구입 가능?〉,《연합뉴스》, 2020년 11월 11일.

15 KB국민은행 홈페이지에서 '통계/리포트' → '월간KB주택가격통향' 가격 통계 자료에서 2020년 11월의 경기도 중위매매가격 참고.

16 이동환, 〈野, 김현미 '아파트 빵' 발언에 "빵투아네트" 맹비난〉,《연합뉴스》, 2020년 11월 30일.

2장 무엇이 집값을 끌어올리는가

1 트레이딩 이코노믹스(Trading Economics, https://ko.tradingeconomics.com/)에서 '소비자' → 'GDP 대비 가계 부채' 자료 참고.

2 이하영, 〈지난달 강남구 '갭 투자' 비율 70퍼센트 넘었다〉,《이뉴스투데이》, 2020년 9월 21일.

3   김경은, 〈전세가 키운 가계 부채 '2367조' 세계 1위··· 금융시장 시한폭탄 되나〉,
     《이데일리》, 2020년 8월 2일.

4   e-나라지표 링크.

5   조경엽, 〈국가채무의 국제비교와 적정수준〉, 《KERI Brief》, No. 20-10, 한국경제
     연구원, 2020.

6   한국은행 경제통계시스템(https://ecos.bok.or.kr/)에서 주제별 통계 '1. 통화 및 유동
     성지표' → '1.3. M2(광의통화)' 자료를 이용했다.

7   한국은행 경제통계시스템에서 주제별 통계 '10. 국민계정' → '10.1. 주요지표' →
     '10.1.1. 연간지표' → '경제규모 및 국민소득(명목)' 자료를 이용했다.

8   최희정, 〈김현미 국토부장관 "부동산정책, 투기조장자 아닌 정부가 결정" 엄포〉,
     《중앙일보》, 2017년 6월 23일.

9   국가통계포털(https://kosis.kr/)에서 '인구 1,000명당 주택수' 참고.

10   이 지표도 지역별로 차이가 있다. 인구 대비 주택수는 수도권보다 지방이 더 많
     다. 같은 기간 수도권의 경우는 191.2호에서 380.1호로 2019년에도 400호가 되
     지 않는다.

11   OECD Affordable Housing Database(https://oe.cd/ahd)에서 제공하는 자료로서,
     1,000명당 주택수 통계는 2017년 혹은 2018년 기준이다. 한국의 경우는 2015년
     자료만 제공하고 있기에, 여기서는 통계청에서 제공한 2019년 통계와 비교했다.

12   국가통계포털에서 '주택보급률' 참고.

13   선진국에서는 주택이 충분한지를 평가하는 지표로 '인구 1,000명당 주택수'를
     사용한다. 주택보급률 지표는 거의 사용하지 않는다.

14 이병태, 〈이병태의 경제 돌직구: 주택보급률 100퍼센트라는 허상〉,《조선일보》,

     2020년 9월 7일.

15 국가통계포털에서 '한국 국적을 가지지 않은 자-유학생' 정보 참고.

16 국가통계포털에서 '주택보급률' 정보 참고.

17 국가통계포털에서 '지역별 소득계층별 주택 유형' 정보 참고.

18 이채성, 〈주거점유상태와 주택형태에 따른 기혼자의 주거 만족도〉,《한국주거학

     회논문집》, Vol. 23, No. 1, 한국주거학회, 2020, 9~17쪽.

19 앞의 정보 참고.

20 김미경 · 이창무, 〈주택여과과정의 실증분석: 주택재개발사업의 신규주택 공급

     효과를 대상으로〉,《주택연구》, 제21권, 제2호, 한국주택학회, 2013, 23~45쪽.

21 콜롬비아, 볼리비아, 모로코에도 전세 제도가 있다고 하지만. 이들은 금융제도

     가 취약한 국가들이다. 우리나라와 소득 수준이 비슷한 나라들에는 전세 제도가

     없다.

22 정긍식(편역),《국역 관습조사보고서》, 한국법제연구원, 1992, 288~289쪽.

23 집값이 계속 뛰다 보니 무주택자들도 갭 투자에 나섰다. 부동산 시장이 활황일

     때 무주택자들에게도 전세를 끼고 집을 사는 방식으로 투자효과를 극대화했다.

     A 씨는 B 씨가 소유한 집에 전세 살고 있지만, C 씨의 전세금을 끼고 갭 투자했

     다. C 씨는 A 씨가 소유한 집에 전세 살고 있지만, D 씨의 전세금을 끼고 갭 투자

     했다. D 씨는 C 씨가 소유한 집에 전세 살고 있지만, E 씨의 전세금을 끼고 갭 투

     자했다. 채상욱은《대한민국 부동산 지난 10년 앞으로 10년》에서 갭 투자자가

     얽히고설켜 있는 우리의 주택시장을 '비거주 전세 리버리지 갭 투자'의 '초연결'

상태로 묘사했다.

24 버블세븐 지역은 강남, 서초, 송파, 양천(목동), 평촌, 분당, 용인이다.

25 주택 점유 형태는 자가, 전세, 보증금 있는 월세, 보증금 없는 월세, 무상사용 등 으로 분류된다.

26 국토교통부, 《2019년도 주거실태조사 요약보고서》, 2020.

27 권호, 〈최경환·전병헌 여야 원내대표 취임 100일… 전·월세 해법 대결 2라운드〉, 《중앙일보》, 2013년 8월 22일.

28 이 또한 쉽지 않을 것이라는 반론도 있다. 월세로 바꾸기 위해 전세금을 바로 돌려주어야 한다. 하지만 다주택자들은 갭 투자를 한 경우가 많다. 돌려줄 전세금이 수중에 없다는 뜻이다. 그래서 '전세 → 월세'의 전환이 천천히 이루어질 것이라 예상하는 이들도 많다.

29 손진석, 〈"市場 무시한 베를린 월세상한제, 세입자만 밀려났다"〉, 《조선일보》, 2021년 3월 23일.

30 김경민 교수가 2020년 11월 17일 MBC 《100분 토론》에서 한 발언이다.

31 권화순·최동수, 〈전월세 갱신율 70퍼센트 넘었다… 임대차법 '긍정효과' 시작되었나〉, 《머니투데이》, 2020년 12월 22일.

32 FRED 홈페이지(https://fred.stlouisfed.org/)에서 'Average Sales Price of Houses Sold for the United States'를 검색창에 입력하면 1963년 이후 현재까지의 미국 평균 집값자료를 얻을 수 있다.

3장 집값은 오를까, 내릴까

1   방진혁, 〈경실련, "노무현·문재인 두 정권이 2억 아파트 20억 만들어"〉,《서울경제》, 2020년 10월 14일.

2   김민기 외, 〈"美 금리 뛰자 주춤해졌지만… 2030 공격투자는 계속될 것" 빚투·영끌 열기 식었나〉,《부산 파이낸셜 뉴스》, 2021년 3월 21일.

3   소비자물가지수는 국가통계포털에서 '임금/물가' → '물가' → '소비자물가조사: 지출목적별 소비자물가지수' 자료 참고.

4   소비자물가지수는 소비자가 일상생활에 필요한 상품과 서비스를 사는 비용을 기반으로 산정한 것이다. 그래서 토지나 주택구입비는 지수를 측정하는 품목에서 제외되고 있다.

5   KB국민은행 홈페이지에서 '통계/리포트' → '월간KB주택가격동향' 지수 통계 자료를 이용했다. 지수 통계자료에는 전국과 서울의 PIR(월별)자료가 포함되어 있다.

6   주택금융통계시스템(https://www.hf.go.kr/)에서 '지역별 주택구입부담지수' 참고.

7   국가통계포털에서 '주거' → '전국주택가격동향조사' → '전국주택가격동향' → '유형별 매매가 대비 전세가 비율' 자료 참고.

4장 다주택자를 쪼면 지방이 쪼그라든다

1   국가통계포털에서 '주택소재지별 주택수' 자료 참고. 여기서 언급되는 총 주택수에는 법인, 국가, 지자체, 외국인 소유 주택은 제외되어 있다.

2   국가통계포털에서 '거주지역/주택자산가액별 주택 소유 가구수 및 주택수' 자료 참고.

3   서울도 매해 7만 호 정도의 주택이 공급되고 있다. 여기에 사라지는 멸실주택을 빼도 평균 3만 호 정도씩은 늘어나고 있다

4   이재명 경기도지사가 2020년 12월 31일 자신의 페이스북에 올린 글의 일부 내용이다.

5   심윤희, 〈'1가구 1주택' 법으로 강제하면 어떤 일 벌어질까〉, 《매일경제》, 2020년 12월 24일.

6   백윤미, 〈'1가구 1주택' 못 박자는 與 법안에… 법학자들 "명백한 위헌, 공산국가 말고는 이런 나라 없다"〉, 《조선일보》, 2020년 12월 22일.

7   진성준 민주당 의원이 2020년 12월 22일 자신의 페이스북에 올린 글의 일부 내용이다.

8   유병훈, 〈다주택 상위 10명 평균 560가구 보유… 최다주택 보유자는?〉, 《조선일보》, 2020년 10월 16일.

9   이송원, 〈"다주택자 사라지면 임대주택 누가 다 책임지나"〉, 《조선일보》, 2018년 5월 14일.

10 최성락,《규제의 역설》, 페이퍼로드, 2020.

11 OECD Affordable Housing Database에서 'Housing market' → 'Housing tenures' 정보 참고.

12 육상교통청(Land Transport Authority), '국토교통 마스터 플랜 2040(Land Transport Master Plan 2040)', 2019.

13 부동산 관련 세금 관련 법은 하나로 통일되어 있지 않다. 취득세와 재산세는 '지방세법'에 근거한다. 종합부동산세의 법적 근거는 '종합부동산세법'이다. 양도소득세는 '소득세법'에 근거한다.

14 권성오, 〈주요국의 부동산 관련 세부담 비교〉,《재정포럼》, No. 298, 한국조세재정연구원, 2021, 54~61쪽.

15 다른 나라들과는 달리, 우리나라의 경우는 무상 취득에 대해서도 거래세가 부과된다. 그래서 여기서는 무상취득을 포함하는 총거래회전율을 사용했다(이를 제외한 매매회전율은 5.5퍼센트 정도로 나타난다).

16 2019년 기준으로 OECD 국가들의 거래세(취득세+농어촌특별세+등록면허세+인지세)는 명목GDP의 0.4퍼센트를 차지한다.

17 권성오, 앞의 글.

18 미국에는 부동산을 취득할 때 세금을 내지 않는다. 취득세라는 것이 아예 없다. 뉴욕시의 경우 100만 달러 이상의 고가주택에는 맨션 택스(mansion tax)라고 해서 취득가액의 1~2.5퍼센트를 부과하기도 하지만 아주 예외적인 경우라고 한다.

19 권성오, 앞의 글.

20 같은 글.

21 이경미, 〈한국 보유세, OECD 평균의 절반도 안 돼… "대폭 강화해야"〉, 《한겨레》, 2020년 7월 9일.

22 이진우, 〈보유세 인상하면 집값 잡을 수 있을까〉, 《리멤버 나우》, 2019년 12월 19일.

23 특별한 사용 목적이 있어서 걷는 세금은 목적세라고 불린다. 교육세, 환경세, 농어촌특별세 등 이름만 보아도 어떤 목적을 위해 세금을 걷는지 쉽게 알 수 있다. 세금을 거두면 정해진 목적에만 써야 한다.

24 최윤정, 〈미국은 취득세·종부세 없다… 재산세는 낸 만큼 소득공제〉, 《조선일보》, 2020년 9월 21일.

25 FRED 홈페이지에서 'All-Transactions House Price Index for New Jersey'를 검색 창에 입력하면 1975년 이후 현재까지의 집값지수를 얻을 수 있다.

26 김재영, 〈미국의 부동산 보유세, 주마다 세율 천차만별〉, 《뉴시스》, 2021년 4월 11일.

27 부동산계산기닷컴(http://부동산계산기.com)에서 간단히 계산한 결과다. 공정시장가액비율은 95퍼센트를 가정했다.

28 김미나, 〈'종부세 기준 상향' 찬반 팽팽… '재산세 감면 확대' 찬성 64퍼센트〉, 《한겨레》, 2021년 4월 29일.

29 부동산계산기닷컴에서 간단히 계산한 결과다.

30 공정시장가액비율을 95퍼센트로 가정해 계산한 결과다.

31 한상혁, 〈서울 2주택자 보유세 3배 껑충, 강남 2채는 1억 넘는다〉, 《조선일보》, 2021년 3월 15일.

32 장현주·정연일,〈세금 무서워 고향집 내놓고… 양평·속초는 '세컨드하우스' 급매 속출〉,《한경닷컴》, 2020년 11월 1일.

33 하남현,〈묻지도 따지지도 않고 "공무원 다주택 팔아라"〉,《중앙일보》, 2019년 12월 19일.

34 전환봉·성연철, 2020,〈"다주택 공직자 집 팔아라"… 당·정·청, 성난 민심에 '한목소리'〉,《한겨레》, 2020년 7월 9일.

35 박윤예 외,〈세종 거주 고위직도 '똘똘한 강남 1채'〉,《매일경제》, 2021년 4월 12일.

36 대한민국 정책브리핑(https://www.korea.kr/)에서 2020년 문재인 대통령 신년 기자회견 내용 참고.

5장 서울의 대항마를 만들어야 모두가 산다

1 국가통계포털에서 '주택소재지별 주택수' 자료 참고.

2 Yingchao Lin et al.,〈The Impact of Population Migration on Urban Housing Prices: Evidence from China's Major Cities〉,《Sustainability》, Vol. 10, No. 9, MDPI, 2018, 1~14쪽.

3 Yalan Feng, Taewon Kim, and Daniel C. Lee,〈Housing Price and Population Changes: Growing vs Shrinking Cities〉,《Accounting and Finance Research》, Vol. 7, No. 4, Sciedu, 2018, 59~65쪽.

4 KB국민은행 홈페이지에서 '통계/리포트' → '월간KB주택가격통향' 가격 통계자료를 이용했다.

5   성유진, 〈강남 3구 아파트 매수 4명 중 1명은 외지인〉, 《조선일보》, 2021년 1월
    7일.

6   윤주선, 〈무주택자와 중산층 잡는 12·16 대책〉, 《문화일보》, 2019년 12월 18일.

7   박원희, 〈SK하이닉스, 용인 선택한 이유는… "인재 영입" 결정적〉, 《서울경제》,
    2019년 2월 21일.

8   강호제·류승한·서연미·표한형, 《4차 산업혁명 시대의 혁신기업을 위한 입지
    정책 연구》, 국토연구원, 2018.

9   조성철, 〈인구감소시대 지역산업기반 강화방안〉, 《2019년 국토교통부·국토연
    구원 정책연구협의회 자료집》, 국토연구원, 2019.

10 오형주·김낙훈, 〈외국인 유학생 뽑아 중소기업 보낸다〉, 《매거진 한경》, 2015년
    5월 12일.

11 조성철·황명화·장철순·이인희·노영희, 《산업단지 정주환경 분석 및 제도개
    선 방안 연구》, 국토연구원, 2018.

12 2021년 2월 24일에 개최된 제3차 정책세미나 '국토의 균형 발전을 위한 행정구
    역통합과 메가시티 구상'에서의 토론자 발언이다.

13 Richard Florida, 〈Sorry, London: New York Is the World's Most
    Economically Powerful City〉, 《Economic Development News & Insight》,
    economicdevelopment.org, 2015.

14 엔리코 모레티, 《직업의 지리학》, 송철복 옮김, 김영사, 2014.

15 (사)스타트업얼라이언스(https://startupall.kr/)에서 '스타트업얼라이언스, 10억
    원/100억 원 이상 벤처 투자 받은 스타트업의 주소 분석해보니 전국의 3분의 1이

테헤란로 인근에, 2분의 1이 강남/서초구에 위치' 분석 결과 참고.

16 2021년 1/4분기 기준 서울의 가구당 인구는 2.18명이다.

17 이정훈, 〈홍남기 "서울에 32만 호 짓겠다… 재고의 10퍼센트 '공급 쇼크' 수준"〉,

《한겨레》, 2021년 2월 4일.

18 김태호, 〈"서울에 32만 호 공급? 사람들을 좀 속인 거라고 본다"〉, 《중앙일보》,

2021년 2월 26일.

19 2020년 정부는 8·4 대책을 발표하면서, 당일까지 발표된 수도권지역 공급물량

이 127만 호라고 밝힌 바 있다.

20 황의영, 〈박현주 회장, "용산에 공원 말고 15~20평 임대 아파트 지어야"〉, 《중앙

일보》, 2021년 2월 3일.

21 안건우, 〈"신도시보다 용산"… 국토부·LH 맹폭 '하박' 김경민〉, 《채널A뉴스》,

2021년 3월 9일.

22 황재희, 〈강병원 "종부세 낮춘다고 집값 내려갈까… 과감한 공급과 환수 정책 필

요"〉, 《아주경제》, 2021년 6월 22일.

23 김규원, 〈공공주택 10만 채 용산기지에 지을까?〉, 《한겨레21》, 제1371호, 2021.

24 수도권에 계획된 2기 신도시는 판교신도시, 동탄1신도시, 동탄2신도시, 한강신

도시, 운정신도시, 광교신도시, 양주신도시, 위례신도시, 고덕국제신도시, 검단신

도시다.

25 원래 이 계획은 2020년 8·4 대책 때 '서울권역 등 수도권 주택 공급 확대방안'에

서 발표한 내용이다. 이후 2021년 1월 19일 국무회의에서 '국토계획법 시행령'을

개정해 '역세권 준주거·상업 지역에서 적용되었던 복합용도 개발 지구단위계획

을 역세권 주거지역에도 확대하고 용적률을 완화'했다. 서울시는 2021년 6월 2일부터 역세권 복합개발(고밀주거) 지구단위계획 수립기준을 마련해 시행에 들어갔다.

26 이축복, 〈"서울이 파리보다 인구밀도 낮다고?"… 변창흠식 통계 논란〉, 《매일경제》, 2020년 12월 20일.

27 김흥록, 〈변창흠도 "재건축 규제 못 푼다"… 꾹 눌러도 신고가는 왜?〉, 《서울경제》, 2021년 1월 11일.

28 국토교통 통계누리(https://stat.molit.go.kr/)에서 '주택' → '승인통계' → '도시정비사업현황' → '3-3. 연도별 서울시 재건축사업 현황' 자료 참고.

29 진명선, 〈'공급 부족론' 또 들썩, 재건축 규제 풀면 집값 잡힌다?〉, 《한겨레》, 2020년 7월 16일.

30 같은 글.

31 양승진, 〈공공재건축 찬반 논란 '후끈'… 지역·조합 따라 '온도차'〉, 《CBS 노컷뉴스》, 2020년 8월 7일.

32 '재건축부담금'의 법적 근거는 '재건축초과이익 환수에 관한 법률'이다.

33 《지방도시 살생부》에 삽입되었던 도표를 2020년까지의 자료를 더해 업데이트했다.

34 강동우, 〈청년층 지역이동의 특징과 지역 특성의 영향〉, 《노동리뷰》, No. 167, 한국노동연구원, 2019.

35 남윤서·남궁민, 〈벚꽃 피는 순서로 망한다? 영호남大 78퍼센트 사실상 미달〉, 《중앙일보》, 2021년 1월 18일.

36 강동우, 앞의 글.

37 조동훈, 〈청년층 지역이동과 임금수준 효과〉,《노동경제논집》, 제43권, 제3호, 한 국노동경제학회, 2020, 133쪽.

38 송현주 · 임란 · 왕승현 · 이은영,《중 · 고령자의 경제생활 및 노후준비 실태》, 국 민연금공단 국민연금연구원, 2018, 118쪽.

39 황원경 · 정인 · 김진성, 2018 KB골든라이프 보고서, KB금융지주 경영연구소, 2018, 26쪽.

40 국가통계포털에서 '거주지역/성/연령대별 아파트소유자수' 참고.

41 장석인, 〈제4차 산업혁명 시대의 산업구조 변화 방향과 정책과제〉,《국토》, No. 424, 산업연구원, 2017, 22~30쪽.

42 서울디지털단지는 구로디지털단지(구로구 구로동 소재)와 가산디지털단지(금천구 가산동 소재)로 구성되어 있다.

43 김홍록, 〈서울에 年 8.4만 가구 공급하면 충분?… 강남 4구 실질수요만 17만 가 구〉,《서울경제》, 2020년 7월 13일.

44 이상욱, 〈김경수 경남도지사 "내년 부울경 광역특별연합 출범한다"〉,《시사저 널》, 2021년 6월 27일.

45 윤진석, 〈이철우, "행정구역 통합 안 하면 지역균형 발전 불가… 대선 後 불붙을 것"〉,《시사오늘》, 2021년 6월 4일.

6장 부동산 정책, 기본으로 돌아가자

1 두 곳 모두 '주택법'에 근거한 규제지역이다.

2   정순우, 〈이게 무슨 핀셋 규제… 국민 70퍼센트가 규제지역에 산다〉, 《조선일보》, 2020년 12월 22일.

3   이승재, 〈"성장률에 얽매인 정책 탈피해야"… 진보 경제학자들 '쓴소리'〉, 《뉴시스》, 2021년 5월 14일.

4   분양권 전매제한에 대해 조금만 더 알아보자. 먼저, 지금까지는 아파트 1채와 분양권 1개를 가지고 있는 경우는 1주택자로 간주했다. 왜일까? 분양권을 갖고 있을 때는 아직 소유권 이전 등기를 마치지 않은 상태라는 것이다. 분양권을 갖고 있다고 해서 법적으로 주택의 소유자가 아니다. 그래서 지금까지는 분양권을 주택수에 포함하지 않았다. 하지만 2021년부터 취득하는 분양권은 주택의 수에 포함하기로 했다. 1주택자가 분양권을 사면 2주택자가 된다. 그러니 분양권을 팔 때 (다주택 중과로) 높은 양도세를 내야 한다. 또한 2020년 7월부터 비규제지역 중 수도권(수도권에서 일부만 제외)과 지방 광역시 민간택지에서 분양권을 '소유권 이전 등기'까지 팔지 못하게 강화했다. 기존에는 전매제한 기간이 6개월로, 반년이 지나면 분양권을 팔 수 있었다. 하지만 이제는 잔금을 모두 처리하고, 본인 이름으로 등기까지 한 다음까지는 팔 수 없다. 분양 후 등기까지 평균 30개월 정도인 점을 감안하면 약 2년 반 정도는 전매가 불가능해졌다.

5   황재성, 〈"1·2인 가구 폭발적 증가, 집값 상승 부추겼다"는 文대통령〉, 《동아일보》, 2021년 1월 18일.

6   통계청, 《2020년 혼인·이혼 통계》, 보도자료, 2021년 3월 18일.

7   김동규, 〈文대통령이 주택부족 원인으로 꼽은 '세대수 증가', 이유는?〉, 《연합뉴스》, 2021년 1월 18일.

8   공식 명칭은 '사회통합형 주거 사다리 구축을 위한 주거복지로드맵'이다.

9   실제로 무주택자면 임대주택 입주 요건이 완화하고 있다. 정부는 영구임대, 국민임대, 행복주택을 하나로 통합하기로 했다. 중위소득 130퍼센트 이하에게 임대주택을 제공하고, 임대료는 소득수준에 따라 차등 부과하기로 했다. 중위소득 130퍼센트는 1인 가구를 기준으로 월 소득 228만 원 이하, 3인 가구를 기준으로 하면 503만 원 이하 수준이다.

10 손덕호, 〈文대통령 "집 없는 설움 없도록… 2025년 임대주택 240만 호 달성"〉, 《조선일보》, 2020년 12월 11일.

11 공공이 제공하는 '장기임대'는 정부의 재정 또는 국민주택기금의 지원을 받아 건설되는 임대의무기간이 10년 이상인 주택을 의미한다. 여기에는 영구임대, 50년임대, 국민임대, 행복주택, 장기전세주택, 10년 공공임대가 포함된다.

12 e-나라지표(https://www.index.go.kr/)에서 '임대주택 재고' 자료 참고.

13 장영락, 〈OECD 평균도 안되는 공공임대 비율… "적어도 15퍼센트 되어야"〉, 《이데일리》, 2020년 8월 5일.

14 청약가점은 '무주택기간' '부양가족수' '청약통장 가입기간'을 통해 결정된다. 무주택(만점 32점)은 30세부터 1년에 2점씩 더해진다. 부양가족수(만점 35점)는 본인 5점 이외 가구원이 하나씩 포함될 때마다 5점씩 가산된다. 청약통장 가입기간(만점 17점)은 20세부터 매년 1점씩 가산된다.

15 유튜브 집코노미TV, 〈[극대노] 유현준의 쓴소리 "모두를 가난하게 만드는 부동산 정책"〉, 2021년 2월 6일.

16 김화평, 〈'지분적립형 분양' 첫 사례… "물정 모르는 정책" 비판 직면〉, 《프라임경

제》, 2020년 8월 12일.

17 노경민, 〈"이거 뭥미? 정부가 월세 받는 거잖아"… 지분적립형 분양주택, 나오자
    마자 '찬밥'〉, 2021년 6월 11일.

18 송승환, 〈"대표된 이유" 송영길의 '누구나 집' 오아시스인가 신기루인가〉, 《중앙
    일보》, 2021년 6월 5일.

19 이때 군포 부곡지구에는 2가지 종류의 아파트가 경쟁했다. 야당인 한나라당이
    먼저 '토지임대부' 주택을 제안했다. 이에 뒤질세라, 여당인 열린우리당이 '환매
    조건부' 주택을 제안했다.

20 윤태곤, 〈靑 "반값 아파트 실패? 그럴 줄 알았다"〉, 《프레시안》, 2007년 10월
    16일.

21 이국현, 〈홍준표 "군포 반값 아파트는 '사기' 아파트"〉, 《뉴시스》, 2007년 10월
    17일.

22 기성훈, 〈역시 강남 3구, 서울 재산세의 40퍼센트… 강남구는 강북구의 18배〉,
    《머니투데이》, 2021년 7월 14일.

23 국가통계포털에서 '아파트 매매 실거래 중위가격' 자료 참고.

24 2020년 말에는 서울시의 공동과세분을 50퍼센트에서 60퍼센트로 높이는 '지방
    세기본법' 개정안이 발의되었다. 강남구는 절대 수용할 수 없다는 반대 입장을
    밝혔다. 정순균 강남구청장은 "강북의 재정난 지원 측면에서 현행 공동과세 50퍼
    센트까지는 수용할 수 있지만 이를 또 올리겠다는 것은 기초단체의 존립을 위협
    하는 무리한 요구"라며 반발했다(임화섭, 〈서울 강남구 "재산세 공동과세 60퍼센트 인상
    안 강력 저지"〉, 《연합뉴스》, 2020년 12월 23일).

25 서정민, 〈[국회] 경제 분야 대정부질문, 부동산 투기억제 해법 제각각〉,《한겨레》,
2003년 6월 10일.

26 이상원·최정희, 〈[대선 조세공약 점검] ⑤ 이인제 후보―"재산세를 국세로"〉,
《조세일보》, 2007년 12월 12일.

27 임명규, 〈"재산세는 국세로, 부가세는 지방세로 개편해야"〉,《조세일보》, 2007년
11월 2일.

에필로그

1 세계은행 오픈 데이터(World Bank Open Data, https://data.worldbank.org/)에서 'fertility
rate' 정보 참고.

부동산, 누구에게나 공평한 불행

우리는 왜 부동산 때문에 좌절하는가

마강래 지음

ⓒ 마강래, 2021

초판 1쇄 인쇄일 2021년 9월 16일

초판 1쇄 발행일 2021년 10월 1일

초판 2쇄 발행일 2021년 12월 1일

ISBN 979-11-5706-866-1 (03300)

만든 사람들

책임편집	임채혁
디자인	이재호
그래프	정정선
홍보 마케팅	김성현 최재희 김규리 맹준혁
인쇄	아트인

펴낸이	김현종
펴낸곳	(주)메디치미디어
경영지원	전선정 김유라
등록일	2008년 8월 20일 제300-2008-76호
주소	서울시 중구 중림로7길 4
전화	02-735-3308
팩스	02-735-3309
이메일	dacapoian@medicimedia.co.kr
페이스북	facebook.com/medicimedia
인스타그램	@medicimedia
홈페이지	www.medicimedia.co.kr